中国科学院统计年鉴

STATISTICAL YEARBOOK OF
THE CHINESE ACADEMY OF SCIENCES

1 9 9 3

中国科学院计划财务局 编

科 学 出 版 社

1 9 9 3

（京）新登字092号

中国科学院统计年鉴

STATISTICAL YEARBOOK OF

THE CHINESE ACADEMY OF SCIENCES

1993

中国科学院计划财务局 编
科学出版社出版
北京东黄城根北街16号
邮政编码：100717
北京市桦星电脑技术应用部激光照排
中国科学院印刷厂印刷
新华书店北京发行所发行　各地新华书店经售
*
1993年12月第　一　版　　开本：787×1092 1/16
1993年12月第一次印刷　　印张：24 3/4
印数：1—850　　字数：566 000
ISBN 7-03-003994-7/Z·225
定价：85.00元

《中国科学院统计年鉴》编委会和编辑人员

Members of the Editorial Committee and Editorial Office of the *Statistical Yearbook of the Chinese Academy of Sciences*

Editorial Committee

Chief Editor: Zhu Xuan

Deputy Chief Editors: Xu Wei, Wang Shengfu, Cheng Erjin, Tan Deyan

Members (according to the order of Chinese alphabet):

Wang Shengfu, Wang Xiaoming, Xu Wei, Liu Xueying, Chen Lanying, Li Zhijie, Li Tingjie, Li Yunling, He Yaoxi, Shen Xinghua, Zhang Zhongkui, Lin Chuncan, Zhu Xuan, Jiang Shujuan, Tan Deyan, Gong Wangsheng, Liang Zengyong, Cheng Erjin, Wei Ling

Editorial Office

Chief: Xu Wei

Deputy Chiefs: Liu Xueying, Chen Lanying

Members (according to the order of Chinese alphabet):

Ji Junchuan, Wang Ximin, Liu Xueying, Liu Liman, Xu Rujing, Su Yuncheng, Chen Lanying, Chen Juan, Li Hong, Zhang Jie, Pang Wei, Zheng Xiaonian, Gao Jing, Tao Zongbao, Tang Wei, Cao Aimin, Han Jianguo, Yan Yongping

English Translation: Han Jianguo, Qi Zhiying

English Correction: Zhang Jun

编 者 说 明

一、《中国科学院统计年鉴，1993》是一部全面反映我院科技工作和各项事业发展的资料性年刊。本书收录了全院及院属各单位1992年的统计数据以及历年全院主要统计数据。

二、全书内容分为十二个部分，即：学部、机构、人员、经费、基本建设、科技活动、科技企业开发经营活动、科研成果、国际交流、人才培养、文献情报、图书出版。另附主要指标解释。

三、本年鉴资料大部分来自综合及业务部门年度统计报表，一部分来自业务管理部门。

四、本年鉴部分数据合计数由于单位取舍不同产生的计算误差均未做机械调整。

五、本年鉴部分“按学科分”的汇总数，均指按机构所属学科分。

六、本年鉴由中国科学院计划财务局会同院机关有关部门共同完成。编辑出版过程中，得到各方面的支持和帮助，在此一并致谢。

EDITOR'SNOTES

The *Statistical Yearbook of the Chinese Academy of Sciences*——1993 is an informational almanac which gives an overall description of every major aspect related to CAS's scientific and technological (S&T) activities and its development. It contains statistical data of institutions and organizations of the CAS in 1992 as well as its important statistical information in the past years.

The Yearbook consists of the following 12 parts: academic divisions, organizations, personnel, funds and expenditure, capital construction, S &T activities, business and R&D activities of CAS S &T companies, research achievements, international cooperation, talent training, documentation and information, and publication. Explanatory notes on key indicators are also included.

Data contained in the Yearbook are selected from the annual statistical reports of the Department of Statistics, Bureau of Planning and Finance and statistics of various professional and management departments of the Head Office of the CAS.

Details may not add to the total in some statistical tables due to rounding. No manual adjustment is made.

The definition "By field" in some statistical tables refers to the classification of research fields which the institutes mainly deal with.

The Yearbook was completed by the Bureau of Planning and Finance of the CAS in cooperation with the relevant departments of the Head Office of the CAS. The Editorial Committee extends its gratitude to all those who have rendered their valuable support and assistance during the preparation of this Yearbook.

目　　录

一、学　　部

二、机　　构

三、人　　员

四、经费、基本建设

五、科技活动

六、科技企业开发经营活动

七、获奖成果

八、国际交流

九、人才培养

十、文献、情报

十一、图书出版

CONTENTS

1. Academic Divisions

2. Organizations

3. Personnel

4. Funds and Capital Construction

5. Scientific and Technological Activities

6. Business Activities of CAS S&T Companies

7. Award-Winning Achievements

8. International Cooperation

9. Talent Training

10. Documentation and Information

11. Publication

一、学　部

ACADEMIC DIVISIONS

1.1 历届学部委员人数按学部分布

Distribution of the Previous Academic Division Members, by Division

	合计 Total	数学物理学部 Division of mathematics and physics	化学部 Division of chemistry	生物学部 Division of biological sciences	地学部 Division of earth sciences	技术科学部 Division of technological sciences
1955 年	172	30	22	60	24	36
1957 年	190	36	24	65	27	38
1980 年	402	81	67	89	26	89
1991 年	509	105	86	.91	92	135

1.2 本届学部委员人数按部门分布

Distribution of the Current Academic Division Members, by Institution

	合计 Total	数学物理学部 Division of mathematics and physics	化学部 Division of chemistry	生物学部 Division of biological sciences	地学部 Division of earth sciences	技术科学部 Division of technological sciences
研究机构 Research Institutions	244	62	38	64	39	41
高等学校 Institutions of High Learning	179	38	41	25	20	55
产业部门 Industrial sectors	86	5	7	2	33	39
合 计 Total	509	105	86	91	92	135

注：509 名学部委员中截止 1992 年底已故 12 名。

Note: Of the 509 CAS division members, 12 passed away by the end of 1992.

二、机　　构

ORGANIZATIONS

2.1 院属独立事业单位一览表（1992年）

CAS Independent Units：1992

序 No.	单位名称 Unit	序 No.	单位名称 Unit
	合计：159个 **Total**	13	生态环境研究中心 Research Center for Eco-Environmental Sciences
	北京市：53个 Beijing	14	化工冶金研究所 Inst. of Chemical Metallurgy
1	数学研究所 Inst. of Mathematics	15	地理研究所 Inst. of Geography
2	应用数学研究所 Inst. of Applied Mathematics	16	地质研究所 Inst. of Geology
3	系统科学研究所 Inst. of Systems Science	17	地球物理研究所 Inst. of Geophysics
4	物理研究所 Inst. of Physics	18	古脊椎动物与古人类研究所 Inst. of Vertebrate Paleontology and Paleoanthropology
5	声学研究所 Inst. of Acoustics	19	大气物理研究所 Inst. of Atmospheric Physics
6	理论物理研究所 Inst. of Theoretical Physics	20	遥感应用研究所 Inst. of Remote Sensing Application
7	低温技术实验中心 Cryogenic Laboratory	21	自然资源综合考察委员会 Commission for Integrated Surveys of Natural Resources
8	高能物理研究所 Inst. of High Energy Physics	22	植物研究所 Inst. of Botany
9	北京天文台 Beijing Astronomical Observatory	23	动物研究所 Inst. of Zoology
10	力学研究所 Inst. of Mechanics	24	心理研究所 Inst. of Psychology
11	化学研究所 Inst. of Chemistry	25	微生物研究所 Inst. of Microbiology
12	感光化学研究所 Inst. of Photographic Chemistry	26	生物物理研究所 Inst. of Biophysics

序 No.	单位名称 Unit	序 No.	单位名称 Unit
27	遗传研究所 Inst. of Genetics	43	北京科学仪器研制中心 Beijing Scientific Instrument Development Center
28	发育生物学研究所 Inst. of Developmental Biology	44	中国科学院机关 CAS Head Office
29	计算技术研究所 Inst. of Computing Technology	45	行政管理局 Bureau of Management and Administration
30	计算中心 Computing Center	46	信息咨询中心 Center for Information and Consultation
31	软件研究所 Inst. of Software	47	中国科学技术大学研究生院 Graduate School of the University of Science and Technology of China
32	北京软件工程研制中心 Beijing Software Engineering Center	48	管理干部学院 College for Training Managerial Cadres
33	半导体研究所 Inst. of Semiconductors	49	中国科学院文献情报中心 CAS Documentation and Information Center
34	微电子中心 Microelectronics R&D Center	50	中国科学报社 Chinese Science News
35	电子学研究所 Inst. of Electronics	51	科学出版社 Science Press
36	电工研究所 Inst. of Electric Engineering	52	中国科学院印刷厂 CAS Printing House
37	工程热物理研究所 Inst. of Engineering Thermophysics	53	北京建筑设计研究院 Beijing Inst. of Architectural Designing
38	空间科学与应用研究中心 Space Science and Technology Center		河北省：1个 Hebei Province
39	自动化研究所 Inst. of Automation	54	石家庄农业现代化研究所 Shijiazhuang Inst. of Agricultural Modernization
40	遥感卫星地面站 Remote Sensing Satellite Ground Station		山西省：1个 Shanxi Province
41	自然科学史研究所 Inst. of History of Natural Sciences	55	山西煤炭化学研究所 Shanxi Inst. of Coal Chemistry
42	科技政策与管理科学研究所 Inst. of Science Policy and Management		辽宁省：8个 Liaoning Province

序 No.	单位名称 Unit	序 No.	单位名称 Unit
56	大连化学物理研究所 Dalian Inst. of Chemical Physics	70	黑龙江农业现代化研究所 Heilongjiang Inst. of Agricultural Modernization
57	沈阳应用生态研究所 Shenyang Inst. of Applied Ecology		上海市：17 个 Shanghai
58	沈阳计算技术研究所 Shenyang Inst. of Computing Technology	71	上海原子核研究所 Shanghai Inst. of Nuclear Research
59	沈阳自动化研究所 Shenyang Inst. of Automation	72	上海天文台 Shanghai Observatory
60	金属研究所 Inst. of Metals Research	73	上海硅酸盐研究所 Shanghai Inst. of Ceramics
61	金属腐蚀与防护研究所 Inst. of Corrosion and Protection of Metals	74	上海有机化学研究所 Shanghai Inst. of Organic Chemistry
62	沈阳科学仪器研制中心 Shenyang Research Center for Scientific Equipment	75	上海植物生理研究所 Shanghai Inst. of Plant Physiology
63	中国科学院沈阳分院 CAS Shenyang Branch	76	上海昆虫研究所 Shanghai Inst. of Entomology
	吉林省：6 个 Jilin Province	77	上海药物研究所 Shanghai Inst. of Materia Medica
64	长春物理研究所 Changchun Inst. of Physics	78	上海生理研究所 Shanghai Inst. of Physiology
65	长春人造卫星观测站 Changchun Satellite Observation Station	79	上海生物化学研究所 Shanghai Inst. of Biochemistry
66	长春应用化学研究所 Changchun Inst. of Applied Chemistry	80	上海细胞生物学研究所 Shanghai Inst. of Cell Biology
67	长春地理研究所 Changchun Inst. of Geography	81	上海脑研究所 Shanghai Inst. of Brain Research
68	长春光学精密机械研究所 Changchun Inst. of Optics and Fine Mechanics	82	上海生物工程研究中心 Shanghai Bioengineering Research Center
69	中国科学院长春分院 CAS Changchun Branch	83	上海冶金研究所 Shanghai Inst. of Metallurgy
	黑龙江省：1 个 Heilongjiang Province	84	上海光学精密机械研究所 Shanghai Inst. of Optics and Fine Mechanics

序 No.	单位名称 Unit	序 No.	单位名称 Unit
85	上海技术物理研究所 Shanghai Inst. of Technical Physics	99	中国科学技术大学 University of Science and Technology of China
86	上海文献情报中心 Shanghai Center for Documentation and Information		福建省：1个 Fujian Province
87	中国科学院上海分院 CAS Shanghai Branch	100	福建物质结构研究所 Fujian Inst. of Research on the Structure of Matter
	江苏省：6个 Jiangsu Province		江西省：1个 Jiangxi Province
88	紫金山天文台 Purple Mountain Observatory	101	庐山疗养院 Lushan Sanatorium
89	南京天文仪器研制中心 Nanjing R&D Center for Astronomical Instruments		山东省：2个 Shandong Province
90	南京地理与湖泊研究所 Nanjing Inst. of Geography and Limnology	102	海洋研究所 Inst. of Oceanology
91	南京地质古生物研究所 Nanjing Inst. of Geology and Palaeontology	103	青岛疗养院 Qingdao Sanatorium
92	南京土壤研究所 Nanjing Inst. of Soil Science		河南省：2个 Henan Province
93	中国科学院南京分院 CAS Nanjing Branch	104	新乡科学仪器研制中心 Xinxiang R&D Center for Scientific Instruments
	安徽省：6个 Anhui Province	105	开封印刷厂 Kaifeng Printing House
94	固体物理研究所 Inst. of Solid State Physics		湖北省：9个 Hubei Province
95	等离子体物理研究所 Hefei Inst. of Plasma Physics	106	武汉数学物理研究所 Wuhan Inst. of Mathematical Physics
96	合肥智能机械研究所 Hefei Inst. of Intelligent Machines	107	武汉物理研究所 Wuhan Inst. of Physics
97	安徽光学精密机械研究所 Anhui Inst. of Optics and Fine Mechanics	108	武汉岩土力学研究所 Wuhan Inst. of Rock and Soil Mechanics
98	中国科学院合肥分院 CAS Hefei Branch	109	测量与地球物理研究所 Inst. of Geodesy and Geophysics

续表 2.1

序 No.	单位名称 Unit	序 No.	单位名称 Unit
110	武汉植物研究所 Wuhan Inst. of Botany	124	中国科学院广州分院 CAS Guangzhou Branch
111	水生生物研究所 Inst. of Hydrobiology		四川省：8个 Sichuan Province
112	武汉病毒研究所 Wuhan Inst. of Virology	125	成都有机化学研究所 Chengdu Inst. of Organic Chemistry
113	武汉文献情报中心 Wuhan Center for Documentation and Information	126	成都山地灾害与环境研究所 Chengdu Inst. of Mountain Hazards and Environment
114	中国科学院武汉分院 CAS Wuhan Branch	127	成都计算机应用研究所 Chengdu Inst. of Computer Application
	湖南省：2个 Hunan Province	128	成都生物研究所 Chengdu Inst. of Biology
115	长沙大地构造研究所 Changsha Inst. of Geotectonics	129	光电技术研究所 Inst. of Optics and Electronics
116	长沙农业现代化研究所 Changsha Inst. of Agricultural Modernization	130	成都科学仪器研制中心 Chengdu R&D Center for Scientific Instruments
	广东省：8个 Guangdong Province	131	成都文献情报中心 Chengdu Documentation and Information Center
117	广州人造卫星观测站 Guangzhou Satellite Observation Station	132	中国科学院成都分院 CAS Chengdu Branch
118	广州化学研究所 Guangzhou Inst. of Chemistry		贵州省：1个 Guizhou Province
119	广州地质新技术研究所 Inst. of New Geotechnology	133	贵阳地球化学研究所 Guiyang Inst. of Geochemistry
120	南海海洋研究所 South China Sea Inst. of Oceanology		云南省：5个 Yunnan Province
121	华南植物研究所 South China Inst. of Botany	134	云南天文台 Yunnan Observatory
122	广州电子研究所 Guangzhou Inst. of Electronic Technology	135	昆明植物研究所 Kunming Inst. of Botany
123	广州能源研究所 Guangzhou Inst. of Energy Conversion	136	昆明生态研究所 Kunming Inst. of Ecology

序 No.	单 位 名 称 Unit	序 No.	单 位 名 称 Unit
137	昆明动物研究所 Kunming Inst. of Zoology	149	兰州文献情报中心 Lanzhou Center for Documentation and Information
138	中国科学院昆明分院 CAS Kunming Branch	150	中国科学院兰州分院 CAS Lanzhou Branch
	陕西省：4个 Shaanxi Province		青海省：2个 Qinghai Province
139	陕西天文台 Shaanxi Observatory	151	青海盐湖研究所 Qinghai Inst. of Saline Lakes
140	西北水土保持研究所 Northwest Inst. of Soil and Water Conservation	152	西北高原生物研究所 Northwest Inst. of Plateau Biology
141	西安光学精密机械研究所 Xi'an Inst. of Optics and Fine Mechanics		新疆维吾尔自治区：6个 Xinjiang Uygur Autonomous Region
142	中国科学院西安分院 CAS Xi'an Branch	153	新疆物理研究所 Xinjiang Inst. of Physics
	甘肃省：8个 Gansu Province	154	乌鲁木齐天文工作站 Urumqi Astronomic Working Station
143	近代物理研究所 Inst. of Modern Physics	155	新疆化学研究所 Xinjiang Inst. of Chemistry
144	兰州化学物理研究所 Lanzhou Inst. of Chemical Physics	156	新疆生物土壤沙漠研究所 Xinjiang Inst. of Biology, Pedology and Desert Research
145	兰州冰川冻土研究所 Lanzhou Inst. of Glaciology and Geocryology	157	新疆地理研究所 Xinjiang Inst. of Geography
146	兰州沙漠研究所 Lanzhou Inst. of Desert Research	158	中国科学院新疆分院 CAS Xinjiang Branch
147	兰州地质研究所 Lanzhou Inst. of Geology		海南省：1个 Hainan Province
148	兰州高原大气物理研究所 Lanzhou Inst. of Plateau Atmospheric Physics	159	中国科学院海南分院（筹备组） CAS Hainan Branch (Preparatory Group)

注：Inst. ——Institute. R&D——Research and Development.

三、人　　员

PERSONNEL

3.1 职工分类情况
Classification of CAS Staff

单位：人

年份 Year	总计 Total	其中：女性 Of which: Female	干部 Cadres						工人 Workers
			合计 Total	各类专业技术人员 Various kinds of professional and technical staff				行政干部 Adminis-trative staff	
				小计 Subtotal	高级 Senior	中级 Middle-level	初级及未定 Junior and others		
1986	82326	28484	57363	49865	8358	22716	18791	7498	24963
1987	82721	28624	59667	52628	10638	23138	18852	7039	23054
1988	83969	29248	62328	55910	12010	24413	19487	6418	21641
1989	84287	29157	63499	57550	13280	24328	19942	5949	20788
1990	84848	29031	64554	59028	14574	25043	19411	5526	20294
1991	84909	29088	65179	59800	14810	24621	20369	5379	19730
1992	83909	28638	64592	59387	15612	24714	19061	5205	19317

注：职工包括固定职工与合同制职工。

Note: CAS staff include permanent and contract staff.

3.2 职工分

Classification of CAS

地区及单位 Region and unit	总 计 Total	其中：女性 Of which: Female
总计 **Total**	**83909**	**28638**
北京市 Beijing	29837	11078
数学研究所 Inst. of Mathematics	152	42
应用数学研究所 Inst. of Applied Mathematics	142	26
系统科学研究所 Inst. of Systems Science	161	39
物理研究所 Inst. of Physics	901	301
声学研究所 Inst. of Acoustics	940	270
理论物理研究所 Inst. of Theoretical Physics	55	16
低温技术实验中心 Cryogenic Laboratory	289	91
高能物理研究所 Inst. of High Energy Physics	1781	697
北京天文台 Beijing Astronomical Observatory	478	156
力学研究所 Inst. of Mechanics	808	253
化学研究所 Inst. of Chemistry	826	327
感光化学研究所 Inst. of Photographic Chemistry	402	160
生态环境研究中心 Research Center for Eco-Environmental Sciences	539	210
化工冶金研究所 Inst. of Chemical Metallurgy	482	162

类情况.(1992年)
Staff: 1992

单位：人

干部 Cadres							工人 Workers
合计 Total	各类专业技术人员 Various kinds of professional and technical staff					行政干部 Administrative staff	
	小计 Subtotal	高级 Senior	其中：研究员 Of which: Research fellow	中级 Middle-level	初级及未定级 Junior and others		
64592	**59387**	**15612**	**3034**	**24714**	**19061**	**5205**	**19317**
23562	21890	6405	1285	8500	6985	1672	6275
139	131	71	37	32	28	8	13
134	129	48	28	30	51	5	8
152	142	74	43	47	21	10	9
751	729	296	53	272	161	22	150
797	759	221	41	317	221	38	143
52	49	30	15	13	6	3	3
177	136	28	3	55	53	41	112
1391	1301	409	59	476	416	90	390
402	371	91	15	169	111	31	76
701	677	244	41	242	191	24	107
731	691	264	52	216	211	40	95
353	323	117	31	121	85	30	49
477	455	140	26	207	108	22	62
409	390	113	26	185	92	19	73

地区及单位 Region and unit	总　计 Total	其中： 女性 Of which： Female
地理研究所 Inst. of Geography	599	185
遥感应用研究所 Inst. of Remote Sensing Application	272	86
地质研究所 Inst. of Geology	508	159
地球物理研究所 Inst. of Geophysics	348	105
古脊椎动物与古人类研究所 Inst. of Vertebrate Paleontology and Paleoanthropology	243	70
大气物理研究所 Inst. of Atmospheric Physics	580	198
自然资源综合考察委员会 Commission for Integrated Surveys of Natural Resources	361	96
植物研究所 Inst. of Botany	742	307
动物研究所 Inst. of Zoology	560	218
心理研究所 Inst. of Psychology	165	74
微生物研究所 Inst. of Microbiology	511	244
生物物理研究所 Inst. of Biophysics	698	304
遗传研究所 Inst. of Genetics	489	207
发育生物学研究所 Inst. of Developmental Biology	148	59
计算技术研究所 Inst. of Computing Technology	1324	519
计算中心 Computing Center	467	161
软件研究所 Inst. of Software	357	132
北京软件工程研制中心 Beijing Software Engineering Center	168	47

续表 3.2

干部 Cadres							工人 Workers
合计 Total	各类专业技术人员 Various kinds of professional and technical staff					行政干部 Administrative staff	
	小计 Subtotal	高级 Senior	其中：研究员 Of which：Research fellow	中级 Middle-level	初级及未定级 Junior and others		
543	516	217	43	169	130	27	56
256	239	53	9	97	89	17	16
454	430	151	38	211	68	24	54
304	281	79	16	113	89	23	44
208	184	65	14	57	62	24	35
498	473	112	31	177	184	25	82
326	301	93	18	149	59	25	35
622	577	185	50	221	171	45	120
518	498	177	39	169	152	20	42
151	142	60	13	46	36	9	14
465	440	131	24	165	144	25	46
599	573	184	24	212	177	26	99
448	429	120	26	126	183	19	41
122	116	25	3	42	49	6	26
961	924	288	59	448	188	37	363
411	372	112	29	137	123	39	56
347	344	64	16	128	152	3	10
163	140	12	2	48	80	23	5

地区及单位 Region and unit	总　计 Total	其中： 女性 Of which: Female
半导体研究所 Inst. of Semiconductors	1186	458
微电子中心 Microelectronics R&D Center	822	360
电子学研究所 Inst. of Electronics	1120	421
自动化研究所 Inst. of Automation	567	194
电工研究所 Inst. of Electric Engineering	601	206
工程热物理研究所 Inst. of Engineering Thermophysics	252	72
空间科学与应用研究中心 Space Science and Technology Center	746	262
遥感卫星地面站 Remote. Sensing Satellite Ground Station	181	57
自然科学史研究所 Inst. of History of Natural Sciences	130	39
科技政策与管理科学研究所 Inst. of Science Policy and Management	122	48
中国科学技术大学研究生院 Graduate School of the University of Science and Technology of China	581	220
管理干部学院 College for Training Managerial Cadres	277	102
中国科学院文献情报中心 Documentation and Information Center of the Chinese Academy of Sciences	404	228
中国科学报社 Chinese Science News	50	22
科学出版社 Science Press	526	258
中国科学院印刷厂 CAS Printing House	986	399
北京器材供应站 Beijing Instrument Supply Station	123	41
北京科学仪器研制中心 Beijing R&D Center for Scientific Instruments	747	305

续表 3.2

干部 Cadres							工人 Workers
合计 Total	各类专业技术人员 Various kinds of professional and technical staff					行政干部 Administrative staff	
	小计 Subtotal	高级 Senior	其中：研究员 Of which: Research fellow	中级 Middle-level	初级及未定级 Junior and others		
820	767	214	38	263	290	53	366
513	461	92	16	186	183	52	309
949	919	231	29	363	325	30	171
491	469	133	26	188	148	22	76
490	454	135	17	178	141	36	111
232	222	64	20	95	63	10	20
680	641	136	21	324	181	39	66
161	150	30	9	62	58	11	20
121	112	40	15	47	25	9	9
110	105	28	16	51	26	5	12
456	408	153	55	160	95	48	125
207	187	40	4	66	81	20	70
344	322	58	10	126	138	22	60
46	24	3	3	13	8	22	4
477	451	116	22	164	171	26	49
154	79	1		20	58	75	832
84	69	6		33	30	15	39
448	419	74	8	161	184	29	299

地区及单位 Region and unit	总 计 Total	其中： 女性 Of which: Female
北京建筑设计研究院 Inst. of Architectural Designing	169	71
行政管理局 Bureau of Management and Administration	979	421
信息咨询中心 Center for Information and Consultation	26	13
中国科学院本部（含下属单位） CAS Head Office	1200	490
北京科理高技术公司 Beijing Keli High Technology Corporation	159	50
北京希望电脑公司 Beijing Hope Computer Corporation	92	29
北京科海高技术（集团）公司 Beijing Kehai High Technology Group Corporation	199	60
北京三环新材料高技术公司 Beijing San Huan New Materials R&D Incorporation	94	19
北京远望技术公司 Beijing Outlook Technical Corporation	61	17
中国大通电子有限公司 China Datong Electronics Corporation	67	17
北京科辐辐射技术公司 Beijing Kefu Radiation Technology Incorporation	53	11
北京信通集团公司 Beijing Syntone Group Corporation	80	20
中国大恒公司 China Daheng Corporation	203	62
中国联合新材料开发公司 China Joint Corporation for New Materials Development	21	5
北京集成电路制版服务中心 Beijing IC Mask-Making Service Center	7	4
北京中科建设工程承发包总公司 Beijing Construction Undertaking Corporation	49	17
北京百泰生物技术公司 Beijing Biotech Technology Corporation	32	11
北京科能能源与动力研究发展中心 Beijing Academia Energetics R&D Center	25	7

续表 3.2

干部 Cadres							工人 Workers
合计 Total	各类专业技术人员 Various kinds of professional and technical staff					行政干部 Administrative staff	
	小计 Subtotal	高级 Senior	其中：研究员 Of which：Research fellow	中级 Middle-level	初级及未定级 Junior and others		
159	155	53	1	53	49	4	10
417	308	23		82	203	109	562
23	22	5		9	8	1	3
785	587	211	33	257	119	198	415
138	137	33	1	52	52	1	21
69	69	16	3	30	23		23
181	181	50	2	51	80		18
73	73	28	4	29	16		21
57	57	15	1	18	24		4
58	57	7		18	32	1	9
46	42	9	1	6	27	4	7
68	68	11		42	15		12
159	148	29	2	60	59	11	44
18	16	3		9	4	2	3
6	6			2	4		1
43	43	10		18	15		6
32	31	12	1	9	10	1	
21	21	7	2	10	4		4

地区及单位 Region and unit	总　计 Total	其中： 女性 Of which: Female
北京中科卫星通信技术有限公司 Beijing Satellite Communication Technology Company	11	
北京群星科技开发公司 Beijing Galaxy Incorporation	9	4
北京联想计算机集团公司 Beijing Legend Computer Group Corporation	66	17
北京农村经济科技发展部 Department of Rural Economy and Technology Development	12	6
东方科学仪器进出口公司 Oriental Scientific Instrument Import and Export Corporation	142	52
中国新技术发展贸易有限公司 China New Technology Development and Trade Corporation	21	9
中国科技财务公司 China Scientific and Technological Finance Corporation	103	35
中国科技促进经济发展基金会 China Foundation of S&T for Development	40	18
河北省 Hebei Province	182	53
石家庄农业现代化研究所 Shijiazhuang Inst. of Agricultural Modernization	182	53
山西省 Shanxi Province	834	296
山西煤炭化学研究所 Shanxi Inst. of Coal Chemistry	834	296
辽宁省 Liaoning Province	5355	1499
大连化学物理研究所 Dalian Inst. of Chemical Physics	1388	416
沈阳应用生态研究所 Shenyang Inst. of Applied Ecology	572	185
沈阳计算技术研究所 Shenyang Inst. of Computing Technology	566	162
沈阳自动化研究所 Shenyang Inst. of Automation	800	211
金属研究所 Inst. of Metals Research	1155	294

干部 Cadres							工人 Workers
合计 Total	各类专业技术人员 Various kinds of professional and technical staff					行政干部 Administrative staff	
	小计 Subtotal	高级 Senior	其中：研究员 Of which：Research fellow	中级 Middle-level	初级及未定级 Junior and others		
8	8			1	7		3
9	6	1		3	2	3	
66	65	9		31	25	1	
11	11	2		5	4		1
123	114	28		51	35	9	19
19	19	3		10	6		2
88	88	3		28	57		15
40	37	9	1	19	9	3	
173	167	57	7	79	31	6	9
173	167	57	7	79	31	6	9
628	589	148	30	226	215	39	206
628	589	148	30	226	215	39	206
4321	3941	1114	207	1735	1092	380	1034
1171	1070	296	67	490	284	101	217
509	464	137	24	194	133	45	63
470	431	123	18	189	119	39	96
667	619	182	26	283	154	48	133
902	833	246	49	344	243	69	253

地区及单位 Region and unit	总　计 Total	其中： 女性 Of which: Female
金属腐蚀与防护研究所 Inst. of Corrosion and Protection of Metals	229	53
沈阳科学仪器研制中心 Shenyang Research Center for Scientific Equipment	506	141
中国科学院沈阳分院 CAS Shenyang Branch	139	37
吉林省 Jilin Province	5693	1729
长春物理研究所 Changchun Inst. of Physics	710	224
长春人造卫星观测站 Changchun Satellite Observation Station	61	11
长春应用化学研究所 Changchun Inst. of Applied Chemistry	1371	451
长春地理研究所 Changchun Inst. of Geography	314	88
长春光学精密机械研究所 Changchun Inst. of Optics and Fine Mechanics	3152	931
中国科学院长春分院 CAS Changchun Branch	85	24
黑龙江省 Heilongjiang Province	153	46
黑龙江农业现代化研究所 Heilongjiang Inst. of Agricultural Modernization	153	46
上海市 Shanghai	11544	3978
上海原子核研究所 Shanghai Inst. of Nuclear Research	1264	321
上海天文台 Shanghai Observatory	374	124
上海硅酸盐研究所 Shanghai Inst. of Ceramics	1077	354
上海有机化学研究所 Shanghai Inst. of Organic Chemistry	1341	466
上海植物生理研究所 Shanghai Inst. of Plant Physiology	482	178

续表 3.2

干部 Cadres							工人 Workers
合计 Total	各类专业技术人员 Various kinds of professional and technical staff					行政干部 Administrative staff	
	小计 Subtotal	高级 Senior	其中：研究员 Of which: Research fellow	中级 Middle-level	初级及未定级 Junior and others		
208	190	52	13	86	52	18	21
273	239	48	6	120	71	34	233
121	95	30	4	29	36	26	18
4225	3818	917	183	1777	1124	407	1468
589	528	134	29	261	133	61	121
53	46	5	1	22	19	7	8
1106	1042	287	67	456	299	64	265
275	237	77	15	97	63	38	39
2127	1911	392	70	919	600	216	1025
75	54	22	1	22	10	21	10
131	123	28	1	63	32	8	22
131	123	28	1	63	32	8	22
8249	7627	1846	348	3484	2297	622	3295
883	830	230	29	375	225	53	381
313	283	84	17	147	52	30	61
784	750	181	29	345	224	34	293
855	808	205	41	360	243	47	486
392	366	89	30	164	113	26	90

地区及单位 Region and unit	总　计 Total	其中： 女性 Of which: Female
上海昆虫研究所 Shanghai Inst. of Entomology	219	66
上海药物研究所 Shanghai Inst. of Materia Medica	583	247
上海生理研究所 Shanghai Inst. of Physiology	339	121
上海生物化学研究所 Shanghai Inst. of Biochemistry	621	271
上海细胞生物学研究所 Shanghai Inst. of Cell Biology	360	162
上海脑研究所 Shanghai Inst. of Brain Research	78	19
上海生物工程研究中心 Shanghai Bioengineering Research Center	270	102
上海冶金研究所 Shanghai Inst. of Metallurgy	1250	405
上海光学精密机械研究所 Shanghai Inst. of Optics and Fine Mechanics	1423	443
上海技术物理研究所 Shanghai Inst. of Technical Physics	978	346
上海文献情报中心 Shanghai Center for Documentation and Information	151	85
中国科学院上海分院 CAS Shanghai Branch	734	268
江苏省 Jiangsu Province	2068	675
紫金山天文台 Purple Mountain Observatory	423	133
南京地理与湖泊研究所 Nanjing Inst. of Geography and Limnology	276	87
南京地质古生物研究所 Nanjing Inst. of Geology and Palaeontology	313	78
南京土壤研究所 Nanjing Inst. of Soil Science	460	149
南京天文仪器研制中心 Nanjing R&D Center for Astronomical Instruments	536	213

干部 Cadres								
合计 Total	各类专业技术人员 Various kinds of professional and technical staff					行政干部 Administrative staff	工人 Workers
	小计 Subtotal	高级 Senior	其中：研究员 Of which: Research fellow	中级 Middle-level	初级及未定级 Junior and others		
191	175	39	10	69	67	16	28
477	442	109	22	197	136	35	106
270	244	56	15	96	92	26	69
477	436	108	36	188	140	41	144
290	276	65	12	107	104	14	70
71	67	20	7	29	18	4	7
196	180	25	6	51	104	16	74
877	826	223	37	422	181	51	373
935	869	228	35	422	219	66	488
720	666	130	17	349	187	54	258
129	119	10	2	46	63	10	22
389	290	44	3	117	129	99	345
1675	1495	534	92	602	359	180	393
379	311	76	12	146	89	68	44
259	248	85	14	86	77	11	17
295	273	128	34	95	50	22	18
432	393	168	19	137	88	39	28
257	225	66	8	112	47	32	279

地区及单位 Region and unit	总 计 Total	其中： 女性 Of which: Female
中国科学院南京分院 CAS Nanjing Branch	60	15
安徽省 Anhui Province	5894	1992
固体物理研究所 Inst. of Solid State Physics	154	44
等离子体物理研究所 Hefei Inst. of Plasma Physics	583	152
合肥智能机械研究所 Hefei Inst. of Intelligent Machines	180	50
安徽光学精密机械研究所 Anhui Inst. of Optics and Fine Mechanics	1034	359
中国科学技术大学 University of Science and Technology of China	3446	1157
中国科学院合肥分院 CAS Hefei Branch	497	230
福建省 Fujian Province	578	147
福建物质结构研究所 Fujian Inst. of Research on the Structure of Matter	578	147
江西省 Jiangxi Province	48	17
庐山疗养院 Lushan Sanatorium	48	17
山东省 Shandong Province	1090	254
海洋研究所 Inst. of Oceanology	1030	228
青岛疗养院 Qingdao Sanatorium	60	26
河南省 Henan Province	1007	388
开封印刷厂 Kaifeng Printing House	622	238
新乡科学仪器研制中心 Xinxiang R&D Center for Scientific Instruments	385	150

续表 3.2

干部 Cadres							工人 Workers
合计 Total	各类专业技术人员 Various kinds of professional and technical staff					行政干部 Administrative staff	
	小计 Subtotal	高级 Senior	其中：研究员 Of which： Research fellow	中级 Middle-level	初级及未定级 Junior and others		
53	45	11	5	26	8	8	7
4674	4398	1218	226	1759	1421	276	1220
141	127	27	11	63	37	14	13
472	448	119	15	171	158	24	111
166	159	31	3	62	66	7	14
730	686	145	16	298	243	44	304
2815	2689	841	180	1024	824	126	631
350	289	55	1	141	93	61	147
512	462	92	12	187	183	50	66
512	462	92	12	187	183	50	66
22	14	2		3	9	8	26
22	14	2		3	9	8	26
886	823	196	49	416	211	63	204
856	801	194	49	404	203	55	174
30	22	2		12	8	8	30
230	129	7		32	90	101	777
107	51	1		4	46	56	515
123	78	6		28	44	45	262

地区及单位 Region and unit	总计 Total	其中：女性 Of which: Female
湖北省 Hubei Province	2500	804
武汉数学物理研究所 Wuhan Inst. of Mathematical Physics	64	16
武汉物理研究所 Wuhan Inst. of Physics	438	120
武汉岩土力学研究所 Wuhan Inst. of Rock and Soil Mechanics	501	145
测量与地球物理研究所 Inst. of Geodesy and Geophysics	180	52
武汉植物研究所 Wuhan Inst. of Botany	246	92
水生生物研究所 Inst. of Hydrobiology	440	123
武汉病毒研究所 Wuhan Inst. of Virology	274	108
武汉文献情报中心 Wuhan Center for Documentation and Information	104	49
中国科学院武汉分院 CAS Wuhan Branch	245	98
武汉波谱公司 Wuhan Spectroscopy Company	8	1
湖南省 Hunan Province	285	85
长沙大地构造研究所 Changsha Inst. of Geotectonics	105	28
长沙农业现代化研究所 Changsha Inst. of Agricultural Modernization	180	57
广东省 Guangdong Province	2977	907
广州人造卫星观测站 Guangzhou Satellite Observation Station	68	19
广州化学研究所 Guangzhou Inst. of Chemistry	491	177
广州地质新技术研究所 Inst. of New Geotechnology	382	150

续表 3.2

干部 Cadres							工人 Workers
合计 Total	各类专业技术人员 Various kinds of professional and technical staff					行政干部 Administrative staff	
	小计 Subtotal	高级 Senior	其中：研究员 Of which: Research fellow	中级 Middle-level	初级及未定级 Junior and others		
1972	1767	404	67	740	623	205	528
60	58	12	4	19	27	2	4
354	324	88	13	146	90	30	84
315	273	61	9	131	81	42	186
164	140	30	9	52	58	24	16
175	159	28	5	69	62	16	71
373	352	90	17	138	124	21	67
236	222	58	8	90	74	14	38
95	88	14	1	31	43	7	9
192	143	23	1	60	60	49	53
8	8			4	4		
257	241	53	35	121	67	16	28
95	88	24	6	48	16	7	10
162	158	29	29	73	51	9	18
2505	2342	601	121	934	807	163	472
57	47	7		22	18	10	11
424	406	87	13	155	164	18	67
359	344	134	41	124	86	15	23

地区及单位 Region and unit	总　计 Total	其中：女性 Of which: Female
南海海洋研究所 South China Sea Inst. of Oceanology	683	167
华南植物研究所 South China Inst. of Botany	524	175
广州电子研究所 Guangzhou Inst. of Electronic Technology	409	106
广州能源研究所 Guangzhou Inst. of Energy Conversion	197	64
中国科学院广州分院 CAS Guangzhou Branc	90	23
中国科健有限公司 China Kejian Ltd.	114	19
深圳科深科技咨询开发公司 Shenzhen Keshen S&T Consultation and Development Corporation	1	
深圳科技工业园总公司 Shenzhen Science and Industry Park Corporation	18	7
四川省 Sichuan Province	4488	1624
成都有机化学研究所 Chengdu Inst. of Organic Chemistry	444	169
成都山地灾害与环境研究所 Chengdu Inst. of Mountain Hazards and Environment	378	113
成都生物研究所 Chengdu Inst. of Biology	444	168
成都计算机应用研究所 Chengdu Inst. of Computer Application	370	119
光电技术研究所 Inst. of Optics and Electronics	1984	659
成都文献情报中心 Chengdu Documentation and Information Center	92	37
成都科学仪器研制中心 Chengdu R&D Center for Scientific Instruments	457	197
中国科学院成都分院 CAS Chengdu Branch	319	162
贵州省 Guizhou Province	478	127

续表 3.2

干　部 Cadres							工人 Workers
合计 Total	各类专业技术人员 Various kinds of professional and technical staff					行政干部 Administrative staff	
	小计 Subtotal	高级 Senior	其中：研究员 Of which：Research fellow	中级 Middle-level	初级及未定级 Junior and others		
586	546	121	18	231	194	40	97
378	342	79	17	129	134	36	146
360	347	87	11	152	108	13	49
170	165	49	7	64	52	5	27
78	53	14	4	26	13	25	12
79	79	21	2	24	34		35
1	1	1					
13	12	1	8	7	4	1	5
3087	2741	572	143	1238	931	346	1401
406	386	109	14	186	91	20	38
345	305	80	16	134	91	40	33
395	368	87	14	164	117	27	49
325	300	71	71	146	83	25	45
1052	906	138	18	406	362	146	932
87	78	17	3	31	30	9	5
213	179	20		76	83	34	244
264	219	50	7	95	74	45	55
405	377	108	20	139	130	28	73

地区及单位 Region and unit	总　计 Total	其中： 女性 Of which: Female
贵阳地球化学研究所 Guiyang Inst. of Geochemistry	478	127
云南省 　Yunnan Province	1529	522
云南天文台 Yunnan Observatory	331	94
昆明植物研究所 Kunming Inst. of Botany	661	251
昆明生态研究所 Kunming Inst. of Ecology	170	49
昆明动物研究所 Kunming Inst. of Zoology	285	101
中国科学院昆明分院 CAS Kunming Branch	82	27
陕西省 　Shaanxi Province	2182	714
陕西天文台 Shaanxi Observatory	708	213
西北水土保持研究所 Northwest Inst. of Soil and Water Conservation	370	108
西安光学精密机械研究所 Xi'an Inst. of Optics and Fine Mechanics	1028	375
中国科学院西安分院 CAS Xi'an Branch	76	18
甘肃省 　Gansu Province	3162	1040
近代物理研究所 Inst. of Modern Physics	905	263
兰州化学物理研究所 Lanzhou Inst. of Chemical Physics	680	240
兰州冰川冻土研究所 Lanzhou Inst. of Glaciology and Geocryology	397	102
兰州沙漠研究所 Lanzhou Inst. of Desert Research	294	81
兰州地质研究所 Lanzhou Inst. of Geology	189	55

续表 3.2

干部 Cadres							工人 Workers
合计 Total	各类专业技术人员 Various kinds of professional and technical staff					行政干部 Administrative staff	
	小计 Subtotal	高级 Senior	其中：研究员 Of which: Research fellow	中级 Middle-level	初级及未定级 Junior and others		
405	377	108	20	139	130	28	73
1256	1135	241	37	414	480	121	273
291	270	55	9	130	85	21	40
508	452	98	15	141	213	56	153
141	134	31	2	47	56	7	29
247	225	47	10	69	109	22	38
69	54	10	1	27	17	15	13
1498	1378	289	48	625	464	120	684
456	402	44	4	225	133	54	252
306	287	68	17	97	122	19	64
662	617	158	24	271	188	45	366
74	72	19	3	32	21	2	2
2655	2409	506	78	1061	842	246	507
743	691	162	21	293	236	52	162
564	504	114	16	253	137	60	116
350	318	81	16	146	91	32	47
259	242	39	1	111	92	17	35
170	160	39	11	66	55	10	19

地区及单位 Region and unit	总　计 Total	其中： 女性 Of which： Female
兰州高原大气物理研究所 Lanzhou Inst. of Plateau Atmospheric Physics	237	79
兰州文献情报中心 Lanzhou Center for Documentation and Information	126	62
中国科学院兰州分院 CAS Lanzhou Branch	334	158
青海省 Qinghai Province	676	203
青海盐湖研究所 Qinghai Inst. of Saline Lakes	409	124
西北高原生物研究所 Northwest Inst. of Plateau Biology	267	79
新疆维吾尔自治区 Xinjiang Uygur Autonomous Region	1349	460
新疆物理研究所 Xinjiang Inst. of Physics	258	73
乌鲁木齐天文工作站 Urumqi Astronomic Working Station	105	34
新疆化学研究所 Xinjiang Inst. of Chemistry	175	62
新疆地理研究所 Xinjiang Inst. of Geography	169	47
新疆生物土壤沙漠研究所 Xinjiang Inst. of Biology, Pedology and Desert Research	290	94
中国科学院新疆分院 CAS Xinjiang Branch	352	150

注：北京器材供应站为非独立机构.

Note: The Beijing Instrument Supply Station is a non-independent unit.

续表 3.2

干部 Cadres							工人 Workers
合计 Total	各类专业技术人员 Various kinds of professional and technical staff					行政干部 Administrative staff	
	小计 Subtotal	高级 Senior	其中：研究员 Of which：Research fellow	中级 Middle-level	初级及未定级 Junior and others		
211	186	33	10	64	89	25	26
105	97	13	2	39	45	8	21
253	211	25	1	89	97	42	81
558	503	107	17	166	230	55	118
309	279	67	10	88	124	30	100
249	224	40	7	78	106	25	18
1111	1018	167	28	413	438	93	238
231	223	37	8	108	78	8	27
94	91	7		30	54	3	11
156	148	26	6	74	48	8	19
155	144	26	7	66	52	11	14
251	233	54	7	78	101	18	39
224	179	17		57	105	45	128

3.3 职工年龄

Age Distribution of

	合计 Total	30岁以下 under 30	30—34岁 30—34	35—39岁 35—39
总计 Total	**83909**	**20470**	**8380**	**11750**
一、科研机构 Research units	66608	15953	6318	8812
数学、物理 Mathematics & physics	12654	2860	1111	1713
化学与化工 Chemistry & chemical engineering	11037	2823	902	1431
地学 Earth sciences	8336	1962	1005	1123
生物学 Biological sciences	11783	2929	1270	1705
技术科学 Technological sciences	22546	5285	1991	2801
其他 Others	252	76	39	39
二、支撑结构系统 System of supporting organizations	11401	2867	1352	2046
教育培干 Education & cadre training	4304	1050	357	644
图书、情报、出版 Library, information & publication	3061	1055	526	534
科学仪器研制 Scientific instrument development	2754	557	270	579
基本建设 Capital construction	169	35	13	16
服务与福利 Service & welfare	1087	161	184	268
其他 Others	26	9	2	5
三、管理系统 System of management	4213	999	497	678
院本部 Head Office	1200	316	141	198
地区管理部门 CAS Branches	3013	683	356	480
四、院管公司 CAS-run companies	1687	669	213	214

情况（1992 年）

CAS Staff：1992

单位：人

40—44 岁 40—44	45—49 岁 45—40	50—54 岁 50—54	其中：女性 Of which：female	55—60 岁 55—60	60 岁以上 Above 60	平均年龄 Average
9020	**9707**	**13391**	**4158**	**10267**	**924**	**41**
6880	7766	11412	3564	8715	770	42
1284	1521	2320	650	1704	141	42
1025	1191	1996	692	1510	159	42
801	710	1380	406	1251	104	41
1047	1002	1989	703	1613	228	42
2706	3316	3702	1104	2615	130	42
17	26	25	9	22	8	39
1440	1288	1293	421	1016	99	40
496	666	597	216	432	62	31
304	166	241	74	213	22	37
471	324	307	71	235	11	40
13	31	43	14	18		43
154	100	99	43	117	4	40
2	1	6	3	1		39
569	490	492	173	436	52	41
156	97	110	36	153	29	40
413	393	382	137	283	23	41
131	163	194	27	100	3	37

3.4 职工学位和学历情况（1992 年）

CAS Staff, by Academic Degrees and Qualification: 1992

单位：人

	学位 Academic degrees			学历 Academic qualification				
	博士 Ph. d.	硕士 M. S.	学士 Bachelor	研究生 Post graduates	大学 University graduates	大专 Specialized higher school graduates	中专 Specialized secondary school graduates	其他 Others
总计 Total	**1668**	**6983**	**8784**	**9580**	**26261**	**11769**	**7307**	**28992**
一、科研机构 Insititute	1525	6000	7188	8337	21725	9074	5833	21639
数学、物理 Mathematics & physics	321	939	1120	1426	4577	1707	1086	3858
化学与化工 Chemistry & chemical engineering	374	903	1126	1418	3529	1584	1003	3503
地学 Earth sciences	234	1123	907	1503	2852	1160	683	2138
生物学 Biological sciences	297	1239	1511	1726	3794	1665	1110	3488
技术科学 Technological sciences	294	1728	2438	2187	6872	2924	1935	8628
其他 Others	5	68	86	77	101	34	16	24
二、支撑机构 System of supporting organizations	118	728	791	947	2703	1465	887	5399
教育培干 Education & cadre training	109	567	396	809	1462	590	298	1145
图书、情报、出版 Library, information & publication	3	55	216	67	556	415	137	1886
科学仪器研制 Scientific instrument development	6	101	122	66	513	367	279	1529

续表 3.4

	学 位 Academic degrees			学 历 Academic qualification				
	博士 Ph. d.	硕士 M. S.	学士 Bachelor	研究生 Post graduates	大学 University graduates	大专 Specialized higher school graduates	中专 Specialized secondary school graduates	其他 Others
基本建设 Capital construction		2	34	2	103	17	12	35
服务与福利 Service & welfare		2	7	2	52	73	157	803
其他 Others		1	16	1	17	3	4	1
三、管理系统 System of management	16	67	292	95	1040	868	470	1740
院本部 Head office	13	26	83	48	357	259	42	494
地区管理部门 CAS Branches	3	41	209	47	683	609	428	1246
四、院管公司 CAS-run companies	9	188	513	201	793	362	117	214

四、经费、基本建设

FUNDS AND CAPITAL CONSTRUCTION

4.1 科学事业总经费收入

Total Income of CAS Scientific Operating Funds

单位：千元（thousand yuan）

年份 Year	合计 Total	事业费拨款 Operating funds	三项费用拨款 Three sums of S&T funds	科学基金拨款 Scientific foundation funds	"863"项目拨款 "863" project funds	其他收入 Other income
1986	865025	646979	58575	10656		148815
1987	1018170	674090	97160	16240		230680
1988	1265700	740530	134520	32100		358550
1989	1310260	737310	155140	39910	68920	308980
1990	1492520	855140	137670	43540	65350	390820
1991	1510037	872684	112021	40708	66890	417733
1992	1889062	938965	130640	61102	71799	686556

注：1. 1986年的其他收入含国外订货转帐及横向收入。

Other income here includes accounts transferred from foreign orders and lateral income in 1986.

2. 1987年的其他收入含国外订货转帐。

Other income here includes accounts transferred from foreign orders in 1987.

4.2 科学事业总经费支出

Total Expenditure of CAS Scientific Operating Funds

单位：千元（thousand yuan）

年份 Year	合计 Total	人员费用支出 Personnel expenditure	公用费用支出 Public expenditure	科研费用支出 Scientific research expenditure	其中：购置仪器设备 Of which：expenditure for purchasing equipment and instruments
1986	784676	163287	129608	491781	186923
1987	933000	196070	120360	616570	154910
1988	1041030	210040	160030	670960	80710
1989	1155300	233390	207580	714330	105060
1990	1320410	266660	222570	831170	117980
1991	1455792	297607	258955	899229	90630
1992	1913717	371299	301045	1241373	88349

4.3 科学事业总经费收入、

Total Income and Expenditure of

	收入 Income			
	合计 Total	事业费拨款 Operating funds	三项费用拨款 Three sums of s&T funds	科学基金拨款 Scientific foundation funds
总计 Total	**1889062**	**938965**	**130640**	**61102**
一、科研机构 Research units	1526991	762517	122820	57060
数学、物理 Mathematics & physics	291446	174089	11423	11680
化学与化工 Chemistry & chemical engineering	223907	106999	27709	10291
地学 Earth sciences	203586	111605	22315	13744
生物学 Biological sciences	252462	149808	16706	10457
技术科学 Technological sciences	551309	216144	44667	10791
其他 Others	4280	3872		96
二、支撑结构系统 System of supporting organizations	229876	62904	4787	3889
教育培干 Education & cadre training	42426	27335	123	3305
图书、情报、出版 Library, information & publication	31500	28489	84	100
科学仪器研制 Scientific instrument development	70206	6208	280	484
基本建设 Capital construction	7412	60		
服务与福利 Service & welfare	1416	813		
其他 Others	76915		4300	
三、管理系统 System of management	132195	113544	3033	153
院本部 Head Office	90413	79914	3033	
地区管理部门 CAS Branches	41782	33630		153

支出情况（1992 年）

CAS Scientific Operating Funds：1992

单位：千元（thousand yuan）

		支出 Expenditure				
"863" 项目拨款 "863" project funds	其他收入 Other income	合计 Total	人员费用支出 Personal expenditure	公用费用支出 Public expenditure	科研费用支出 Scientific research expenditure	其中：购置仪器设备 Of which：expenditure for purchasing equipment and instrumentation
71799	**686556**	**1913717**	**371299**	**301045**	**1241373**	**88349**
70429	514165	1562289	329129	194713	1038447	84121
5046	89208	299909	60748	39167	199994	22579
6313	72595	259978	56750	35698	167530	17972
103	55819	207066	43904	22695	140467	6344
13150	62341	244470	61567	32205	150698	13460
45792	233915	546604	105006	63503	378094	23607
25	287	4262	1154	1445	1664	167
1350	156946	228725	19283	60840	148603	2883
1350	10313	42692	5120	7628	29944	925
	2827	30967	5428	4904	20635	1061
	63235	69106	7441	11618	50047	897
	7352	7289	254	411	6624	
	604	2063	516	1302	245	
	72615	76608	523	34978	41107	
20	15445	122703	22888	45492	54323	1345
	7466	73694	9862	18651	45182	1270
20	7979	49009	13026	26842	9141	75

4.4 基本建设

Statistics of CAS Capital Construction

年 份 Year	完成投资（万元） Investment completed (ten thousand yuan)	自筹 Self-raised	竣工面积（平方米） Floor space completed (square meter)	自筹 Self-raised
1986	21908	252	283026	7559
1987	27412	281	203111	10345
1988	28266	240	247028	14449
1989	29384	240	298743	6407
1990	23484	240	373626	11910
1991	30306	1971	231729	28336
1992	36636	5000	287163	67928

4.5 基本建设（1992 年）

Statistics of CAS Capital Construction：1992

	单 位	总 计 Total	自 筹 Self-raised
本年完成投资 Investment	万元 Ten thousand yuan	36636	5000
本年施工面积 Floor space started	平方米 Square meter	226765	159737
本年竣工面积 Floor space completed	平方米 Square meter	287163	67928
其中 住宅 Of which： residence	平方米 Square meter	188693	56806
科研用房 Research buildings	平方米 Square meter	86503	9964

五、科技活动

SCIENTIFIC AND TECHNOLOGICAL ACTIVITIES

5.1 科研机构与人员概况

Statistics of CAS Research Units and Staff

年　份 Year	机构数 （个） Institutions	职工数（人）staff			
		合　计 Total	从事科技活动人员 S&T activity personnel	科学家、工程师 Scientists & engineers	其他科技人员 Other S&T personnel
1985	122	69650	58220	32174	8828
1986	122	70510	60107	34495	8777
1987	123	66855	53727	35034	8239
1988	123	67554	56939	36648	9078
1989	123	67451	56895	37587	8757
1990	123	67547	56199	38133	8442
1991	123	67558	56029	37668	8750
1992	123	66608	54293	37642	8283

注：S &T——Science and Technology.

5.2 科研机构职工基本情况（1992 年）

Personnel Statistics of CAS Research Units：1992

单位：人

地区、学科及科研单位 Region，field and institute	职工总数 Total staff	科学家工程师 Scientists & engineers	其他科技人员 Other S&T personnel	专业技术干部 Professional and technical personnel	科学家工程师 Scientists & engineers	其他科技人员 Other S&T personnel
总计 Total	**66608**	**41465**	**11415**	**49399**	**41120**	**8146**
一、按地区分 By region						
北京地区 Beijing	22223	14976	3863	17585	14812	2694
沈阳分院 Shenyang Branch	4710	3084	686	3607	3071	535
长春分院 Changchun Branch	5608	3070	920	3764	3049	709
上海分院 Shanghai Branch	10659	6210	1460	7218	6173	1043
南京分院 Nanjing Branch	1472	1058	289	1225	1050	175
合肥分院 Hefei Branch	1951	1119	748	1420	1115	300
武汉分院 Wuhan Branch	2428	1488	420	1769	1463	301
广州分院 Guangzhou Branch	2754	1820	445	2197	1813	384
成都分院 Chengdu Branch	3620	1874	555	2265	1863	396
昆明分院 Kunming Branch	1447	768	378	1081	767	314
西安分院 Xi'an Branch	2106	1021	401	1306	1018	288
兰州分院 Lanzhou Branch	3378	2149	603	2604	2126	477
新疆分院 Xinjiang Branch	997	725	153	839	721	118
其他地区 Other regions	3255	2103	494	2519	2079	412
二、按学科分 By field						
数学、物理 Mathematics & physics	12654	7803	2146	9376	7731	1618

地区、学科及科研单位 Region, field and institute	职工总数 Total staff	科学家工程师 Scientists & engineers	其他科技人员 Other S&T personnel	专业技术干部 Professional and technical personnel	科学家工程师 Scientists & engineers	其他科技人员 Other S&T personnel
化学与化工 Chemistry & chemical engineering	11037	7105	1612	8303	7045	1252
地学 Earth sciences	8336	5755	1566	6856	5705	1123
生物学 Biological sciences	11783	7652	2082	9259	7607	1644
技术科学 Technological sciences	22546	12936	3971	15388	12833	2491
其他 Others	252	214	38	217	199	18
三、按科研单位分 By institute						
北京市 Beijing	22223	14976	3863	17585	14812	2694
数学研究所 Inst. of Mathematics	152	120	14	131	120	11
应用数学研究所 Inst. of Applied Mathematics	142	122	12	129	122	7
系统科学研究所 Inst. of Systems Science	161	134	17	142	132	10
物理研究所 Inst. of Physics	901	658	71	729	658	71
声学研究所 Inst. of Acoustics	940	664	115	759	662	95
理论物理研究所 Inst. of Theoretical Physics	55	46	4	49	46	3
低温技术实验中心 Cryogenic Laboratory	289	127	36	136	117	19
高能物理研究所 Inst. of High Energy Physics	1781	1043	330	1301	1041	260
北京天文台 Beijing Astronomical Observatory	478	327	65	371	320	51
力学研究所 Inst. of Mechanics	808	505	165	677	505	160
化学研究所 Inst. of Chemistry	826	627	111	691	602	89

地区、学科及科研单位 Region, field and institute	职工总数 Total staff	科学家工程师 Scientists & engineers	其他科技人员 Other S&T personnel	专业技术干部 Professional and technical personnel	科学家工程师 Scientists & engineers	其他科技人员 Other S&T personnel
感光化学研究所 Inst. of Photographic Chemistry	402	299	47	323	294	29
生态环境研究中心 Research Center for Eco-Environmental Sciences	539	417	122	455	413	42
化工冶金研究所 Inst. of Chemical Metallurgy	482	350	50	390	350	40
地理研究所 Inst. of Geography	599	453	146	516	453	63
遥感应用研究所 Institute of Remote Sensing Application	272	198	57	239	196	43
地质研究所 Inst. of Geology	508	397	37	430	397	32
地球物理研究所 Inst. of Geophysics	348	244	104	304	231	73
古脊椎动物与古人类研究所 Inst. of Vertebrate Paleontology and Paleoanthropology	243	163	76	184	163	21
大气物理研究所 Inst. of Atmospheric Physics	580	309	189	473	308	165
自然资源综合考察委员会 Commission for Integrated Surveys of Natural Resources	361	265	51	301	263	38
植物研究所 Inst. of Botany	742	470	132	577	468	109
动物研究所 Inst. of Zoology	560	422	84	498	421	77
心理研究所 Inst. of Psychology	165	123	33	142	123	19
微生物研究所 Inst. of Microbiology	511	378	70	440	378	62
生物物理研究所 Inst. of Biophysics	698	493	105	573	493	80
遗传研究所 Inst. of Genetics	489	354	94	429	354	75
发育生物学研究所 Inst. of Developmental Biology	148	95	25	116	94	22
计算技术研究所 Inst. of Computing Technology	1324	859	88	924	858	66

地区、学科及科研单位 Region, field and institute	职工总数 Total staff	科学家工程师 Scientists & engineers	其他科技人员 Other S&T personnel	专业技术干部 Professional and technical personnel	科学家工程师 Scientists & engineers	其他科技人员 Other S&T personnel
计算中心 Computing Center	467	325	113	372	321	51
软件研究所 Inst. of Software	357	308	40	344	308	36
半导体研究所 Inst. of Semiconductors	1186	597	535	767	597	170
微电子中心 Microelectronics R&D Center	822	303	146	461	302	119
电子学研究所 Inst. of Electronics	1120	744	205	919	742	177
自动化研究所 Inst. of Automation	567	414	65	469	410	59
电工研究所 Inst. of Electric Engineering	601	381	88	454	380	74
工程热物理研究所 Inst. of Engineering Thermophysics	252	196	44	222	159	39
自然科学史研究所 Inst. of History of Natural Sciences	130	102	28	112	100	12
科技政策与管理科学研究所 Inst. of Science Policy and Management	122	112	10	105	99	6
北京软件工程研制中心 Beijing Software Engineering Center	168	143	20	140	124	16
空间科学与应用研究中心 Space Science and Technology Center	746	569	83	641	568	73
遥感卫星地面站 Remote-Sensing Satellite Ground Station	181	120	36	150	120	30
河北省 Hebei Province	182	153	23	167	152	15
石家庄农业现代化研究所 Shijiazhuang Inst. of Agricultural Modernization	182	153	23	167	152	15
山西省 Shanxi Province	834	448	165	589	447	142

地区、学科及科研单位 Region, field and institute	职工总数 Total staff	科学家工程师 Scientists & engineers	其他科技人员 Other S&T personnel	专业技术干部 Professional and technical personnel	科学家工程师 Scientists & engineers	其他科技人员 Other S&T personnel
山西煤炭化学研究所 Shanxi Inst. of Coal Chemistry	834	448	165	589	447	142
辽宁省 Liaoning Province	4710	3084	686	3607	3071	535
沈阳应用生态研究所 Shenyang Inst. of Applied Ecology	572	370	115	464	369	94
沈阳计算技术研究所 Shenyang Inst. of Computing Technology	566	390	83	431	382	49
沈阳自动化研究所 Shenyang Inst. of Automation	800	541	95	619	540	79
金属研究所 Inst. of Metals Research	1155	698	181	833	698	135
金属腐蚀与防护研究所 Inst. of Corrosion and Protection of Metals	229	168	26	190	167	23
大连化学物理研究所 Dalian Inst. of Chemical Physics	1388	917	186	1070	915	155
吉林省 Jilin Province	5608	3070	920	3764	3049	709
长春物理研究所 Changchun Inst. of Physics	710	446	95	528	433	89
长春人造卫星观测站 Changchun Satellite Observation Station	61	35	11	46	35	11
长春应用化学研究所 Changchun Inst. of Applied Chemistry	1371	886	189	1042	886	156
长春地理研究所 Changchun Inst. of Geography	314	200	62	237	200	37
长春光学精密机械研究所 Changchun Inst. of Optics and Fine Mechanics	3152	1503	563	1911	1495	416
黑龙江省 Heilongjiang Province	153	106	27	123	103	19
黑龙江农业现代化研究所 Heilongjiang Inst. of Agricultural Modernization	153	106	27	123	103	19

地区、学科及科研单位 Region, field and institute	职工总数 Total staff	科学家工程师 Scientists & engineers	其他科技人员 Other S&T personnel	专业技术干部 Professional and technical personnel	科学家工程师 Scientists & engineers	其他科技人员 Other S&T personnel
上海市 Shanghai	10659	6210	1460	7218	6173	1043
上海原子核研究所 Shanghai Inst. of Nuclear Research	1264	674	183	830	674	156
上海天文台 Shanghai Observatory	374	261	37	283	259	24
上海硅酸盐研究所 Shanghai Inst. of Ceramics	1077	629	154	750	629	121
上海有机化学研究所 Shanghai Inst. of Organic Chemistry	1341	675	166	808	674	134
上海植物生理研究所 Shanghai Inst. of Plant Physiology	482	335	44	366	333	33
上海昆虫研究所 Shanghai Inst. of Entomology	219	152	28	175	150	25
上海药物研究所 Shanghai Inst. of Materia Medica	583	377	93	442	369	73
上海生理研究所 Shanghai Inst. of Physiology	339	218	65	244	212	32
上海生物化学研究所 Shanghai Inst. of Biochemistry	621	368	92	436	365	69
上海细胞生物学研究所 Shanghai Inst. of Cell Biology	360	229	53	276	229	47
上海脑研究所 Shanghai Inst. of Brain Research	78	59	11	67	59	8
上海生物工程研究中心 Shanghai Bioengineering Research Center	270	132	69	180	127	53
上海冶金研究所 Shanghai Inst. of Metallurgy	1250	763	225	826	760	66
上海光学精密机械研究所 Shanghai Inst. of Optics and Fine Mechanics	1423	779	104	869	777	92
上海技术物理研究所 Shanghai Inst. of Technical Physics	978	559	136	666	556	110
江苏省 Jiangsu Province	1472	1058	289	1225	1050	175

地区、学科及科研单位 Region, field and institute	职工总数 Total staff			专业技术干部 Professional and technical personnel		
		科学家工程师 Scientists & engineers	其他科技人员 Other S&T personnel		科学家工程师 Scientists & engineers	其他科技人员 Other S&T personnel
紫金山天文台 Purple Mountain Observatory	423	255	162	311	247	64
南京地理与湖泊研究所 Nanjing Inst. of Geography and Limnology	276	212	43	248	212	36
南京地质古生物研究所 Nanjing Inst. of Geology and Palaeontology	313	243	34	273	243	30
南京土壤研究所 Nanjing Inst. of Soil Science	460	348	50	393	348	45
安徽省 Anhui Province	1951	1119	748	1420	1115	300
固体物理研究所 Inst. of Solid State Physics	154	105	28	127	105	20
等离子体物理研究所 Inst. of Plasma Physics	583	354	182	448	354	91
合肥智能机械研究所 Hefei Inst. of Intelligent Machines	180	123	41	159	123	36
安徽光学精密机械研究所 Anhui Inst. of Optics and Fine Mechanics	1034	537	497	686	533	153
福建省 Fujian Province	578	388	107	462	379	83
福建物质结构研究所 Fujian Inst. of Research on the Structure of Matter	578	388	107	462	379	83
山东省 Shandong Province	1030	688	113	801	678	97
海洋研究所 Inst. of Oceanology	1030	688	113	801	678	97
湖北省、湖南省 Hubei and Hunan Provinces	2428	1488	420	1769	1463	301
武汉数学物理研究所 Wuhan Inst. of Mathematical Physics	64	51	7	58	51	7
武汉物理研究所 Wuhan Inst. of Physics	438	272	77	324	269	55

地区、学科及科研单位 Region, field and institute	职工总数 Total staff	科学家工程师 Scientists & engineers	其他科技人员 Other S&T personnel	专业技术干部 Professional and technical personnel	科学家工程师 Scientists & engineers	其他科技人员 Other S&T personnel
武汉岩土力学研究所 Wuhan Inst. of Rock and Soil Mechanics	501	223	88	273	218	54
测量与地球物理研究所 Inst. of Geodesy and Geophysics	180	133	28	140	118	22
武汉植物研究所 Wuhan Inst. of Botany	246	130	52	159	130	29
水生生物研究所 Inst. of Hydrobiology	440	282	83	352	281	67
武汉病毒研究所 Wuhan Inst. of Virology	274	183	48	222	183	39
长沙大地构造研究所 Changsha Inst. of Geotectonics	105	79	13	88	79	9
长沙农业现代化研究所 Changsha Inst. of Agricultural Modernization	180	135	24	153	134	19
广东省 Guangdong Province	2754	1820	445	2197	1813	384
广州人造卫星观测站 Guangzhou Satellite Observation Station	68	40	14	47	37	10
广州化学研究所 Guangzhou Inst. of Chemistry	491	321	96	406	320	86
广州地质新技术研究所 Guangzhou Inst. of New Geotechnology	382	308	41	344	308	36
南海海洋研究所 South China Sea Inst. of Oceanology	683	432	127	546	432	114
华南植物研究所 South China Inst. of Botany	524	294	67	342	291	51
广州电子研究所 Guangzhou Inst. of Electronic Technology	409	286	69	347	286	61
广州能源研究所 Guangzhou Inst. of Energy Conversion	197	139	31	165	139	26

地区、学科及科研单位 Region, field and institute	职工总数 Total staff	科学家工程师 Scientists & engineers	其他科技人员 Other S&T personnel	专业技术干部 Professional and technical personnel	科学家工程师 Scientists & engineers	其他科技人员 Other S&T personnel
四川省 Sichuan Province	3620	1874	555	2265	1863	396
成都有机化学研究所 Chengdu Inst. of Organic Chemistry	444	324	62	386	321	59
成都山地灾害与环境研究所 Chengdu Inst. of Mountain Hazards and Environment	378	243	135	305	240	65
成都生物研究所 Chengdu Inst. of Biology	444	325	58	368	323	45
成都计算机应用研究所 Chengdu Inst. of Computer Application	370	265	60	300	265	35
光电技术研究所 Inst. of Optics and Electronics	1984	717	240	906	714	192
贵州省 Guizhou Province	478	320	59	377	320	56
贵阳地球化学研究所 Guiyang Inst. of Geochemistry	478	320	59	377	320	56
云南省 Yunnan Province	1447	768	378	1081	767	314
云南天文台 Yunnan Observatory	331	223	57	270	223	47
昆明植物研究所 Kunming Inst. of Botany	661	282	183	452	282	170
昆明动物研究所 Kunming Inst. of Zoology	285	166	65	225	165	60
昆明生态研究所 Kunming Inst. of Ecology	170	97	73	134	97	37
陕西省 Shaanxi Province	2106	1021	401	1306	1018	288
陕西天文台 Shaanxi Observatory	708	303	135	402	300	102
西北水土保持研究所 Northwest Inst. of Soil and Water Conservation	370	209	109	287	209	78
西安光学精密机械研究所 Xi'an Inst. of Optics and Fine Mechanics	1028	509	157	617	509	108

地区、学科及科研单位 Region, field and institute	职工总数 Total staff	科学家工程师 Scientists & engineers	其他科技人员 Other S&T personnel	专业技术干部 Professional and technical personnel	科学家工程师 Scientists & engineers	其他科技人员 Other S&T personnel
甘肃省、青海省 Gansu and Qinghai Provinces	3378	2149	603	2604	2126	477
近代物理研究所 Inst. of Modern Physics	905	548	183	691	538	152
兰州化学物理研究所 Lanzhou Inst. of Chemical Physics	680	442	89	504	438	66
兰州冰川冻土研究所 Lanzhou Inst. of Glaciology and Geocryology	397	265	64	318	265	53
兰州沙漠研究所 Lanzhou Inst. of Desert Research	294	204	65	242	202	40
兰州地质研究所 Lanzhou Inst. of Geology	189	129	37	160	128	32
兰州高原大气物理研究所 Lanzhou Inst. of Plateau Atmospheric Physics	237	145	55	186	145	41
青海盐湖研究所 Qinghai Inst. of Saline Lakes	409	239	56	279	234	45
西北高原生物研究所 Northwest Inst. of Plateau Biology	267	177	54	224	176	48
新疆维吾尔自治区 Xinjiang Uygur Autonomous Region	997	725	153	839	721	118
新疆物理研究所 Xinjiang Inst. of Physics	258	203	27	223	201	22
乌鲁木齐天文工作站 Urumqi Astronomic Working Station	105	64	31	91	64	27
新疆化学研究所 Xinjiang Inst. of Chemistry	175	143	12	148	143	5
新疆地理研究所 Xinjiang Inst. of Geography	169	125	30	144	124	20
新疆生物土壤沙漠研究所 Xinjiang Inst. of Biology, Pedology and Desert Research	290	190	53	233	189	44

5.3 科研机构从事科技

S&T Activity Personnel

地区、学科及科研单位 Region, field and institute	从事科技活动人员 S&T activity personnel	科学家工程师 Scientists & engineers	其他科技人员 Other S&T personnel	科技管理人员 S&T Management personnel	科学家工程师 Scientists & engineers	其他科技人员 Other S&T personnel
总计 Total	**54293**	**37642**	**8283**	**6621**	**3554**	**1942**
一、按地区分 By region						
北京地区 Beijing	18450	13422	2592	2120	1202	602
沈阳分院 Shenyang Branch	3621	2676	500	540	251	153
长春分院 Changchun Branch	4274	2606	421	509	248	129
上海分院 Shanghai Branch	8540	5851	1190	864	451	243
南京分院 Nanjing Branch	1308	1007	262	169	80	73
合肥分院 Hefei Branch	1542	996	529	145	88	56
武汉分院 Wuhan Branch	1832	1306	303	262	126	83
广州分院 Guangzhou Branch	2294	1678	340	345	200	107
成都分院 Chengdu Branch	3045	1739	386	323	182	89
昆明分院 Kunming Branch	1145	714	301	180	88	67
西安分院 Xi'an Branch	1827	967	359	254	127	83
兰州分院 Lanzhou Branch	2870	2049	561	510	260	164
新疆分院 Xinjiang Branch	802	637	114	100	67	23
其他地区 Other regions	2743	1994	425	300	184	70
二、按学科分 By field						
数学、物理 Mathematics & physics	10349	7142	1739	1246	682	332
化学与化工 Chemistry & chemical engineering	8920	6458	1262	1016	571	309

活动人员概况（1992年）

in CAS Research Units：1992

单位：人

课题活动人员 S&T project activity personnel	科学家工程师 Scientists & engineers	其他科技人员 Other S&T personnel	科技服务人员 S&T service personnel	科学家工程师 Scientists & engineers	其他科技人员 Other S&T personnel
35701	**29749**	**4036**	**11971**	**4339**	**2305**
12934	10915	1326	3396	1305	664
2336	2087	188	745	338	159
2290	1901	216	1475	457	76
5691	4775	593	1985	625	354
966	815	141	173	112	48
932	773	157	465	135	316
1271	1082	132	299	98	88
1614	1299	152	335	179	81
1493	1196	194	1229	361	103
795	580	157	170	46	77
994	681	177	579	159	99
1931	1585	308	429	204	89
584	516	56	118	54	35
1870	1544	239	573	266	116
7249	5841	989	1854	619	418
6059	5146	631	1845	741	322

地区、学科及科研单位 Region, field and institute	从事科技活动人员 S&T activity personnel	科学家工程师 Scientists & engineers	其他科技人员 Other S&T personnel	科技管理人员 S&T Management personnel	科学家工程师 Scientists & engineers	其他科技人员 Other S&T personnel
地学 Earth sciences	7249	5565	1253	1055	587	350
生物学 Biological sciences	9997	7206	1711	1349	709	431
技术科学 Technological sciences	17538	11071	2289	1908	978	510
其他 Others	240	200	29	47	27	10
三、按科研单位分 By institute						
北京市 Beijing	18450	13422	2592	2120	1202	602
数学研究所 Inst. of Mathematics	139	120	14	21	17	4
应用数学研究所 Inst. of Applied Mathematics	136	122	12	20	11	9
系统科学研究所 Inst. of Systems Science	154	134	16	24	14	7
物理研究所 Inst. of Physics	832	615	60	73	37	17
声学研究所 Inst. of Acoustics	811	645	88	90	53	15
理论物理研究所 Inst. of Theoretical Physics	53	45	4	11	8	3
低温技术实验中心 Cryogenic Laboratory	204	115	27	18	14	3
高能物理研究所 Inst. of High Energy Physics	1585	1010	256	200	94	56
北京天文台 Beijing Astronomical Observatory	318	247	37	45	27	15
力学研究所 Inst. of Mechanics	689	448	116	30	18	9
化学研究所 Inst. of Chemistry	723	570	98	79	52	23
感光化学研究所 Inst. of Photographic Chemistry	326	274	35	52	31	15
生态环境研究中心 Research Center for Eco-Environmental Sciences	462	370	68	73	37	34

课题活动人员 S&T project activity personnel	科学家工程师 Scientists & engineers	其他科技人员 Other S&T personnel	科技服务人员 S&T service personnel	科学家工程师 Scientists & engineers	其他科技人员 Other S&T personnel
5171	4393	614	1023	585	289
6896	5810	789	1752	687	491
10159	8401	1005	5471	1692	774
167	158	8	26	15	11
12934	10915	1326	3396	1305	664
92	92		26	11	10
108	106	2	8	5	1
119	112	6	11	8	3
654	537	30	105	41	13
573	500	52	148	92	21
28	28		14	9	1
140	89	20	46	12	4
957	827	142	410	89	58
209	187	15	64	33	7
518	401	93	141	29	14
566	498	55	78	20	20
222	212	9	52	31	11
308	272	15	81	61	19

地区、学科及科研单位 Region, field and institute	从事科技活动人员 S&T activity personnel	科学家工程师 Scientists & engineers	其他科技人员 Other S&T personnel	科技管理人员 S&T Management personnel	科学家工程师 Scientists & engineers	其他科技人员 Other S&T personnel
化工冶金研究所 Inst. of Chemical Metallurgy	411	326	39	35	22	8
地理研究所 Inst. of Geography	516	453	63	28	28	0
遥感应用研究所 Inst. of Remote Sensing Application	242	190	51	40	17	23
地质研究所 Inst. of Geology	432	379	27	49	33	5
地球物理研究所 Inst. of Geophysics	309	237	72	55	45	10
古脊椎动物与古人类研究所 Inst. of Vertebrate Paleontology and Paleoanthropology	225	162	55	44	13	23
大气物理研究所 Inst. of Atmospheric Physics	519	300	162	56	20	36
自然资源综合考察委员会 Commission for Integrated Surveys of Natural Resources	313	254	44	46	29	12
植物研究所 Inst. of Botany	622	455	109	72	44	23
动物研究所 Inst. of Zoology	505	415	67	66	46	13
心理研究所 Inst. of Psychology	138	110	28	24	10	14
微生物研究所 Inst. of Microbiology	377	326	35	41	20	16
生物物理研究所 Inst. of Biophysics	578	439	59	54	35	10
遗传研究所 Inst. of Genetics	456	339	88	52	23	17
发育生物学研究所 Inst. of Developmental Biology	141	95	23	19	14	4
计算技术研究所 Inst. of Computing Technology	677	515	43	102	53	19
计算中心 Computing Center	363	274	89	60	34	26

课题活动人员 S&T project activity personnel	科学家工程师 Scientists & engineers	其他科技人员 Other S&T personnel	科技服务人员 S&T service personnel	科学家工程师 Scientists & engineers	其他科技人员 Other S&T personnel
290	259	22	86	45	9
443	380	63	45	45	
182	158	23	20	15	5
335	313	17	48	33	5
216	184	32	38	8	30
106	105	1	75	44	31
384	270	103	79	10	23
218	198	19	49	27	13
501	380	74	49	31	12
387	340	40	52	29	14
96	87	9	18	13	5
317	294	14	19	12	5
378	342	21	146	62	28
287	270	17	117	46	54
86	71	11	36	10	8
427	380	12	148	82	12
235	221	14	68	19	49

地区、学科及科研单位 Region, field and institute	从事科技活动人员 S&T activity personnel	科学家工程师 Scientists & engineers	其他科技人员 Other S&T personnel	科技管理人员 S&T Management personnel	科学家工程师 Scientists & engineers	其他科技人员 Other S&T personnel
软件研究所 Inst. of Software	348	308	40	33	11	22
半导体研究所 Inst. of Semiconductors	1089	534	136	86	61	17
微电子中心 Microelectronics R&D Center	753	302	102	60	7	6
电子学研究所 Inst. of Electronics	863	644	141	77	71	4
自动化研究所 Inst. of Automation	336	280	44	27	18	7
电工研究所 Inst. of Electric Engineering	404	238	67	42	23	8
工程热物理研究所 Inst. of Engineering Thermophysics	238	196	27	35	19	7
自然科学史研究所 Inst. of History of Natural Sciences	120	101	19	14	9	5
科技政策与管理科学研究所 Inst. of Science Policy and Management	120	99	10	33	18	5
北京软件工程研制中心 Beijing Software Engineering Center	162	142	20	20	10	10
空间科学与应用研究中心 Space Science and Technology Center	608	500	65	85	44	29
遥感卫星地面站 Remote-Sensing Satellite Ground Station	153	94	36	29	12	13
河北省 Hebei Province	161	144	17	24	20	4
石家庄农业现代化研究所 Shijiazhuang Inst. of Agricultural Modernization	161	144	17	24	20	4
山西省 Shanxi Province	698	409	135	65	38	17
山西煤炭化学研究所 Shanxi Inst. of Coal Chemistry	698	409	135	65	38	17
辽宁省 Liaoning Province	3621	2676	500	540	251	153

课题活动人员 S&T project activity personnel	科学家工程师 Scientists & engineers	其他科技人员 Other S&T personnel	科技服务人员 S&T service personnel	科学家工程师 Scientists & engineers	其他科技人员 Other S&T personnel
306	291	15	9	6	3
427	357	68	576	116	51
569	244	66	124	51	30
604	506	98	182	67	39
285	245	30	24	17	7
286	205	43	76	10	16
179	165	12	24	12	8
86	80	6	20	12	8
81	78	2	6	3	3
140	131	9	2	1	1
465	420	27	58	36	9
106	80	19	18	2	4
113	107	6	24	17	7
113	107	6	24	17	7
415	300	81	218	71	37
415	300	81	218	71	37
2336	2087	188	745	338	159

地区、学科及科研单位 Region, field and institute	从事科技活动人员 S&T activity personnel	科学家工程师 Scientists & engineers	其他科技人员 Other S&T personnel	科技管理人员 S&T Management personnel	科学家工程师 Scientists & engineers	其他科技人员 Other S&T personnel
沈阳应用生态研究所 Shenyang Inst. of Applied Ecology	457	347	91	80	33	35
沈阳计算技术研究所 Shenyang Inst. of Computing Technology	413	298	75	63	33	25
沈阳自动化研究所 Shenyang Inst. of Automation	653	516	74	82	48	21
金属研究所 Inst. of Metals Research	858	584	111	132	53	25
金属腐蚀与防护研究所 Inst. of Corrosion and Protection of Metals	195	148	20	36	22	7
大连化学物理研究所 Dalian Inst. of Chemical Physics	1045	783	129	147	62	40
吉林省 Jilin Province	4274	2606	421	509	248	129
长春物理研究所 Changchun Inst. of Physics	540	372	66	107	50	23
长春人造卫星观测站 Changchun Satellite Observation Station	43	31	11	7	5	2
长春应用化学研究所 Changchun Inst. of Applied Chemistry	1035	774	146	74	54	20
长春地理研究所 Changchun Inst. of Geography	257	194	25	36	21	7
长春光学精密机械研究所 Changchun Inst. of Optics and Fine Mechanics	2399	1235	173	285	118	77
黑龙江省 Heilongjiang Province	136	105	26	22	20	2
黑龙江农业现代化研究所 Heilongjiang Inst. of Agricultural Modernization	136	105	26	22	20	2
上海市 Shanghai	8540	5851	1190	864	451	243

课题活动人员 S&T project activity personnel	科学家工程师 Scientists & engineers	其他科技人员 Other S&T personnel	科技服务人员 S&T service personnel	科学家工程师 Scientists & engineers	其他科技人员 Other S&T personnel
312	278	34	65	36	22
242	228	14	108	37	36
476	432	38	95	36	15
438	391	32	288	140	54
133	114	8	26	12	5
735	644	62	163	77	27
2290	1901	216	1475	457	76
366	314	26	67	8	17
30	23	7	6	3	2
798	689	90	163	31	36
173	149	7	48	24	11
923	726	86	1191	391	10
102	79	20	12	6	4
102	79	20	12	6	4
5691	4775	593	1985	625	354

地区、学科及科研单位 Region, field and institute	从事科技活动人员 S&T activity personnel	科学家工程师 Scientists & engineers	其他科技人员 Other S&T personnel	科技管理人员 S&T Management personnel	科学家工程师 Scientists & engineers	其他科技人员 Other S&T personnel
上海原子核研究所 Shanghai Inst. of Nuclear Research	892	619	161	48	31	11
上海天文台 Shanghai Observatory	311	251	32	39	22	8
上海硅酸盐研究所 Shanghai Inst. of Ceramics	937	615	138	88	55	26
上海有机化学研究所 Shanghai Inst. of Organic Chemistry	1097	646	156	116	62	46
上海植物生理研究所 Shanghai Inst. of Plant Physiology	434	325	39	47	32	9
上海昆虫研究所 Shanghai Inst. of Entomology	194	150	26	29	18	4
上海药物研究所 Shanghai Inst. of Materia Medica	492	353	79	58	29	19
上海生理研究所 Shanghai Inst. of Physiology	278	192	52	57	24	26
上海生物化学研究所 Shanghai Inst. of Biochemistry	595	362	90	65	19	23
上海细胞生物学研究所 Shanghai Inst. of Cell Biology	297	216	50	45	19	12
上海脑研究所 Shanghai Inst. of Brain Research	71	55	10	11	7	3
上海生物工程研究中心 Shanghai Bioengineering Research Center	213	127	64	32	23	8
上海冶金研究所 Shanghai Inst. of Metallurgy	979	732	101	87	42	24
上海光学精密机械研究所 Shanghai Inst. of Optics and Fine Mechanics	996	728	97	75	33	6
上海技术物理研究所 Shanghai Inst. of Technical Physics	754	480	95	67	35	18
江苏省 Jiangsu Province	1308	1007	262	169	80	73

课题活动人员 S&T project activity personnel	科学家工程师 Scientists & engineers	其他科技人员 Other S&T personnel	科技服务人员 S&T service personnel	科学家工程师 Scientists & engineers	其他科技人员 Other S&T personnel
627	509	78	217	79	72
236	211	20	36	18	4
600	477	74	249	83	38
675	514	71	306	70	39
310	279	19	77	14	11
142	129	13	23	3	9
355	292	42	79	32	18
157	143	13	64	25	13
323	286	31	207	57	36
190	158	27	62	39	11
53	47	4	7	1	3
120	82	35	61	22	21
726	636	52	166	54	25
707	583	73	214	112	18
470	429	41	217	16	36
966	815	141	173	112	48

地区、学科及科研单位 Region, field and institute	从事科技活动人员 S&T activity personnel	科学家工程师 Scientists & engineers	其他科技人员 Other S&T personnel	科技管理人员 S&T Management personnel	科学家工程师 Scientists & engineers	其他科技人员 Other S&T personnel
紫金山天文台 Purple Mountain Observatory	411	245	162	54	11	43
南京地理与湖泊研究所 Nanjing Inst. of Geography and Limnology	226	195	30	32	22	9
南京地质古生物研究所 Nanjing Inst. of Geology and Palaeontology	279	241	29	47	27	11
南京土壤研究所 Nanjing Inst. of Soil Science	392	326	41	36	20	10
安徽省 Anhui Province	1542	996	529	145	88	56
固体物理研究所 Inst. of Solid State Physics	133	103	20	11	8	2
等离子体物理研究所 Inst. of Plasma Physics	507	340	167	44	31	13
合肥智能机械研究所 Hefei Inst. of Intelligent Machines	123	91	25	15	7	8
安徽光学精密机械研究所 Anhui Inst. of Optics and Fine Mechanics	779	462	317	75	42	33
福建省 Fujian Province	494	368	84	45	30	10
福建物质结构研究所 Fujian Inst. of Research on the Structure of Matter	494	368	84	45	30	10
山东省 Shandong Province	865	664	110	91	37	25
海洋研究所 Inst. of Oceanology	865	664	110	91	37	25
湖北省、湖南省 Hubei and Hunan Provinces	1832	1306	303	262	126	83
武汉数学物理研究所 Wuhan Inst. of Mathematical Physics	57	48	5	11	5	4

续表 5.3

课题活动人员 S&T project activity personnel	科学家工程师 Scientists & engineers	其他科技人员 Other S&T personnel	科技服务人员 S&T service personnel	科学家工程师 Scientists & engineers	其他科技人员 Other S&T personnel
331	225	102	26	9	17
177	160	17	17	13	4
149	149		83	65	18
309	281	22	47	25	9
932	773	157	465	135	316
99	88	9	23	7	9
321	252	69	142	57	85
94	79	15	14	5	2
418	354	64	286	66	220
323	275	41	126	63	33
323	275	41	126	63	33
668	565	62	106	62	23
668	565	62	106	62	23
1271	1082	132	299	98	88
39	38	1	7	5	

地区、学科及科研单位 Region, field and institute	从事科技活动人员 S&T activity personnel	科学家工程师 Scientists & engineers	其他科技人员 Other S&T personnel	科技管理人员 S&T Management personnel	科学家工程师 Scientists & engineers	其他科技人员 Other S&T personnel
武汉物理研究所 Wuhan Inst. of Physics	288	214	38	44	31	10
武汉岩土力学研究所 Wuhan Inst. of Rock and Soil Mechanics	308	187	55	39	12	11
测量与地球物理研究所 Inst. of Geodesy and Geophysics	145	114	23	29	13	10
武汉植物研究所 Wuhan Inst. of Botany	188	115	40	35	10	11
水生生物研究所 Inst. of Hydrobiology	382	271	72	36	17	16
武汉病毒研究所 Wuhan Inst. of Virology	230	167	38	25	10	10
长沙大地构造研究所 Changsha Inst. of Geotectonics	91	75	10	17	10	4
长沙农业现代化研究所 Changsha Inst. of Agricultural Modernization	143	115	22	26	18	7
广东省 Guangdong Province	2294	1678	340	345	200	107
广州人造卫星观测站 Guangzhou Satellite Observation Station	42	28	9	14	8	3
广州化学研究所 Guangzhou Inst. of Chemistry	343	266	55	43	29	11
广州地质新技术研究所 Guangzhou Inst. of New Geotechnology	353	307	36	55	34	16
南海海洋研究所 South China Sea Inst. of Oceanology	625	425	115	92	47	37
华南植物研究所 South China Inst. of Botany	448	287	49	72	37	19
广州电子研究所 Guangzhou Inst. of Electronic Technology	306	232	48	43	31	11
广州能源研究所 Guangzhou Inst. of Energy Conversion	177	133	28	26	14	10

课题活动人员 S&T project activity personnel	科学家工程师 Scientists & engineers	其他科技人员 Other S&T personnel	科技服务人员 S&T service personnel	科学家工程师 Scientists & engineers	其他科技人员 Other S&T personnel
193	174	14	51	9	14
238	167	36	31	8	8
97	94	3	19	7	10
118	93	17	35	12	12
285	240	38	61	14	18
163	146	15	42	11	13
49	49		25	16	6
89	81	8	28	16	7
1614	1299	152	335	179	81
24	19	3	4	1	3
210	186	24	90	51	20
272	257	14	26	16	6
453	322	58	80	56	20
311	225	16	65	25	14
217	180	28	46	21	9
127	110	9	24	9	9

地区、学科及科研单位 Region, field and institute	从事科技活动人员 S&T activity personnel	科学家工程师 Scientists & engineers	其他科技人员 Other S&T personnel	科技管理人员 S&T Management personnel	科学家工程师 Scientists & engineers	其他科技人员 Other S&T personnel
四川省 Sichuan Province	3045	1739	386	323	182	89
成都有机化学研究所 Chengdu Inst. of Organic Chemistry	351	304	47	37	23	14
成都山地灾害与环境研究所 Chengdu Inst. of Mountain Hazards and Environment	330	211	119	64	38	26
成都生物研究所 Chengdu Inst. of Biology	389	311	50	51	33	9
成都计算机应用研究所 Chengdu Inst. of Computer Application	314	240	39	31	15	16
光电技术研究所 Inst. of Optics and Electronics	1661	673	131	140	73	24
贵州省 Guizhou Province	389	304	53	53	39	12
贵阳地球化学研究所 Guiyang Inst. of Geochemistry	389	304	53	53	39	12
云南省 Yunnan Province	1145	714	301	180	88	67
云南天文台 Yunnan Observatory	253	196	45	37	22	14
昆明植物研究所 Kunming Inst. of Botany	505	258	158	84	37	32
昆明动物研究所 Kunming Inst. of Zoology	247	165	53	30	17	4
昆明生态研究所 Kunming Inst. of Ecology	140	95	45	29	12	17
陕西省 Shaanxi Province	1827	967	359	254	127	83
陕西天文台 Shaanxi Observatory	585	273	112	100	50	16
西北水土保持研究所 Northwest Inst. of Soil and Water Conservation	305	202	102	59	28	30
西安光学精密机械研究所 Xi'an Inst. of Optics and Fine Mechanics	937	492	145	95	49	37

课题活动人员 S&T project activity personnel	科学家工程师 Scientists & engineers	其他科技人员 Other S&T personnel	科技服务人员 S&T service personnel	科学家工程师 Scientists & engineers	其他科技人员 Other S&T personnel
1493	1196	194	1229	361	103
254	234	20	60	47	13
231	162	69	35	11	24
274	249	25	64	29	16
255	218	19	28	7	4
479	333	61	1042	267	46
249	218	29	87	47	12
249	218	29	87	47	12
795	580	157	170	46	77
184	164	18	32	10	13
363	204	109	58	17	17
167	136	25	50	12	24
81	76	5	30	7	23
994	681	177	579	159	99
365	183	76	120	40	20
204	155	49	42	19	23
425	343	52	417	100	56

地区、学科及科研单位 Region, field and institute	从事科技活动人员 S&T activity personnel	科学家工程师 Scientists & engineers	其他科技人员 Other S&T personnel	科技管理人员 S&T Management personnel	科学家工程师 Scientists & engineers	其他科技人员 Other S&T personnel
甘肃省、青海省 Gansu and Qinghai Provinces	2870	2049	561	510	260	164
近代物理研究所 Inst. of Modern Physics	777	511	179	125	79	25
兰州化学物理研究所 Lanzhou Inst. of Chemical Physics	575	422	72	97	46	18
兰州冰川冻土研究所 Lanzhou Inst. of Glaciology and Geocryology	354	263	64	67	36	16
兰州沙漠研究所 Lanzhou Inst. of Desert Research	266	202	62	54	31	23
兰州地质研究所 Lanzhou Inst. of Geology	170	129	37	30	14	14
兰州高原大气物理研究所 Lanzhou Inst. of Plateau Atmospheric Physics	202	142	52	44	16	25
青海盐湖研究所 Qinghai Inst. of Saline lakes	299	225	56	48	20	25
西北高原生物研究所 Northwest Inst. of Plateau Biology	227	155	39	45	18	18
新疆维吾尔自治区 Xinjiang Uygur Autonomous Region	802	637	114	100	67	23
新疆物理研究所 Xinjiang Inst. of Physics	188	163	17	20	16	4
乌鲁木齐天文工作站 Urumqi Astronomic Working Station	93	60	30	14	8	5
新疆化学研究所 Xinjiang Inst. of Chemistry	124	106	4	17	10	2
新疆地理研究所 Xinjiang Inst. of Geography	141	124	14	26	17	6
新疆生物土壤沙漠研究所 Xinjiang Inst. of Biology, Pedology and Desert Research	256	184	49	23	16	6

课题活动人员 S&T project activity personnel	科学家工程师 Scientists & engineers	其他科技人员 Other S&T personnel	科技服务人员 S&T service personnel	科学家工程师 Scientists & engineers	其他科技人员 Other S&T personnel
1931	1585	308	429	204	89
549	401	137	103	31	17
364	317	45	114	59	9
257	216	32	30	11	16
167	138	28	45	33	11
117	101	15	23	14	8
140	119	20	18	7	7
200	179	21	51	26	10
137	114	10	45	23	11
584	516	56	118	54	35
155	143	9	13	4	4
76	51	24	3	1	1
99	90	1	8	6	1
88	86	2	27	21	6
166	146	20	67	22	23

Total Current Intramural Income

地区、学科及科研单位 Region, field and institute	本年收入合计 Total income	政府拨款 Government funds	科学事业费 Operating funds	科技专项费 S&T special funds	科学技术基金 S&T funds
总计 Total	**1811201**	**1093748**	**326965**	**642630**	**67366**
一、按地区分 By region					
北京地区 Beijing	692595	456502	129911	277248	29493
沈阳分院 Shenyang Branch	164563	72294	19486	47813	3374
长春分院 Changchun Branch	107635	61295	19508	36306	3093
上海分院 Shanghai Branch	330134	172117	45174	104218	7274
南京分院 Nanjing Branch	35083	24406	9565	10489	1725
合肥分院 Hefei Branch	37466	25732	7488	16005	859
武汉分院 Wuhan Branch	52208	36540	12356	19270	1663
广州分院 Guangzhou Branch	77081	36511	12254	19851	2742
成都分院 Chengdu Branch	74578	35404	12615	18848	995
昆明分院 Kunming Branch	38765	25296	8677	13983	739
西安分院 Xi'an Branch	40556	25051	8167	16184	531
兰州分院 Lanzhou Branch	71727	60280	19126	27553	11509
新疆分院 Xinjiang Branch	20255	12174	5799	6044	310
其他地区 Other regions	68555	50146	16839	28818	3059
二、按学科分 By field					
数学、物理 Mathematics & physics	321786	204729	71764	107291	20522

经常费收入情况（1992 年）

in CAS Research Units：1992

单位：千元（thousand yuan）

横向技术性收入 Lateral technology related income	技术开发收入 Technology development income	技术转让收入 Technology transfer income	技术咨询及服务收入 Income from technical consultancy and services	非技术性收入 Non-technology related income	银行贷款 Bank loans	其他收入 Other incomes
412478	**288110**	**43628**	**67184**	**82828**	**43880**	**178267**
155382	132344	7464	12369	12391	4623	63697
49465	33417	1705	14289	7235	29750	5819
18373	12882	483	2768	16695	3000	8272
70336	17817	24960	22763	32852	3124	51705
4069	3950		119	647		5961
5194	4847	135	212	139	2100	4301
13896	13253	91	552	122		1650
25049	15780	2071	7071	2230	400	12891
29756	23337	990	2379	5174	883	3361
7080	5776		1220	755		5634
12959	12068		891	1021		1525
7382	6301	228	853	1350		2715
3798	3580	138	80	737		3546
9739	2758	5363	1618	1480		7190
75924	64421	3548	6216	9481	20	31632

地区、学科及科研单位 Region, field and institute	本年收入合　计 Total income	政府拨款 Government funds	科学事业费 Operating funds	科技专项费 S&T special funds	科学技术基金 S&T funds
化学与化工 Chemistry & chemical engineering	283051	162644	48967	96845	10290
地学 Earth sciences	230848	166325	55445	89108	13744
生物学 Biological sciences	299566	212376	69613	116175	11682
技术科学 Technological sciences	671466	343679	77747	232741	11032
其他 Others	4484	3995	3429	470	96
三、按科研单位分 By institute					
北京市 Beijing	692595	456502	129911	277248	29493
数学研究所 Inst. of Mathematics	4253	3809	886	2071	852
应用数学研究所 Inst. of Applied Mathematics	4232	2335	859	1012	195
系统科学研究所 Inst. of Systems Science	3675	3017	727	1768	522
物理研究所 Inst. of Physics	39795	18726	5923	9008	1795
声学研究所 Inst. of Acoustics	18001	8719	4070	3355	1294
理论物理研究所 Inst. of Theoretical Physics	3047	3047	453	2342	252
低温技术实验中心 Cryogenic Laboratory	4838	2476	1211	1157	108
高能物理研究所 Inst. of High Energy Physics	63388	38258	8594	28054	1610
北京天文台 Beijing Astronomical Observatory	17819	16973	5600	10987	386
力学研究所 Inst. of Mechanics	22192	11803	4054	6652	1097
化学研究所 Inst. of Chemistry	23796	13724	3717	9010	997
感光化学研究所 Inst. of Photographic Chemistry	11225	4508	1959	1770	479

续表 5.4

横向技术性收入 Lateral technology related income	技术开发收入 Technology development income	技术转让收入 Technology transfer income	技术咨询及服务收入 Income from technical consultancy and services	非技术性收入 Non-technology related income	银行贷款 Bank loans	其他收入 Other incomes
61359	29447	20151	10537	17548	10423	31077
39270	34610	309	4351	2533		22720
45450	27706	7463	9993	10991	1100	29649
190314	131765	12157	36087	42262	32337	62874
161	161			13		315
155382	132344	7464	12369	12391	4623	63697
245	245			52		147
221	221			160		1516
357	357					301
16916	15245	28	440	1888		2265
5787	5787			869		2626
846	735		111	85		1431
17418	15121		2297	272		7440
139			139	325		382
9615	9615					774
6469	4818	1029	622	101		3502
2844	1556		64	46		3827

地区、学科及科研单位 Region, field and institute	本年收入合计 Total income	政府拨款 Government funds	科学事业费 Operating funds	科技专项费 S&T special funds	科学技术基金 S&T funds
生态环境研究中心 Research Center for Eco-Environmental Sciences	14455	9917	3092	5799	1026
化工冶金研究所 Inst. of Chemical Metallurgy	14355	12584	3471	6357	871
地理研究所 Inst. of Geography	23169	15401	3860	10746	795
遥感应用研究所 Inst. of Remote Sensing Application	10609	9109	1415	4011	176
地质研究所 Inst. of Geology	15015	14134	6792	4402	1730
地球物理研究所 Inst. of Geophysics	8941	5821	2366	2124	1331
古脊椎动物与古人类研究所 Inst. of Vertebrate Paleontology and Paleoanthropology	3100	2480	1437	891	152
大气物理研究所 Inst. of Atmospheric Physics	16871	14807	3039	8312	2307
自然资源综合考察委员会 Commission for Integrated Surveys of Natural Resources	22082	14722	6443	8216	63
植物研究所 Inst. of Botany	19193	18760	3824	9777	1702
动物研究所 Inst. of Zoology	15132	14841	9422	3100	792
心理研究所 Inst. of Psychology	2717	2282	712	202	681
微生物研究所 Inst. of Microbiology	16984	9662	2594	6727	341
生物物理研究所 Inst. of Biophysics	21478	16921	4181	11897	843
遗传研究所 Inst. of Genetics	17642	16313	2692	13315	306
发育生物学研究所 Inst. of Developmental Biology	4697	4463	2095	1448	904

横向技术性收入 Lateral technology related income	技术开发收入 Technology development income	技术转让收入 Technology transfer income	技术咨询及服务收入 Income from technical consultancy and services	非技术性收入 Non-technology related income	银行贷款 Bank loans	其他收入 Other incomes
3338	3304	34		184		1016
1639	1384	242	13	9		123
7475	7475			254		39
						1500
731	731					150
1651	1651					1469
214	214					406
334	334					1730
5783	5783					1577
88			88	96		249
291	291					
				305		130
3978	1522	1984	472	15		3329
1653	1120	200	333			2904
1260	1260					69
166			166	41		27

地区、学科及科研单位 Region, field and institute	本年收入合计 Total income	政府拨款 Government funds	科学事业费 Operating funds	科技专项费 S&T special funds	科学技术基金 S&T funds
计算技术研究所 Inst. of Computing Technology	37877	14599	3468	10825	306
计算中心 Computing Center	8753	6552	2177	4050	325
软件研究所 Inst. of Software	9205	3050	993	1710	347
半导体研究所 Inst. of Semiconductors	41466	32428	4002	25875	2551
微电子中心 Microelectronics R&D Center	42237	24332	3530	18981	62
电子学研究所 Inst. of Electronics	26606	15290	3440	11515	335
自动化研究所 Inst. of Automation	20327	9649	3672	5522	455
电工研究所 Inst. of Electric Engineering	16378	9845	2365	7256	224
工程热物理研究所 Inst. of Engineering Thermophysics	7249	4198	1417	1127	364
自然科学史研究所 Inst. of History of Natural Sciences	2071	1910	1859		51
科技政策与管理科学研究所 Inst. of Science Policy and Management	2413	2085	1570	470	45
北京软件工程研制中心 Beijing Software Engineering Center	3542	2537	1503	1000	34
空间科学与应用研究中心 Space Science and Technology Center	16872	9184	4015	3613	762
遥感卫星地面站 Remote-Sensing Satellite Ground Station	14898	11231	412	10794	25
河北省 Hebei Province	3797	2688	998	1305	57
石家庄农业现代化研究所 Shijiazhuang Inst. of Agricultural Modernization	3797	2688	998	1305	57
山西省 Shanxi Province	10411	8834	3574	4298	291

续表 5.4

横向技术性收入 Lateral technology related income	技术开发收入 Technology development income	技术转让收入 Technology transfer income	技术咨询及服务收入 Income from technical consultancy and services	非技术性收入 Non-technology related income	银行贷款 Bank loans	其他收入 Other incomes
12308	8632	2511	1165	1157	2623	7190
923	681		242	339		939
2516	2485		31			3639
4670	4565	38	67	1702		2666
12500	9174		2620	2511		2894
9682	7721	52	1909	681		953
6121	6118		3	12	2000	2545
5843	4416	1246	109	641		49
1878	1310		568	157		1016
				13		148
161	161					167
973	973			28		4
7170	7070	100		448		70
1179	269		910			2488
434		334	100	103		572
434		334	100	103		572
1242	561	66	651	330		5

地区、学科及科研单位 Region, field and institute	本年收入合计 Total income	政府拨款 Government funds	科学事业费 Operating funds	科技专项费 S&T special funds	科学技术基金 S&T funds
山西煤炭化学研究所 Shanxi Inst. of Coal Chemistry	10411	8834	3574	4298	291
辽宁省 Liaoning Province	164563	72294	19486	47813	3374
沈阳应用生态研究所 Shenyang Inst. of Applied Ecology	9936	6666	3013	3057	185
沈阳计算技术研究所 Shenyang Inst. of Computing Technology	28952	8696	1442	7204	
沈阳自动化研究所 Shenyang Inst. of Automation	44231	13022	2728	10204	90
金属研究所 Inst. of Metals Research	39689	20424	5268	12546	1450
金属腐蚀与防护研究所 Inst. of Corrosion and Protection of Metals	6984	4441	1466	2270	705
大连化学物理研究所 Dalian Inst. of Chemical Physics	34771	19045	5569	12532	944
吉林省 Jilin Province	107635	61295	19508	36306	3093
长春物理研究所 Changchun Inst. of Physics	12132	8548	3782	3539	720
长春人造卫星观测站 Changchun Satellite Observation Station	765	712	607	105	
长春应用化学研究所 Changchun Inst. of Applied Chemistry	29346	22309	6290	13142	1549
长春地理研究所 Changchun Inst. of Geography	5816	4007	1574	2249	184
长春光学精密机械研究所 Changchun Inst. of Optics and Fine Mechanics	59576	25719	7255	17271	640
黑龙江省 Heilongjiang Province	2094	1804	866	517	

续表 5.4

横向技术性收入 Lateral technology related income	技术开发收入 Technology development income	技术转让收入 Technology transfer income	技术咨询及服务收入 Income from technical consultancy and services	非技术性收入 Non-technology related income	银行贷款 Bank loans	其他收入 Other incomes
1242	561	66	615	330		5
49465	33417	1705	14289	7235	29750	5819
2114	1921		139	262	700	194
5052	4857		195	792	12500	1912
19820	19820			1182	10150	57
12036	2640		9396	4078		3151
1631	1022	352	257	62	400	450
8812	3157	1353	4302	859	6000	55
18373	12882	483	2768	16695	3000	8272
57	49		8	29		3498
						53
1876	1208	440	228	166	1000	3995
1569	1361		208	127		113
14871	10264	43	2324	16373	2000	613
						290

地区、学科及科研单位 Region, field and institute	本年收入合计 Total income	政府拨款 Government funds	科学事业费 Operating funds	科技专项费 S&T special funds	科学技术基金 S&T funds
黑龙江农业现代化研究所 Heilongjiang Institute of Agricultural Modernization	2094	1804	866	517	
上海市 Shanghai	330134	172117	45174	104218	7274
上海原子核研究所 Shanghai Inst. of Nuclear Research	27756	10580	4880	4686	792
上海天文台 Shanghai Observatory	7358	7123	4278	2694	151
上海硅酸盐研究所 Shanghai Inst. of Ceramics	29503	18240	3627	12311	1035
上海有机化学研究所 Shanghai Inst. of Organic Chemistry	51772	13244	4382	7598	1112
上海植物生理研究所 Shanghai Inst. of Plant Physiology	12781	9044	2389	6148	482
上海昆虫研究所 Shanghai Inst. of Entomology	2962	1840	1178	536	126
上海药物研究所 Shanghai Inst. of Materia Medica	13082	6319	2850	2315	604
上海生理研究所 Shanghai Inst. of Physiology	5812	4810	1902	2544	364
上海生物化学研究所 Shanghai Inst. of Biochemistry	22812	13198	2765	9735	678
上海细胞生物学研究所 Shanghai Inst. of Cell Biology	15283	6487	2113	3764	289
上海脑研究所 Shanghai Inst. of Brain Research	1690	1375	697	612	66
上海生物工程研究中心 Shanghai Bioengineering Research Center	5491	3560	944	2511	
上海冶金研究所 Shanghai Inst. of Metallurgy	46445	22270	5236	15979	690
上海光学精密机械研究所 Shanghai Inst. of Optics and Fine Mechanics	31293	22319	5280	13647	693

横向技术性收入 Lateral technology related income	技术开发收入 Technology development income	技术转让收入 Technology transfer income	技术咨询及服务收入 Income from technical consultancy and services	非技术性收入 Non-technology related income	银行贷款 Bank loans	其他收入 Other incomes
						290
70336	17817	24960	22763	32852	3124	51705
7828	2162	3442	1688	4168	20	5160
82			82	100		53
7672	5942	966	764	539	140	2912
12454	2968	8266	1220	13688	2400	9986
831	441	254	136	55		2851
882	592	290				240
4061	1254	1057	1727	1978		724
151	143		8	1		850
3516	581	285	2650	4000		2098
4912	1069	2240	1603	56		3828
121	105		16			194
1575	745	500	330			356
9299	900	1276	2996	2277	312	12287
4908	115		4683	3087	252	727

地区、学科及科研单位 Region，field and institute	本年收入合计 Total income	政府拨款 Government funds	科学事业费 Operating funds	科技专项费 S&T special funds	科学技术基金 S&T funds
上海技术物理研究所 Shanghai Inst. of Technical Physics	56094	31708	2653	19138	192
江苏省 Jiangsu Province	35083	24406	9565	10489	1725
紫金山天文台 Purple Mountain Observatory	8673	7906	3522	2440	168
南京地理与湖泊研究所 Nanjing Institute of Geography and Limnology	9025	3517	1323	1918	276
南京地质古生物研究所 Nanjing Inst. of Geology and Palaeontology	5722	3911	2172	1440	299
南京土壤研究所 Nanjing Inst. of Soil Science	11663	9072	2548	4691	982
安徽省 Anhui Province	37466	25732	7488	16005	859
固体物理研究所 Inst. of Solid State Physics	2933	2762	873	1259	258
等离子体物理研究所 Inst. of Plasma Physics	13650	10147	3169	6604	374
合肥智能机械研究所 Hefei Inst. of Intelligent Machines	5703	3418	668	2383	47
安徽光学精密机械研究所 Anhui Inst. of Optics and Fine Mechanics	15180	9405	2778	5759	180
福建省 Fujian Province	16113	9026	2908	5307	801
福建物质结构研究所 Fujian Inst. of Research on the Structure of Matter	16113	9026	2908	5307	801
山东省 Shandong Province	25038	17833	6045	10579	1209

续表 5.4

横向技术性收入 Lateral technology related income	技术开发收入 Technology development income	技术转让收入 Technology transfer income	技术咨询及服务收入 Income from technical consultancy and services	非技术性收入 Non-technology related income	银行贷款 Bank loans	其他收入 Other incomes
12044	800	6384	4860	2903		9439
4069	3950		119	647		5961
107	90		17	287		373
1511	1511			57		3940
730	730			89		992
1721	1619		102	214		656
5194	4847	135	212	139	2100	4301
						171
1740	1740					1763
700	493	135	72	8	600	977
2754	2614		140	131	1500	1390
6315	760	4674	881	16		756
6315	760	4674	881	16		756
1748	1437	289	22	1031		4426

地区、学科及科研单位 Region, field and institute	本年收入合计 Total income	政府拨款 Government funds	科学事业费 Operating funds	科技专项费 S&T special funds	科学技术基金 S&T funds
海洋研究所 Inst. of Oceanology	25038	17833	6045	10579	1209
湖北省、湖南省 Hubei and Hunan Provinces	52208	36540	12356	19270	1663
武汉数学物理研究所 Wuhan Inst. of Mathematical Physics	659	566	325	220	16
武汉物理研究所 Wuhan Inst. of Physics	11298	10241	2250	7515	476
武汉岩土力学研究所 Wuhan Inst. of Rock and Soil Mechanics	14174	3091	1412	1596	83
测量与地球物理研究所 Inst. of Geodesy and Geophysics	4489	3560	1315	1889	329
武汉植物研究所 Wuhan Insr of Botany	2947	2203	1127	934	52
水生生物研究所 Inst. of Hydrobiology	9047	8789	2172	4272	343
武汉病毒研究所 Wuhan Inst. of Virology	4244	3049	1439	1408	172
长沙大地构造研究所 Changsha Inst. of Geotectonics	2211	2161	1377	624	147
长沙农业现代化研究所 Changsha Inst. of Agricultural Modernization	3139	2880	939	812	45
广东省 Guangdong Province	77081	36511	12254	19851	2742
广州人造卫星观测站 Guangzhou Satellite Observation Station	1574	676	466	210	
广州化学研究所 Guangzhou Inst. of Chemistry	14324	7469	2082	4431	297
广州地质新技术研究所 Guangzhou Institute of New Geotechnology	9344	6149	1590	3186	1373
南海海洋研究所 South China Sea Inst. of Oceanology	20790	10657	3297	6716	644

续表 5.4

横向技术性收入 Lateral technology related income	技术开发收入 Technology development income	技术转让收入 Technology transfer income	技术咨询及服务收入 Income from technical consultancy and services	非技术性收入 Non-technology related income	银行贷款 Bank loans	其他收入 Other incomes
1748	1437	289	22	1031		4426
13896	13253	91	552	122		1650
				35		58
129	89	20	20	2		926
11080	11080					3
856	696		160			73
672	570		102	8		64
184			184	58		16
889	818	71				306
31			31	19		
55			55			204
25049	15780	2071	7071	2230	400	12891
696	180		516	15		187
3401	714	2011	676			3454
2856	2856					339
7773	3945	20	3808	546		1814

地区、学科及科研单位 Region, field and institute	本年收入 合　计 Total income	政府拨款 Government funds	科学事业费 Operating funds	科技专项费 S&T special funds	科学技术基金 S&T funds
华南植物研究所 South China Inst. of Botany	10442	5637	2620	2454	322
广州电子研究所 Guangzhou Inst. of Electronic Technology	9406	3128	1102	1938	68
广州能源研究所 Guangzhou Inst. of Energy Conversion	11201	2795	1097	916	38
四川省 Sichuan Province	74578	35404	12615	18848	995
成都有机化学研究所 Chengdu Inst. of Organic Chemistry	7932	4353	1936	2093	324
成都山地灾害与环境研究所 Chengdu Inst. of Mountain Hazards and Environment	6353	2783	1818	374	291
成都生物研究所 Chengdu Inst. of Biology	9990	3913	2075	890	294
成都计算机应用研究所 Chengdu Inst. of Computer Application	10989	3771	1137	2533	51
光电技术研究所 Inst. of Optics and Electronics	39314	20584	5649	12958	35
贵州省 Guizhou Province	11102	9961	2448	6812	701
贵阳地球化学研究所 Guiyang Inst. of Geochemistry	11102	9961	2448	6812	701
云南省 Yunnan Province	38765	25296	8677	13983	739
云南天文台 Yunnan Observatory	5417	4399	2362	2018	19
昆明植物研究所 Kunming Inst. of Botany	23825	14537	3334	9387	514
昆明动物研究所 Kunming Inst. of Zoology	6616	4276	1495	2548	129
昆明生态研究所 Kunming Inst. of Ecology	2907	2084	1486	30	77
陕西省 Shaanxi Province	40556	25051	8167	16184	531

续表 5.4

横向技术性收入 Lateral technology related income	技术开发收入 Technology development income	技术转让收入 Technology transfer income	技术咨询及服务收入 Income from technical consultancy and services	非技术性收入 Non-technology related income	银行贷款 Bank loans	其他收入 Other incomes
1639	1301	40	171	1420	400	1346
4990	4425		565	249		1039
3694	2359		1335			4712
29756	23337	990	2379	5174	883	3361
1983	871	762	350	547	883	166
1726	1726		3	28		1816
4585	3991	208	386	1473		19
6148	5771	20	262	29		1041
15314	10981		1378	3097		319
						1141
						1141
7080	5776		1220	755		5634
462	462			155		401
4097	2793		1220	596		4595
2138	2138					202
383	383			4		436
12959	12068		891	1021		1525

地区、学科及科研单位 Region, field and institute	本年收入合计 Total income	政府拨款 Government funds	科学事业费 Operating funds	科技专项费 S&T special funds	科学技术基金 S&T funds
陕西天文台 Shaanxi Observatory	10179	7985	3296	4676	13
西北水土保持研究所 Northwest Inst. of Soil and Water Conservation	9378	7982	1877	5781	155
西安光学精密机械研究所 Xi'an Inst. of Optics and Fine Mechanics	20999	9084	2994	5727	363
甘肃省、青海省 Gansu and Qinghai Provinces	71727	60280	19126	27553	11509
近代物理研究所 Inst. of Modern Physics	16664	16145	5731	1171	9243
兰州化学物理研究所 Lanzhou Inst. of Chemical Physics	14484	11105	2911	7617	327
兰州冰川冻土研究所 Lanzhou Inst. of Glaciology and Geocryology	7342	6385	2147	2688	810
兰州沙漠研究所 Lanzhou Inst. of Desert Research	6895	4281	1559	1736	95
兰州地质研究所 Lanzhou Inst. of Geology	9485	8874	1041	7453	380
兰州高原大气物理研究所 Lanzhou Inst. of Plateau Atmospheric Physics	4697	3588	1340	1644	413
青海盐湖研究所 Qinghai Inst. of Saline Lakes	7138	5760	2652	2966	142
西北高原生物研究所 Northwest Inst. of Plateau Biology	5022	4142	1745	2278	99
新疆维吾尔自治区 Xinjiang Uygur Autonomous Region	20255	12174	5799	6044	310
新疆物理研究所 Xinjiang Inst. of Physics	4850	3118	1210	1810	98
乌鲁木齐天文工作站 Urumqi Astronomic Working Station	2464	1567	1224	342	

续表 5.4

横向技术性收入 Lateral technology related income	技术开发收入 Technology development income	技术转让收入 Technology transfer income	技术咨询及服务收入 Income from technical consultancy and services	非技术性收入 Non-technology related income	银行贷款 Bank loans	其他收入 Other incomes
1312	426		886	632		250
357	352		5	71		968
11290	11290			318		307
7382	6301	228	853	1350		2715
						519
2329	1415	204	710	116		934
602	602					355
1826	1782		44	266		522
598	598			8		5
953	878		75	39		117
460	412	24	24	869		49
614	614			52		214
3798	3580	138	80	737		3546
878	817	58	3	97		757
9			9	310		578

地区、学科及科研单位 Region, field and institute	本年收入合　计 Total income	政府拨款 Government funds	科学事业费 Operating funds	科技专项费 S&T special funds	科学技术基金 S&T funds
新疆化学研究所 Xinjiang Inst. of Chemistry	3426	2526	797	1614	95
新疆地理研究所 Xinjiang Inst. of Geography	2752	2184	1047	1098	39
新疆生物土壤沙漠研究所 Xinjiang Inst. of Biology, Pedology and Desert Research	6763	2779	1521	1180	78

注：1. 本年收入合计中不包括基本建设投资 240261 千元，未扣除转拨外单位科研经费 36959 千元和代管经费收入 7666 千

Annual income in 1992 excludes capital investment (240261 thousand yuan) , but includes scientific research funds (36959 institutions.

2. 本表科技专项费包括院重大项目，重点项目，开放实验室专项费，大型仪器集资，院军工项目，所长择优支持

Special funds listed in this table include CAS key project funds, major key project funds, open laboratory special funds, funds for Branch's funds for preferential projects, income from account transfers of foreign orders, three sums of S&T funds, "863" projects,

续表 5.4

横向技术性收入 Lateral technology related income	技术开发收入 Technology development income	技术转让收入 Technology transfer income	技术咨询及服务收入 Income from technical consultancy and services	非技术性收入 Non-technology related income	银行贷款 Bank loans	其他收入 Other incomes
525	377	80	68	78		297
303	303			69		196
2083	2083			183		1718

元.

thousand yuan) which were transferred to other research institutions and funds (7666 thousand yuan) managed by CAS for other research

费，分院择优支持费，国外订货转帐，科技三项费，“863” 项目费，等.

purchasing large instruments and equipment, CAS military project funds, institute director's funds for preferential projects, CAS

and so on.

5.5 科研机构经常费支出情况（1992 年）

Total Current Intramural Expenditures in CAS Research Units：1992

单位：千元（thousand yuan）

地区、学科及科研单位 Region，field and institute	本年支出合计 Total expenditure	劳务费 Labor cost	固定资产购建支出 Expenditures on purchasing fixed assets	科研业务费 Operating expenses	管理费 Overheads	其他支出 Other expenses
总计 **Total**	**1638723**	**333624**	**239703**	**617892**	**171170**	**276334**
一、按地区分 By region						
北京地区 Beijing	618527	100131	106768	227766	60598	123264
沈阳分院 Shenyang Branch	164245	23896	18436	85181	18197	18535
长春分院 Changchun Branch	102437	23558	6490	27074	14754	30561
上海分院 Shanghai Branch	288417	67959	40346	102311	21725	56076
南京分院 Nanjing Branch	27212	8536	3470	10071	4195	940
合肥分院 Hefei Branch	36795	8578	4352	15284	3822	4759
武汉分院 Wuhan Branch	52217	11623	6833	18432	6733	8596
广州分院 Guangzhou Branch	66438	17301	10196	25931	6269	6741
成都分院 Chengdu Branch	65575	15829	8093	29825	5174	6654
昆明分院 Kunming Branch	30967	6804	4730	8629	4542	6262
西安分院 Xi'an Branch	38588	9320	4597	15718	5102	3851
兰州分院 Lanzhou Branch	70782	17876	14992	23564	10484	3866
新疆分院 Xinjiang Branch	18304	5304	2052	5990	2937	2021
其他地区 Other regions	58219	16909	8348	22116	6638	4208
二、按学科分 By field						
数学、物理 Mathematics & physics	305422	63041	39952	98377	36354	67698

续表 5.5

地区、学科及科研单位 Region, field and institute	本年支出合计 Total expenditure	劳务费 Labor cost	固定资产购建支出 Expenditures on purchasing fixed assets	科研业务费 Operating expenses	管理费 Overheads	其他支出 Other expenses
化学与化工 Chemistry & chemical Engineering	259728	60084	40578	92411	32448	34207
地学 Earth sciences	193581	42727	24425	95863	17597	12969
生物学 Biological sciences	269570	60167	42592	98187	32578	36046
技术科学 Technological sciences	606232	106507	91377	232096	51033	125219
其他 Others	4190	1098	779	958	1160	195
三、按科研单位分 By institute						
北京市 Beijing	618527	100131	100768	227766	60598	123264
数学研究所 Inst. of Mathematics	2562	725	1003	689	135	10
应用数学研究所 Inst. of Applied Mathematics	3537	621	577	1624	274	441
系统科学研究所 Inst. of Systems Science	3792	893	1880	785	183	51
物理研究所 Inst. of Physics	26663	5057	3089	8769	533	9215
声学研究所 Inst. of Acoustics	12370	4378	763	4414	1535	1280
理论物理研究所 Inst. of Theoretical Physics	3127	331	870	789	422	715
低温技术实验中心 Cryogenic Laboratory	4705	1241	278	1535	1056	595
高能物理研究所 Inst. of High Energy Physics	74597	8600	6370	16429	8571	34627
北京天文台 Beijing Astronomical Observatory	14544	2019	1635	4942	3698	2250
力学研究所 Inst. of Mechanics	20493	4359	6975	8561	598	
化学研究所 Inst. of Chemistry	22957	4710	1229	11930	2124	2964

地区、学科及科研单位 Region, field and institute	本年支出合计 Total expenditure	劳务费 Labor cost	固定资产购建支出 Expenditures on purchasing fixed assets	科研业务费 Operating expenses	管理费 Overheads	其他支出 Other expenses
感光化学研究所 Inst. of Photographic Chemistry	10618	1912	3711	2476	812	1707
生态环境研究中心 Research Center for Eco-Environmental Sciences	13559	2311	733	1973	1378	7164
化工冶金研究所 Inst. of Chemical Metallurgy	14779	2339	4482	4925	2761	272
地理研究所 Inst. of Geography	18014	3251	1191	10164	1653	1755
遥感应用研究所 Inst. of Remote Sensing Application	8564	1113	435	6388	628	
地质研究所 Inst. of Geology	12464	2539	629	3586	1595	4115
地球物理研究所 Inst. of Geophysics	9031	1238	1910	5502	251	130
古脊椎动物与古人类研究所 Inst. of Vertebrate Paleontology and Paleoanthropology	2958	1122	497	832	507	
大气物理研究所 Inst. of Atmospheric Physics	13666	2453	2670	7651	892	
自然资源综合考察委员会 Commission for Integrated Surveys of Natural Resources	17167	1395	279	13573	1541	379
植物研究所 Inst. of Botany	13877	2838	1298	6459	1599	1683
动物研究所 Inst. of Zoology	12924	1981	4396	4736	397	1414
心理研究所 Inst. of Psychology	4052	490	450	2001	979	132
微生物研究所 Inst. of Microbiology	13355	2468	3651	4903	1525	808
生物物理研究所 Inst. of Biophysics	16786	3424	3102	5827	1802	2613
遗传研究所 Inst. of Genetics	11071	2273	1392	5620	1736	50
发育生物学研究所 Inst. of Developmental Biology	3420	621	606	438	602	1153

地区、学科及科研单位 Region, field and institute	本年支出合计 Total expenditure	劳务费 Labor cost	固定资产购建支出 Expenditures on purchasing fixed assets	科研业务费 Operating expenses	管理费 Overheads	其他支出 Other expenses
计算技术研究所 Inst. of Computing Technology	33241	5067	7743	5676	2592	12163
计算中心 Computing Center	9678	1146	258	2732	889	4653
软件研究所 Inst. of Software	8125	1386	1780	2567	476	1916
半导体研究所 Inst. of Semiconductors	48735	4937	24530	13971	1386	3911
微电子中心 Microelectronics R&D Center	30502	3923	3086	9878	6541	7074
电子学研究所 Inst. of Electronics	21105	4429	3875	10824	1618	359
自动化研究所 Inst. of Automation	19620	2474	2518	6860	1671	6097
电工研究所 Inst. of Electric Engineering	10528	3219	1260	4833	806	410
工程热物理研究所 Inst. of Engineering Thermophysics	5983	1158	568	1651	624	1982
自然科学史研究所 Inst. of History of Natural Sciences	1355	537	184	207	322	105
科技政策与管理科学研究所 Inst. of Science Policy and Management	2835	561	595	751	838	90
北京软件工程研制中心 Beijing Software Engineering Center	2665	503	450	918	589	205
空间科学与应用研究中心 Space Science and Technology Center	15525	3116	1615	7456	1502	1836
遥感卫星地面站 Remote-Sensing Satellite Ground Station	22978	973	2205	11921	957	6922
河北省 Hebei Province	4806	804	257	3169	563	13

地区、学科及科研单位 Region, field and institute	本年支出合计 Total expenditure	劳务费 Labor cost	固定资产购建支出 Expenditures on purchasing fixed assets	科研业务费 Operating expenses	管理费 Overheads	其他支出 Other expenses
石家庄农业现代化研究所 Shijiazhuang Inst. of Agricultural Modernization	4806	804	257	3169	563	13
山西省 Shanxi Province	11807	4080	1968	4039	1696	24
山西煤炭化学研究所 Shanxi Inst. of Coal Chemistry	11807	4080	1968	4039	1696	24
辽宁省 Liaoning Province	164245	23896	18436	85181	18197	18535
沈阳应用生态研究所 Shenyang Inst. of Applied Ecology	9694	3078	469	3516	2240	391
沈阳计算技术研究所 Shenyang Inst. of Computing Technology	21169	2841	2651	9157	1209	5311
沈阳自动化研究所 Shenyang Inst. of Automation	46858	4455	2015	35676	3014	1698
金属研究所 Inst. of Metals Research	39688	6716	6680	15970	4756	5566
金属腐蚀与防护研究所 Inst. of Corrosion and Protection of Metals	5927	945	732	2560	1114	576
大连化学物理研究所 Dalian Inst. of Chemical Physics	40909	5861	5889	18302	5864	4993
吉林省 Jilin Province	102437	23558	6490	27074	14754	30561
长春物理研究所 Changchun Inst. of Physics	13941	3184	462	6978	2149	1168
长春人造卫星观测站 Changchun Satellite Observation Station	810	267	80	139	323	1
长春应用化学研究所 Changchun Inst. of Applied Chemistry	26545	6460	4238	9908	5132	807
长春地理研究所 Changchun Inst. of Geography	4629	1190	565	2287	142	445

地区、学科及科研单位 Region, field and institute	本年支出合计 Total expenditure	劳务费 Labor cost	固定资产购建支出 Expenditures on purchasing fixed assets	科研业务费 Operating expenses	管理费 Overheads	其他支出 Other expenses
长春光学精密机械研究所 Changchun Inst. of Optics and Fine Mechanics	56512	12457	1145	7762	7008	28140
黑龙江省 Heilongjiang Province	2463	495	29	643	576	720
黑龙江农业现代化研究所 Heilongjiang Institute of Agricultural Modernization	2463	495	29	643	576	720
上海市 Shanghai	288417	67959	40346	102311	21725	56076
上海原子核研究所 Shanghai Inst. of Nuclear Research	27825	7026	1935	7677	2680	8507
上海天文台 Shanghai Observatory	6512	1808	1102	3079	469	54
上海硅酸盐研究所 Shanghai Inst. of Ceramics	23391	7188	2274	12324	1027	578
上海有机化学研究所 Shanghai Inst. of Organic Chemistry	42738	10038	3281	13598	4643	11178
上海植物生理研究所 Shanghai Inst. of Plant Physiology	12546	2941	3561	4696	513	835
上海昆虫研究所 Shanghai Inst. of Entomology	3438	1739	313	307	276	803
上海药物研究所 Shanghai Inst. of Materia Medica	12752	3675	2105	3470	1134	2368
上海生理研究所 Shanghai Inst. of Physiology	5637	1934	1412	1591	535	165
上海生物化学研究所 Shanghai Inst. of Biochemistry	27026	3570	5581	9549	2354	5972
上海细胞生物学研究所 Shanghai Inst. of Cell Biology	12478	2150	1646	4687	464	3531
上海脑研究所 Shanghai Inst. of Brain Research	1328	447	294	359	191	37
上海生物工程研究中心 Shanghai Bioengineering Research Center	4687	1332	454	1211	1471	219

地区、学科及科研单位 Region, field and institute	本年支出合计 Total expenditure	劳务费 Labor cost	固定资产购建支出 Expenditures on purchasing fixed assets	科研业务费 Operating expenses	管理费 Overheads	其他支出 Other expenses
上海冶金研究所 Shanghai Inst. of Metallurgy	36491	8713	6264	15070	1865	4579
上海光学精密机械研究所 Shanghai Inst. of Optics and Fine Mechanics	27493	9462	2266	8012	2212	5541
上海技术物理研究所 Shanghai Inst. of Technical Physics	44075	5936	7858	16681	1891	11709
江苏省 Jiangsu Province	27212	8536	3470	10071	4195	940
紫金山天文台 Purple Mountain Observatory	7149	2269	1236	1461	1403	780
南京地理与湖泊研究所 Nanjing Institute of Geography and Limnology	5359	1663	690	1611	1333	62
南京地质古生物研究所 Nanjing Inst. of Geology and Palaeontology	5415	1891	595	2166	753	10
南京土壤研究所 Nanjing Inst. of Soil Science	9289	2713	949	4833	706	88
安徽省 Anhui Province	36795	8578	4352	15284	3822	4759
固体物理研究所 Inst. of Solid State Physics	3086	745	393	1340	535	73
等离子体物理研究所 Inst. of Plasma Physics	12683	2605	1452	5807	1586	1233
合肥智能机械研究所 Hefei Inst. of Intelligent Machines	5976	874	1895	856	460	1891
安徽光学精密机械研究所 Anhui Inst. of Optics and Fine Mechanics	15050	4354	612	7281	1241	1562
福建省 Fujian Province	11373	3073	2716	1705	1272	2607
福建物质结构研究所 Fujian Inst. of Research on the Structure of Matter	11373	3073	2716	1705	1272	2607

地区、学科及科研单位 Region, field and institute	本年支出合计 Total expenditure	劳务费 Labor cost	固定资产购建支出 Expenditures on purchasing fixed assets	科研业务费 Operating expenses	管理费 Overheads	其他支出 Other expenses
山东省 Shandong Province	19691	5953	2387	9836	1265	250
海洋研究所 Inst. of Oceanology	19691	5953	2387	9836	1265	250
湖北省、湖南省 Hubei and Hunan Provinces	52217	11628	6833	18432	6733	8596
武汉数学物理研究所 Wuhan Inst. of Mathematical Physics	704	365	111	120	78	30
武汉物理研究所 Wuhan Inst. of Physics	6368	2256	394	1937	885	896
武汉岩土力学研究所 Wuhan Inst. of Rock and Soil Mechanics	15167	2236	791	5506	2044	4590
测量与地球物理研究所 Inst. of Geodesy and Geophysics	3923	939	908	1703	373	
武汉植物研究所 Wuhan Inst. of Botany	3002	1171	308	904	591	28
水生生物研究所 Inst. of Hydrobiology	8838	1797	2041	3403	1243	354
武汉病毒研究所 Wuhan Inst. of Virology	8587	1648	1319	3337	670	1613
长沙大地构造研究所 Changsha Inst. of Geotectonics	2150	457	193	440	274	786
长沙农业现代化研究所 Changsha Inst. of Agricultural Modernization	3478	754	768	1082	575	299
广东省 Guangdong Province	66438	17301	10196	25931	6269	6741
广州人造卫星观测站 Guangzhou Satellite Observation Station	1702	488	265	587	158	204
广州化学研究所 Guangzhou Inst. of Chemistry	12159	2746	4792	3164	1159	298
广州地质新技术研究所 Guangzhou Inst. of New Geotechnology	8540	2372	351	4339	1172	306

地区、学科及科研单位 Region, field and institute	本年支出合计 Total expenditure	劳务费 Labor cost	固定资产购建支出 Expenditures on purchasing fixed assets	科研业务费 Operating expenses	管理费 Overheads	其他支出 Other expenses
南海海洋研究所 South China Sea Inst. of Oceanology	19113	4439	2439	9625	760	1850
华南植物研究所 South China Inst. of Botany	9270	3588	466	2638	1071	1507
广州电子研究所 Guangzhou Inst. of Electronic Technology	9099	2309	268	3935	1158	1429
广州能源研究所 Guangzhou Inst. of Energy Conversion	6555	1359	1615	1643	791	1147
四川省 Sichuan Province	65575	15829	8093	29825	5174	6654
成都有机化学研究所 Chengdu Inst. of Organic Chemistry	6533	2243	1286	1335	1189	480
成都山地灾害与环境研究所 Chengdu Inst. of Mountain Hazards and Environment	5352	1399	696	2476	781	
成都生物研究所 Chengdu Inst. of Biology	9546	2254	781	4357	741	1413
成都计算机应用研究所 Chengdu Inst. of Computer Application	11719	1533	2859	6522	55	750
光电技术研究所 Inst. of Optics and Electronics	32425	8400	2471	15135	2408	4011
贵州省 Guizhou Province	8079	2504	991	2724	1266	594
贵阳地球化学研究所 Guiyang Inst. of Geochemistry	8079	2504	991	2724	1266	594
云南省 Yunnan Province	30967	6804	4730	8629	4542	6262
云南天文台 Yunnan Observatory	5928	1432	1181	2109	774	432
昆明植物研究所 Kunming Inst. of Botany	17702	3430	2360	3625	2684	5603
昆明动物研究所 Kunming Inst. of Zoology	4783	1346	995	1870	572	

地区、学科及科研单位 Region, field and institute	本年支出合计 Total expenditure	劳务费 Labor cost	固定资产购建支出 Expenditures on purchasing fixed assets	科研业务费 Operating expenses	管理费 Overheads	其他支出 Other expenses
昆明生态研究所 Kunming Inst. of Ecology	2554	596	194	1025	512	227
陕西省 Shaanxi Province	38588	9320	4597	15718	5102	3851
陕西天文台 Shaanxi Observatory	10883	4007	1540	4128	1168	40
西北水土保持研究所 Northwest Inst. of Soil and Water Conservation	9195	1491	899	5041	1734	30
西安光学精密机械研究所 Xi'an Inst. of Optics and Fine Mechanics	18510	3822	2158	6549	2200	3781
甘肃省、青海省 Gansu and Qinghai Provinces	70782	17876	14992	23564	10484	3866
近代物理研究所 Inst. of Modern Physics	19426	4206	4298	6499	4423	
兰州化学物理研究所 Lanzhou Inst. of Chemical Physics	13142	3632	2223	4800	1600	887
兰州冰川冻土研究所 Lanzhou Inst. of Glaciology and Geocryology	11676	2029	5936	2954	572	185
兰州沙漠研究所 Lanzhou Inst. of Desert Research	5956	1490	408	3742	281	35
兰州地质研究所 Lanzhou Inst. of Geology	5174	1233	106	1148	623	2064
兰州高原大气物理研究所 Lanzhou Inst. of Plateau Atmospheric Physics	4040	1126	292	1982	637	3
青海盐湖研究所 Qinghai Inst. of Saline Lakes	6759	2592	1534	1378	1182	73
西北高原生物研究所 Northwest Inst. of Plateau Biology	4609	1568	195	1061	1066	619
新疆维吾尔自治区 Xinjiang Uygur Autonomous Region	18304	5304	2052	5990	2937	2021

地区、学科及科研单位 Region, field and institute	本年支出合计 Total expenditure	劳务费 Labor cost	固定资产购建支出 Expenditures on purchasing fixed assets	科研业务费 Operating expenses	管理费 Overheads	其他支出 Other expenses
新疆物理研究所 Xinjiang Inst. of Physics	4556	1372	1046	1687	414	37
乌鲁木齐天文工作站 Urumqi Astronomic Working Station	2292	551	226	786	260	469
新疆化学研究所 Xinjiang Inst. of Chemistry	2459	899	222	554	609	175
新疆地理研究所 Xinjiang Inst. of Geography	2620	931	257	1134	298	
新疆生物土壤沙漠研究所 Xinjiang Inst. of Biology, Pedology and Desert Research	6377	1551	301	1829	1356	1340

注：本年支出合计中未扣除代管经费支出 7797 千元.

Note: Total expenditure in 1992 does not exclude funds (7797 thousand yuan) managed by the CAS for other research institutions.

5.6 科研机构经常费收入、支出情况

Total Current Intramural Income and Expenditures in CAS Research Units

单位：千元 (thousand yuan)

年份 Year	本年收入合计 Total income	政府拨款 Government funds	科学事业费 Operating funds	本年支出合计 Total expenditure	劳务费 Labor cost	科研业务费 Operating expenses
1986	742066	604279	469271	692860	125436	213407
1987	837122	627784	378934	747813	135795	233492
1988	1027186	670751	334979	877302	158520	318373
1989	1277091	785212	315294	1006867	198136	398556
1990	1353986	878823	342808	1228672	233057	463237
1991	1353897	849180	349476	1229789	255067	447181
1992	1811201	1093748	326965	1638723	333624	617892

注：本年收入合计中不包括基本建设投资，未扣除转拨外单位科研经费.

Note: Annual income excludes capital investment, but includes scientific research funds which were transferred to other research institutions.

5.7 科研机构当年收入中转拨外单位科研经费情况

Total Scientific Research Funds Transferred to Other Institutions by CAS Research Units from the Income in the Reference Year

单位：千元（thousand yuan）

年份 Year	合计 Total	政府拨款收入转拨 From government funds	横向技术性收入转拨 From lateral technology-related income	其他收入转拨 Other income transferred
1986	16694			
1987	35972			
1988	23643			
1989	50494	40600	9891	3
1990	42747	34169	8278	300
1991	23445	18154	5103	188
1992	36959	25338	10885	736

5.8 科研机构当年收入中转拨外单位科研经费情况（1992 年）

Total Scientific Research Funds Transferred to Other Institutions by CAS Research Units from the Income in the Reference Year：1992

单位：千元（thousand yuan）

地区及学科 Region and field	合计 Total	政府拨款收入转拨 From government funds	横向技术性收入转拨 From lateral technology-related income	其他收入转拨 Other income transferred
总计 Total	**36959**	**25338**	**10885**	**736**
一、按地区分 By region				
北京地区 Beijing	23715	14624	8461	630
沈阳分院 Shenyang Branch	235	235		
长春分院 Changchun Branch	3528	3200	328	
上海分院 Shanghai Branch	2427	2092	235	100
南京分院 Nanjing Branch	749	749		
合肥分院 Hefei Branch	1779	558	1215	6
武汉分院 Wuhan Branch	18	18		
广州分院 Guangzhou Branch	75	40	35	
成都分院 Chengdu Branch	717	670	47	
昆明分院 Kunming Branch	2481	2242	239	
西安分院 Xi'an Branch	212	200	12	
兰州分院 Lanzhou Branch	239	45	194	
新疆分院 Xinjiang Branch				
其他地区 Other regions	784	665	119	
二、按学科分 By field				
数学、物理 Mathematics & physics	12934	3848	9080	6

地区及学科 Region and field	合计 Total	政府拨款收入转拨 From government funds	横向技术性收入转拨 From hateral technology-related income	其他收入转拨 Other income transferred
化学与化工 Chemistry & chemical engineering	3890	3337	553	
地学 Earth sciences	2105	1009	480	616
生物学 Biological sciences	10827	10214	513	100
技术科学 Technological sciences	7190	6930	246	14
其他 Others	13		13	

5.9 科研机构基本建设投资及完成情况

Capital Investment and Expenditures in CAS Research Units

单位：千元（thousand yuan）

年份 Year	基本建设投资实际完成额 Actual expenditure in capital investment	科研仪器设备 Scientific research instruments and equipment	科研土建工程 Civil engineering projects for scientific research	自筹 Self-raised funds
1986	141148	62599	43860	3790
1987	152638	59629	62191	4313
1988	168314	63278	73879	3287
1989	177463	34237	72169	3273
1990	125973	26884	47643	4304
1991	207861	49102	117178	13465
1992	240261	48015	123587	25356

5.10 科研机构基本建设投资及完成情况（1992 年）

Capital Investment and Expenditures in CAS Research Units：1992

单位：千元（thousand yuan）

地区及学科 Region and field	基本建设投资实际完成额 Actual expenditure in capital investment	科研仪器设备 Scientific research instruments and equipment	科研土建工程 Civil engineering projects for scientific research	自筹 Self-raised funds
总计 **Total**	**240261**	**48015**	**123587**	**25356**
一、按地区分 By region				
北京地区 Beijing	132805	29012	73957	17376
沈阳分院 Shenyang Branch	17735		12350	765
长春分院 Changchun Branch	12032			2990
上海分院 Shanghai Branch	26940	13196	9970	1000
南京分院 Nanjing Branch	3136			
合肥分院 Hefei Branch	4768	3787	981	536
武汉分院 Wuhan Branch	3250		2650	230
广州分院 Guangzhou Branch	7796	475	4614	585
成都分院 Chengdu Branch	5863		2600	1348
昆明分院 Kunming Branch	3650		3350	200
西安分院 Xi'an Branch	5784	360	4694	
兰州分院 Lanzhou Branch	6696	1185	2166	

地区及学科 Region and field	基本建设投资实际完成额 Actual expenditure in capital investment	科研仪器设备 Scientific research instruments and equipment	科研土建工程 Civil engineering projects for scientific research	自筹 Self-raised funds
新疆分院 Xinjiang Branch	3800		3800	
其他地区 Other regions	6006		2455	326
二、按学科分 By field				
数学、物理 Mathematics & physics	53938	6759	35353	10550
化学与化工 Chemistry & chemical engineering	46926	13981	18370	4961
地学 Earth sciences	33741	934	21772	2129
生物学 Biological sciences	23798	1311	17452	650
技术科学 Technological sciences	81858	25030	30640	7066
其他 Others				

5.11 科研机构固定资产情况（1992 年）

Statistics of Fixed Assets in CAS Research Units：1992

单位：千元（thousand yuan）

地区及学科 Region and field	固定资产原值总额 Total original value of fixed assets	房屋和建筑物 Space and buildings	专用设备 Specialized equipment	图书资料 Books and materials	其　他 Others
总计 **Total**	**4471017**	**1108220**	**3009950**	**114094**	**238753**
一、按地区分 By region					
北京地区 Beijing	1651287	350780	1150397	39967	110143
沈阳分院 Shenyang Branch	348351	104470	224496	8658	10727
长春分院 Changchun Branch	255264	86073	155749	4545	8897
上海分院 Shanghai Branch	718070	125839	543565	23421	25245
南京分院 Nanjing Branch	89440	24853	46967	11761	5859
合肥分院 Hefei Branch	113553	23204	87015	1252	2082
武汉分院 Wuhan Branch	128369	39595	80648	3870	4256
广州分院 Guangzhou Branch	175730	53996	108653	3363	9718
成都分院 Chengdu Branch	135411	52865	77188	1904	3454
昆明分院 Kunming Branch	98614	28141	49598	3076	17799
西安分院 Xi'an Branch	137244	38949	92476	2225	3594
兰州分院 Lanzhou Branch	356792	112041	234046	4534	6171

地区及学科 Region and field	固定资产原值总额 Total original value of fixed assets	房屋和建筑物 Space and buildings	专用设备 Specialized equipment	图书资料 Books and materials	其　他 Others
新疆分院 Xinjiang Branch	42229	10608	29092	354	2175
其他地区 Other regions	220663	56806	130060	5164	8633
二、按学科分 By field					
数学、物理 Mathematics & physics	1074635	244268	739388	16184	74795
化学与化工 Chemistry & chemical engineering	682788	141770	497955	18997	24066
地学 Earth sciences	554369	140196	356071	21268	36834
生物学 Biological sciences	698245	192665	425919	35339	44322
技术科学 Technological sciences	1456969	389321	989367	20145	58136
其他 Others	4011		1250	2161	600

5.12 科研机构科研

Scientific Equipment & Instrumentation

地区、学科及科研单位 Region，field and institute	合计台（套）数		合计金额（千元）	
	Total sets	万元以上 Above ten thousand yuan	Total value (thousand yuan)	万元以上 Above ten thousand yuan
总计 Total	**374311**	**48478**	**2778644**	**2141565**
一、按地区分 By region				
北京地区 Brijing	126883	17345	1060517	842713
沈阳分院 Shenyang Branch	19778	2765	219565	182866
长春分院 Changchun Branch	23102	2159	143886	111208
上海分院 Shanghai Branch	76218	6855	516426	364401
南京分院 Nanjing Branch	7264	401	45079	17673
合肥分院 Hefei Branch	9009	1091	77441	55671
武汉分院 Wuhan Branch	11926	990	72221	51132
广州分院 Guangzhou Branch	12016	894	104671	84877
成都分院 Chengdu Branch	13353	1400	74654	57031
昆明分院 Kunming Branch	7543	525	43196	28800
西安分院 Xi'an Branch	9252	777	47995	41723
兰州分院 Lanzhou Branch	27689	11250	226828	195829
新疆分院 Xinjiang Branch	7619	444	27867	18081
其他地区 Other regions	22659	1582	118298	89560
二、按学科分 By field				
数学、物理 Mathematics & physics	83319	17731	673694	502311
化学与化工 Chemitry & chemical engineering	66315	6308	475874	376844

仪器设备（一）（1992 年）

in CAS Research Units：1992

90 年代 In the 90s		80 年代 In the 80s		70 年代 In the 70s	
合计台（套）数 Total sets	合计金额 Total value	合计台（套）数 Total sets	合计金额 Total value	合计台（套）数 Total sets	合计金额 Total value
38402	**529665**	**210562**	**1709115**	**97580**	**419191**
12072	219602	73600	650329	32782	154412
2070	38224	10915	142882	5190	29582
1208	15307	11167	95313	6703	27719
10442	131944	41945	283972	18162	61056
715	5919	4339	17949	1910	3529
922	9554	5889	53232	2198	14655
1745	17615	7765	44902	2416	9704
1135	13997	7504	79009	3001	10726
958	11515	6728	38447	3520	24077
865	7386	3585	21024	2549	14266
759	6730	4535	23554	3429	16075
2082	31148	17226	162209	7136	29921
1722	5583	4084	16873	1446	4628
1707	15141	11280	79420	7138	18841
7600	94110	51148	435422	19483	97226
7642	89596	35190	296456	18559	76560

地区、学科及科研单位 Region，field and institute	合计台（套）数		合计金额（千元）	
	Total sets	万元以上 Above ten thousand yuan	Total value (thousand yuan)	万元以上 Above ten thousand yuan
地学 Earth sciences	52241	4352	341582	260393
生物学 Biological sciences	81691	6191	404882	271549
技术科学 Technological sciences	90668	13873	881463	729761
其他 Others	77	23	1149	707
三、按科研单位分 By instiute				
北京市 Beijing	126883	17345	1060517	842713
数学研究所 Inst. of Mathematics	192	17	1954	1586
应用数学研究所 Inst. of Applied Mathematics	52	52	1394	1394
系统科学研究所 Inst. of Systems Science	119	119	3381	3381
物理研究所 Inst. of Physics	6445	1127	90427	74535
声学研究所 Inst. of Acoustics	6649	861	41620	35317
理论物理研究所 Inst. of Theoretical Physics	145	36	1785	1398
低温技术实验中心 Cryogenic Laboratory	1800	256	6047	3400
高能物理研究所 Inst. of High Energy Physics	15227	2016	72856	55990
北京天文台 Beijing Astronomical Observatory	2028	288	33197	16205

续表 5.12

90年代 In the 90s		80年代 In the 80s		70年代 In the 70s	
合计台（套）数 Total sets	合计金额 Total value	合计台（套）数 Total sets	合计金额 Total value	合计台（套）数 Total sets	合计金额 Total value
4477	62550	29497	230224	13521	41002
9908	100893	45659	236016	22696	60602
8759	182055	49007	510309	23321	143801
16	461	61	688		
12072	219602	73600	650329	32782	154412
10	952	99	827	82	156
20	453	30	894	2	47
54	1174	65	2207		
718	13227	3592	61944	2135	15256
346	6066	2575	28017	1151	3929
36	1203	104	491	5	91
101	931	1247	3500	452	1616
1200	12894	11404	53973	2623	5989
383	4658	666	9845	204	3665

地区、学科及科研单位 Region, field and institute	合计台（套）数		合计金额（千元）	
	Total sets	万元以上 Above ten thousand yuan	Total value (thousand yuan)	万元以上 Above ten thousand yuan
力学研究所 Inst. of Mechanics	2393	337	34720	16901
化学研究所 Isnt. of Chemistry	5492	597	49513	46653
感光化学研究所 Inst. of Photographic Chemistry	3090	282	21567	17340
生态环境研究中心 Research Center for Eco-Environmental Sciences	403	403	23439	23439
化工冶金研究所 Inst. of Chemical Metallurgy	4682	383	25284	17641
地理研究所 Inst. of Geography	6792	72	25603	11490
遥感应用研究所 Institute of Remote Sensing Application	2075	209	16436	14379
地质研究所 Inst. of Geology	2978	356	24674	20807
地球物理研究所 Inst. of Geophysics	2353	306	19230	14977
古脊椎动物与古人类研究所 Inst. of Vertebrate Paleontology and Paleoanthropology	1442	29	2385	750
大气物理研究所 Inst. of Atmospheric Physics	3861	368	34256	21905
自然资源综合考察委员会 Commission for Integrated Surveys of Natural Resources	2557	108	11552	9560
植物研究所 Inst. of Botany	4531	232	16262	13718
动物研究所 Inst. of Zoology	5386	420	25582	15019
心理研究所 Inst. of Psychology	1053	107	5990	2951

续表 5.12

90年代 In the 90s		80年代 In the 80s		70年代 In the 70s	
合计台（套）数 Total sets	合计金额 Total value	合计台（套）数 Total sets	合计金额 Total value	合计台（套）数 Total sets	合计金额 Total value
474	11030	1919	23690		
695	12317	2819	25733	1554	9438
187	3697	1462	12720	978	4542
52	976	303	20083	48	2380
381	3629	2571	16330	1730	5325
253	3878	899	17845	2982	1827
437	4899	1638	11537		
278	1876	2021	18176	679	4622
280	2294	1564	15076	509	1860
28	228	1063	1681	351	476
350	8730	2347	19300	1164	6226
185	2263	2372	9289		
453	2833	2437	8972	1641	4457
546	7002	3785	15615	1055	2965
98	1490	568	3250	387	1250

地区、学科及科研单位 Region, field and institute	合计台（套）数		合计金额（千元）	
	Total sets	万元以上 Above ten thousand yuan	Total value (thousand yuan)	万元以上 Above ten thousand yuan
微生物研究所 Inst. of Micrbiology	5320	619	34162	26928
生物物理研究所 Inst. of Biophysics	4115	592	42623	35667
遗传研究所 Inst. of Genetics	7533	300	17051	8933
发育生物学研究所 Inst. of Developmental Biology	484	87	4047	2685
计算技术研究所 Inst. of Computing Technology	2875	617	53676	48766
计算中心 Computing Center	1372	137	16640	11197
软件研究所 Inst. of Software	275	108	7443	6841
半导体研究所 Isnt. of Semiconductore	5367	1177	98498	87287
微电子中心 Microelectronics R&D Center	2434	2434	76169	76169
电子学研究所 Inst. of Electronics	5436	883	47733	35429
自动化研究所 Inst. of Automation	428	176	3450	2845
电工研究所 Inst. of Electric Engineering	2442	351	18488	13669
工程热物理研究所 Inst. of Engineering Thermophysics	1426	225	11924	9530
自然科学史研究所 Inst. of History of Natural Sciences	58	8	622	208
科技政策与管理科学研究所 Inst. of Science Policy and Management	19	15	527	499

续表 5.12

90年代 In the 90s		80年代 In the 80s		70年代 In the 70s	
合计台（套）数 Total sets	合计金额 Total value	合计台（套）数 Total sets	合计金额 Total value	合计台（套）数 Total sets	合计金额 Total value
505	5122	3061	25374	1754	3666
344	5414	2392	29922	1379	7287
630	3297	4619	10797	2284	2957
100	1449	384	2598.		
171	7426	1702	33995	680	3786
176	2717	742	13093	454	830
162	2625	96	3737	15	1081
686	44162	2497	35709	1473	14554
132	2430	1598	52600	704	21139
378	5179	2956	29059	2102	13492
39	169	265	2262	124	1019
240	3396	1265	11361	937	3731
149	1682	1181	9197	96	1045
8	208	50	414		
8	253	11	274		

地区、学科及科研单位 Region，field and institute	合计台（套）数		合计金额（千元）	
	Total sets	万元以上 Above ten thousand yuan	Total value (thousand yuan)	万元以上 Above ten thousand yuan
北京软件工程研制中心 Beijing Software Engineering Center	69	48	8486	8428
空间科学与应用研究中心 Space Science and Technology Center	4645	255	3435	2950
遥感卫星地面站 Remote-Sensing Satellite Ground Staion	840	332	26389	23946
河北省 Hebei Province	1180	42	2735	1400
石家庄农业现代化研究所 Shijiazhuang Inst. of Agricultural Modernization	1180	42	2735	1400
山西省 Shanxi Province	4660	396	23735	16034
山西煤炭化学研究所 Shanxi Inst. of Coal Chemistry	4660	396	23735	16034
辽宁省 Liaoning Provine	19778	2765	219565	182866
沈阳应用生态研究所 Shenyang Inst. of Applied Ecology	3273	226	15240	10368
沈阳计算技术研究所 Shenyang Inst. of Computing Technology	1092	227	12233	10465
沈阳自动化研究所 Shenyang Inst. of Automation	2178	392	40519	35983
金属研究所 Inst. of Metals Research	6163	878	73073	61692
金属腐蚀与防护研究所 Inst. of Corrosion and Protection of Metals	996	171	14084	12129
大连化学物理研究所 Dalian Inst. of Chemical Physics	6076	871	64416	52229
吉林省 Jilin Province	23102	2159	143886	111208

续表 5.12

90年代 In the 90s		80年代 In the 80s		70年代 In the 70s	
合计台（套）数 Total sets	合计金额 Total value	合计台（套）数 Total sets	合计金额 Total value	合计台（套）数 Total sets	合计金额 Total value
21	2267	48	6219		
411	449	2994	2173	744	526
347	22657	189	550	304	3182
115	347	282	1050	771	1338
115	347	282	1050	771	1338
588	4432	2609	15979	1184	2697
588	4432	2609	15979	1184	2697
2070	38224	10915	142882	5190	29582
150	1944	2211	10004	619	2444
108	3168	492	7695	492	1370
219	5252	1116	32281	786	2521
671	13524	3190	41376	1320	11841
106	2873	564	10083	326	1128
816	11463	3342	41443	1647	10278
1208	15307	11167	95313	6703	27719

地区、学科及科研单位 Region，field and institute	合计台（套）数		合计金额（千元）	
	Total sets	万元以上 Above ten thousand yuan	Total value (thousand yuan)	万元以上 Above ten thousand yuan
长春物理研究所 Changchun Inst. of Physics	4597	452	28636	19723
长春人造卫星观测站 Dhangchun Satellite Observation Station	298	30	3166	496
长春应用化学研究所 Changchun Inst. of Applied Chemistry	9342	655	56750	43669
长春地理研究所 Changchun Inst. of Geography	1418	106	7349	4146
长春光学精密机械研究所 Changchun Inst. of Optics and Fine Mechanics	7447	916	47985	43174
黑龙江省 Heilongjiang Province	721	7	1920	380
黑龙江农业现代化研究所 Heilongjiang Inst. of Agricultural Modernization	721	7	1920	380
上海市 Shanghai	76218	6855	516426	364401
上海原子核研究所 Shanghai Inst. of Nuclear Research	6807	741	34566	23922
上海天文台 Shanghai Observatory	3717	319	21996	17637
上海硅酸盐研究所 Shanghai Inst. of Ceramics	9989	900	65666	48647
上海有机化学研究所 Shanghai Inst. of Organic Chemistry	6233	454	45878	37264
上海植物生理研究所 Shanghai Inst. of Plant Physiology	3576	399	22754	16951
上海昆虫研究所 Shanghai Inst. of Entomology	932	99	6158	4399
上海药物研究所 Shanghai Inst. of Materia Medica	3580	320	22391	16122

续表 5.12

90年代 In the 90s		80年代 In the 80s		70年代 In the 70s	
合计台（套）数 Total sets	合计金额 Total value	合计台（套）数 Total sets	合计金额 Total value	合计台（套）数 Total sets	合计金额 Total value
283	2278	2190	18793	1849	6908
17	146	199	2139	82	381
529	8766	4146	34476	2962	11386
8766	4146	34476	2962	275	1328
217	3107	3721	36472	1535	7716
		7	380	248	660
		7	380	248	660
10442	131944	41945	283972	18162	61056
753	4996	3561	14353	1707	6267
419	6030	2321	11123	861	4124
1242	13049	5859	41612	2737	8656
754	14894	3564	25086	1453	5089
492	4865	2208	14311	691	1889
97	483	543	4586	292	1089
475	3136	2011	14323	808	4404

地区、学科及科研单位 Region, field and institute	合计台（套）数 Total sets	万元以上 Above ten thousand yuan	合计金额（千元） Total value (thousand yuan)	万元以上 Above ten thousand yuan
上海生理研究所 Shanghai Inst. of Physiology	3410	330	14777	10208
上海生物化学研究所 Shanghai Inst. of Biochemistry	5498	142	30665	7852
上海细胞生物学研究所 Shanghai Inst. of Cell Biology	2835	287	17998	13075
上海脑研究所 Shanghai Inst. of Brain Research	909	118	5278	1875
上海生物工程研究中心 Shanghai Bioengineering Research Center	1418	255	22189	18159
上海冶金研究所 Shanghai Inst. of Metallurgy	9188	795	95382	67910
上海光学精密机械研究所 Shanghai Inst. of Optics and Fine Mechanics	9572	848	52583	34952
上海技术物理研究所 Shanghai Inst. of Technical Physics	8554	848	58145	45428
江苏省 Jiangsu Province	7264	401	45079	17673
紫金山天文台 Purple Mountain Observatory	2192	19	21244	1253
南京地理与湖泊研究所 Nanjing Inst. of Geography and Limnology	1236	93	5059	3844
南京地质古生物研究所 Nanjing Inst. of Geology and Palaeontology	1221	98	5578	3668
南京土壤研究所 Nanjing Inst. of Soil Science	2615	191	13198	8908
安徽省 Anhui Province	9009	1091	77441	55671
固体物理研究所 Inst. of Solid State Physics	1173	153	12641	10304

续表 5.12

90年代 In the 90s		80年代 In the 80s		70年代 In the 70s	
合计台（套）数 Total sets	合计金额 Total value	合计台（套）数 Total sets	合计金额 Total value	合计台（套）数 Total sets	合计金额 Total value
324	2581	524	6474	1741	4869
1101	14433	2932	13335	1304	2655
474	3801	1719	12175	490	1716
99	220	618	4699	172	321
1059	21060	359	1129		
517	9348	4966	56724	2447	10295
1069	10322	6065	34303	1638	4895
1567	22726	4695	29739	1821	4787
715	5919	4339	17949	1910	3529
239	2224	1026	1678	627	346
133	906	888	3750	215	403
108	1006	805	3581	308	991
235	1783	1620	8940	760	1789
922	9554	5889	53232	2198	14655
116	1693	1057	10948		

地区、学科及科研单位 Region, field and institute	合计台（套）数		合计金额（千元）	
	Total sets	万元以上 Above ten thousand yuan	Total value (thousand yuan)	万元以上 Above ten thousand yuan
等离子体物理研究所 Inst. of Plasma Physics	4355	452	35879	25155
合肥智能机械研究所 Hefei Inst. of Intelligent Machines	397	55	6847	3430
安徽光学精密机械研究所 Anhui Inst. of Optics and Fine Mechanics	3084	431	22074	16782
福建省 Fujian Province	3116	264	26713	21315
福建物质结构研究所 Fujian Inst. of Research on the Structure of Matter	3116	264	26713	21315
山东省 Shandong Province	6833	504	35737	30907
海洋研究所 Inst. of Oceanology	6833	504	35737	30907
湖北省、湖南省 Hubei and Hunan Provinces	11926	990	72221	51132
武汉数学物理研究所 Wuhan Inst. of Mathematical Physics	8	8	295	295
武汉物理研究所 Wuhan Inst. of Physics	2320	292	23813	18303
武汉岩土力学研究所 Wuhan Inst. of Rock and Soil Mechanics	2382	185	13293	9658
测量与地球物理研究所 Inst. of Geodesy and Geophysics	594	117	8213	6579
武汉植物研究所 Wuhan Inst. of Botany	1031	32	3103	641
水生生物研究所 Inst. of Hydrobiology	3349	218	12971	9070
武汉病毒研究所 Wuhan Inst. of Virology	1447	96	6760	4522

续表 5.12

90年代 In the 90s		80年代 In the 80s		70年代 In the 70s	
合计台（套）数 Total sets	合计金额 Total value	合计台（套）数 Total sets	合计金额 Total value	合计台（套）数 Total sets	合计金额 Total value
366	2423	2852	25999	1137	7457
39	2359	358	4488		
401	3079	1622	11797	1061	7198
478	4346	1666	18641	880	3561
478	4346	1666	18641	880	3561
443	4157	4169	27241	1284	3135
443	4157	4169	27241	1284	3135
1745	17615	7765	44902	2416	9704
4	124	3	105	1	66
211	2970	1431	17936	678	2907
226	1080	1751	9971	405	2242
513	7412	67	370	14	431
95	694	615	1635	321	774
447	2487	2231	8525	671	1959
164	1830	1032	3725	251	1205

地区、学科及科研单位 Region, field and institute	合计台（套）数 Total sets	万元以上 Above ten thousand yuan	合计金额（千元） Total value (thousand yuan)	万元以上 Above ten thousand yuan
长沙大地构造研究所 Changsha Inst. of Geotectonics	144	17	1747	755
长沙农业现代化研究所 Changsha Inst. of Agricultural Modernization	651	25	2026	1309
广东省 Guangdong Province	12016	894	104671	84877
广州人造卫星观测站 Guangzhou Satellite Observation Station	117	21	2009	1445
广州化学研究所 Guangzhou Inst. of Chemistry	1962	139	12218	9218
广州地质新技术研究所 Guangzhou Inst. of New Geotechnology	781	81	8165	6785
南海海洋研究所 South China Sea Inst. of Oceanology	3489	284	58233	52945
华南植物研究所 South China Inst. of Botany	2374	147	7612	5038
广州电子研究所 Guangzhou Inst. of Electronic Technology	1866	149	12042	7864
广州能源研究所 Guangzhou Inst. of Energy Conversion	1427	73	4392	1582
四川省 Sichuan Province	13353	1400	74654	57031
成都有机化学研究所 Chengdu Inst. of Organic Chemistry	1918	153	9233	6139
成都山地灾害与环境研究所 Chengdu Inst. of Mountain Hazards and Environment	2076	99	6015	2860
成都生物研究所 Chengdu Inst. of Biology	2428	158	11305	8092
成都计算机应用研究所 Chengdu Inst. of Computer Application	105	105	9986	9986

续表 5.12

90年代 In the 90s		80年代 In the 80s		70年代 In the 70s	
合计台（套）数 Total sets	合计金额 Total value	合计台（套）数 Total sets	合计金额 Total value	合计台（套）数 Total sets	合计金额 Total value
18	546	125	1179	1	22
67	472	510	1456	74	98
1135	13997	7504	79009	3001	10726
5	67	36	376	76	1566
147	2462	1315	7429	419	1874
267	6519	439	1190	75	456
171	2223	2081	51696	1129	4057
282	1340	1419	4952	486	1091
73	495	1167	10122	626	1425
190	891	1047	3244	190	257
958	11515	6728	38447	3520	24077
247	946	1378	7280	293	1007
133	508	1472	4275	471	1232
187	3047	1399	6172	674	1843
		104	2080	1	7906

地区、学科及科研单位 Region, field and institute	合计台（套）数 Total sets	万元以上 Above ten thousand yuan	合计金额（千元） Total value (thousand yuan)	万元以上 Above ten thousand yuan
光电技术研究所 Inst. of Optics and Electronics	6826	885	38115	29954
贵州省 Guizhou Province	6149	369	27458	19524
贵阳地球化学研究所 Guiyang Inst. of Geochemistry	6149	369	27458	19524
云南省 Yunan Province	7543	525	43196	28800
云南天文台 Yunan Observatory	2823	137	23645	16525
昆明植物研究所 Kunming Inst. of Botany	1996	220	9123	5764
昆明动物研究所 Kunming Inst. of Zoology	1961	156	8530	5781
昆明生态研究所 Kunming Inst. of Ecology	763	12	1898	730
陕西省 Shaanxi Province	9252	777	47995	41723
陕西天文台 Shaanxi Observatory	997	253	16835	13410
西北水土保持研究所 Northwest Inst. of Soil and Water Conservation	4091	167	9488	6940
西安光学精密机械研究所 Xi'an Inst. of Optics and Fine Mechanics	4164	357	21672	21373
甘肃省、青海省 Gansu and Qinghai Provinces	27689	11250	226828	195829
近代物理研究所 Inst. of Modern Physics	13597	9317	135076	125250
兰州化学物理研究所 Lanzhou Inst. of Chemical Physics	4583	521	29161	21824

续表 5.12

90年代 In the 90s		80年代 In the 80s		70年代 In the 70s	
合计台（套）数 Total sets	合计金额 Total value	合计台（套）数 Total sets	合计金额 Total value	合计台（套）数 Total sets	合计金额 Total value
391	7014	2375	18640	2081	12089
83	1859	2547	16129	2771	7450
83	1859	2547	16129	2771	7450
865	7386	3585	21024	2549	14266
205	1769	1310	11090	1308	10786
291	2233	821	4430	464	1940
296	2846	1182	4684	359	1000
73	538	272	820	418	540
759	6730	4535	23554	3429	16075
101	1429	421	7911	475	7495
379	2563	2122	4333	1590	2592
279	2738	1992	11310	1364	5988
2082	31148	17226	162209	7136	29921
1065	12026	9544	109833	2988	13217
331	4868	2241	17137	1336	5525

地区、学科及科研单位 Region，field and institute	合计台（套）数 Total sets	万元以上 Above ten thousand yuan	合计金额（千元） Total value (thousand yuan)	万元以上 Above ten thousand yuan
兰州冰川冻土研究所 Lanzhou Inst. of Glaciology and Geocryology	2063	275	15880	12576
兰州沙漠研究所 Lanzhou Inst. of Desert Research	1668	83	6783	4236
兰州地质研究所 Lanzhou Inst. of Geology	1066	109	9330	7328
兰州高原大气物理研究所 Lanzhou Inst. of Plateau Atmospheric Physics	750	620	9221	8582
青海盐湖研究所 Qinghai Inst. of Saline Lakes	2660	224	16519	12401
西北高原生物研究所 Northwest Inst. of Plateau Biology	1302	101	4858	3632
新疆维吾尔自治区 Xinjiang Uygur Autonomous Region	7619	444	27867	18081
新疆物理研究所 Xinjiang Inst. of Physics	2463	184	10052	6635
乌鲁木齐天文工作站 Urumqi Astronomic Working Station	423	59	3167	2193
新疆化学研究所 Xinjiang Inst. of Chemistry	2109	66	5782	3031
新疆地理研究所 Xinjiang Inst. of Geography	695	49	2678	1790
新疆生物土壤沙漠研究所 Xinjiang Inst. of Biology，Pedology and Desert Research	1929	86	6188	4432

注：总的合计台（套）数、合计金额≥90年代、80年代、70年代相应项目的总合。

Note：The total sets and total value≥The total sets and total value of 90s+80s+70s.

续表 5.12

90年代 In the 90s		80年代 In the 80s		70年代 In the 70s	
合计台（套）数 Total sets	合计金额 Total value	合计台（套）数 Total sets	合计金额 Total value	合计台（套）数 Total sets	合计金额 Total value
137	6990	1323	5814	603	3076
250	2097	1143	3848	275	838
83	750	586	7405	193	509
79	1876	455	5329	195	1988
97	1817	1244	9961	1107	3825
40	724	690	2882	439	943
1722	5583	4084	16873	1446	4628
205	1784	1500	5809	500	2001
43	483	245	1970	135	714
1098	1934	671	2546	231	977
86	523	582	2080	27	75
290	859	1086	4468	553	861

5.13 科研机构科研（其中：

Imported Scientific Equipment & Instrumentation

地区及学科 Region and field	合计台（套）数 Total (set)	万元以上 Above ten thousand yuan	合计金额（千元） Total value (thousand yuan)	万元以上 Above ten thousand yuan
总计 Total	**70491**	**23774**	**1535903**	**1407182**
一、按地区分 By region				
北京地区 Beijing	23405	7125	621071	568504
沈阳分院 Shenyang Branch	3989	1376	131816	125372
长春分院 Changchun Branch	3009	989	79677	74343
上海分院 Shanghai Branch	11594	3051	250115	229297
南京分院 Nanjing Branch	1482	286	16027	13393
合肥分院 Hefei Branch	475	240	20935	19690
武汉分院 Wuhan Branch	2596	561	44286	36402
广州分院 Guangzhou Branch	2109	584	53064	48668
成都分院 Chengdu Branch	2364	545	40739	36926
昆明分院 Kunming Branch	1850	365	28207	24882
西安分院 Xi'an Branch	1445	231	16279	14412

仪器设备（二）（1992 年）
进口）
in CAS Research Units：1992

90年代 In the 90s		80年代 In the 80s		70年代 In the 70s	
合计台（套）数 Total sets	合计金额 Total value	合计台（套）数 Total sets	合计金额 Total value	合计台（套）数 Total sets	合计金额 Total value
8526	**315208**	**50328**	**1032098**	**7670**	**148656**
2923	145756	17032	402323	2993	55420
488	21373	2817	97759	344	9993
226	10391	1776	56214	224	8532
2020	65500	7947	159453	909	18134
157	2406	1171	12088	152	1533
52	3858	392	15841	31	1236
390	9935	1984	31069	222	3281
247	9062	1492	40689	225	2696
220	7205	1859	21007	238	11492
240	3755	1231	13289	216	10406
170	2556	1021	9655	135	3106

地区及学科 Region and field	合计台（套）数 Total (set)	万元以上 Above ten thousand yuan	合计金额（千元） Total value (thousand yuan)	万元以上 Above ten thousand yuan
兰州分院 Lanzhou Branch	9890	7301	137500	131216
新疆分院 Xinjiang Branch	2364	235	17720	12861
其他地区 Other regions	3919	885	78467	71216
二、按学科分 By field				
数学、物理 Mathematics & physics	19662	9537	350305	318979
化学与化工 Chemistry & chemical engineering	8814	2778	268815	253162
地学 Earth sciences	11136	2402	182765	163868
生物学 Biological sciences	17784	4341	253973	215299
技术科学 Technological sciences	13095	4716	480045	455874
其他 Others				

续表 5.13

90年代 In the 90s		80年代 In the 80s		70年代 In the 70s	
合计台（套）数 Total sets	合计金额 Total value	合计台（套）数 Total sets	合计金额 Total value	合计台（套）数 Total sets	合计金额 Total value
863	21421	7555	100574	1159	13812
274	2721	1720	12441	303	2408
256	9269	2331	59696	519	6607
2087	51208	15111	254212	2180	36182
887	51652	6171	182150	1056	31461
1016	34685	8167	130194	1080	13032
2638	63203	12289	158433	2245	28886
1898	114460	8590	307109	1109	39095

5.14 科研机构课题基本情况

Basic Statistics of Research Projects in CAS Research Units

年 份 Year	课题数 (个) figures of projects	课题经费内部支出 (千元) Intramural expenditure (thousand yuan)	课题组人员折合全时人数 (人·年) Full-time equivalent (man·year)	
			科学家、工程师 Scientists & engineers	其他科技人员 Other S & T personnel
1985	6220	298448	30650	23756	3410
1986	6217	256235	30337	23144	4850
1987	7091	344353	29125	22989	4733
1988	7579	406347	29565	24477	3543
1989	8287	478258	31015	26115	3434
1990	8476	500561	30283	26780	2074
1991	8051	472828	25463	22063	1838
1992	9503	665757	24769	22342	2259

注：1. 课题数包括基础研究、应用研究、试验发展、研究与试验发展成果应用、科技服务和生产性活动课题。

2. 课题经费内部支出指课题组直接投入经费。

Note: 1. The figures include projects in basic research, applied research, experimental development, application of research and experimental development results, scientific and technical services and productive activities.

2. The intramural expenditure refers to the direct fund input made by the project group.

5.15 科研机构研究与发展（R&D）活动基本情况

Basic Statistics of R & D Activities in CAS Research Units

年 份 Year	课题数 (个) figures of projects	课题经费内部支出 (千元) Intramural expenditure (thousand yuan)	课题组人员折合全时人数 (人·年) Full-time equivalent (man·year)	科学家、工程师 Scientists & engineers	其他科技人员 Other S & T personnel
1985	5986	292147	29622	23135	3272
1986	5726	201145	26363	20096	4187
1987	6618	315245	27052	21539	4243
1988	7078	371698	27153	22856	3188
1989	7696	435509	28272	24323	2926
1990	8028	456186	28354	25363	1849
1991	7272	381604	21995	19540	1403
1992	8790	571472	22346	20330	1919

注：R&D课题包括基础研究、应用研究和试验发展课题.

Note: R&D projects include basic and applied research and experimentdevelopment projects.

5.16 科研机构课题综合情况（1992年）

Statistics of Research Projects in CAS Research Units：1992

地区、学科及科研单位 Region，field and institute	课题数合计（个） Total projects	当年内开题数 Number of projects started	课题经费内部支出（千元） Intramural expenditure (thousand yuan)	课题组人员折合全时人数（人·年） Full-time equivalent (man·year)	科学家工程师 Scientists & engineers	其他科技人员 Other S & T personnel
总计 Total	**9503**	**3251**	**665757**	**24769**	**22342**	**2259**
一、按地区分 By region						
北京地区 Beijing	3408	1069	270578	8876	8165	576
沈阳分院 Shenyang Branch	698	233	56316	1769	1621	156
长春分院 Changchun Branch	484	161	28901	1351	1218	136
上海分院 Shanghai Branch	1116	308	139208	4230	3703	487
南京分院 Nanjing Branch	397	145	12835	736	714	19
合肥分院 Hefei Branch	279	104	21358	776	689	94
武汉分院 Wuhan Branch	464	205	16257	1005	885	100
广州分院 Guangzhou Branch	609	244	18513	1009	937	62
成都分院 Chengdu Branch	334	119	26843	917	809	106
昆明分院 Kunming Branch	336	94	9400	615	505	121
西安分院 Xi'an Branch	128	43	12756	334	298	36
兰州分院 Lanzhou Branch	542	247	28785	1381	1180	208
新疆分院 Xinjiang Branch	151	30	6274	438	408	29
其他地区 Other regions	557	249	17733	1332	1210	129
二、按学科分 By field						
数学、物理 Mathematics & physics	1841	615	135502	5219	4678	465

地区、学科及科研单位 Region, field and institute	课题数合计（个） Total projects	当年内开题数 Number of projects started	课题经费内部支出（千元） Intramural expenditure (thousand yuan)	课题组人员折合全时人数（人·年） Full-time equivalent (man·year)	科学家工程师 Scientists & engineers	其他科技人员 Other S & T personnel
化学与化工 Chemistry & chemical engineering	1414	489	96424	4168	3747	419
地学 Earth sciences	1775	764	68651	3672	3473	200
生物学 Biological sciences	2206	631	104501	5158	4603	548
技术科学 Technological sciences	2197	738	259559	6425	5715	624
其他 Others	70	14	1120	127	126	3
三、按科研单位分 By institute						
北京市 Beijing	3408	1069	270578	8876	8165	576
数学研究所 Inst. of Mathematics	32	3	276	33	33	
应用数学研究所 Inst. of Applied Mathematics	44	12	1115	80	80	
系统科学研究所 Inst. of Systems Science	211	47	3561	90	89	1
物理研究所 Inst. of Physics	56		14127	456	390	3
声学研究所 Inst. of Acoustics	163	51	9941	347	330	14
理论物理研究所 Inst. of Theoretical Physics	35	22	281	127	127	
低温技术实验中心 The Cryogenic Laboratory	35	17	1517	89	78	12
高能物理研究所 Inst. of High Energy Physics	180	45	19453	703	617	84
北京天文台 Beijing Astronomical Observatory	32		6913	159	140	10
力学研究所 Inst. of Mechanics	136	33	13559	460	408	54
化学研究所 Inst. of Chemistry	80	32	6090	286	274	10

续表5.16

地区、学科及科研单位 Region, field and institute	课题数合计(个) Total projects	当年内开题数 Number of projects started	课题经费内部支出(千元) Intramural expenditure (thousand yuan)	课题组人员折合全时人数(人·年) Full-time equivalent (man·year)	科学家工程师 Scientists & engineers	其他科技人员 Other S & T personnel
感光化学研究所 Inst. of Photographic Chemistry	70	33	3653	195	189	6
生态环境研究中心 Research Center for Eco-Environmental Sciences	132	53	5246	238	229	9
化工冶金研究所 Inst. of Chemical Metallurgy	55	20	8320	262	236	18
地理研究所 Inst. of Geography	139	39	8365	320	313	7
遥感应用研究所 Institute of Remote Sensing Application	44	20	5578	133	124	7
地质研究所 Inst. of Geology	112	49	4620	276	270	6
地球物理研究所 Inst. of Geophysics	94	41	2869	137	131	3
古脊椎动物与古人类研究所 Inst. of Vertebrate Paleontology and Paleoanthropology	51	21	606	58	56	1
大气物理研究所 Inst. of Atmospheric Physics	88	49	5631	275	265	12
自然资源综合考察委员会 Commission for Integrated Surveys of Natural Resources	64	21	5336	293	282	14
植物研究所 Inst. of Botany	102	19	3795	223	202	19
动物研究所 Inst. of Zoology	131	43	2948	230	216	12
心理研究所 Inst. of Psychology	40	12	1303	93	83	10
微生物研究所 Inst. of Microbiology	100	14	4603	327	309	22
生物物理研究所 Inst. of Biophysics	123	24	9792	327	295	40
遗传研究所 Inst. of Genetics	112	47	7601	242	212	17
发育生物学研究所 Inst. of Developmental Biology	15	2	961	68	57	11

地区、学科及科研单位 Region, field and institute	课题数合计（个） Total projects	当年内开题数 Number of projects started	课题经费内部支出（千元） Intramural expenditure (thousand yuan)	课题组人员折合全时人数（人·年） Full-time equivalent (man·year)	科学家工程师 Scientists & engineers	其他科技人员 Other S & T personnel
计算技术研究所 Inst. of Computing Technology	139	65	11628	346	303	8
计算中心 Computing Center	100	48	3276	143	143	
软件研究所 Inst. of Software	35	20	970	80	79	1
半导体研究所 Inst. of Semiconductors	30	13	15209	66	64	3
微电子中心 Microelectronics R&D Center	109	24	14772	399	350	49
电子学研究所 Inst. of Electronics	89	21	7424	197	191	7
自动化研究所 Inst. of Automation	76	23	7014	215	186	18
电工研究所 Inst. of Electric Engineering	39	11	908	109	99	8
工程热物理研究所 Inst. of Engineering Thermophysics	24	5	658	66	66	
自然科学史研究所 Inst. of History of Natural Sciences	82	17	3534	269	251	17
科技政策与管理科学研究所 Inst. of Science Policy and Management	16	4	14280	115	83	31
北京软件工程研制中心 Beijing Software Engineering Center	127	35	30722	233	208	27
空间科学与应用研究中心 Space Science and Technology Center	46	9	462	61	60	3
遥感卫星地面站 Remote-Sensing Satellite Ground Station	20	5	1661	50	47	2
河北省 Hebei Province	45	13	2162	97	95	2
石家庄农业现代化研究所 Shijiazhuang Inst. of Agricultural Modernization	45	13	2162	97	95	2

续表5.16

地区、学科及科研单位 Region, field and institute	课题数合计（个） Total projects	当年内开题数 Number of projects started	课题经费内部支出（千元） Intramural expenditure (thousand yuan)	课题组人员折合全时人数（人·年） Full-time equivalent (man·year)	科学家工程师 Scientists & engineers	其他科技人员 Other S & T personnel
山西省 Shanxi Province	58	35	3619	307	238	74
山西煤炭化学研究所 Shanxi Inst. of Coal Chemistry	58	35	3619	307	238	74
辽宁省 Liaoning Province	698	233	56316	1769	1621	156
沈阳应用生态研究所 Shenyang Inst. of Applied Ecology	134	35	3926	191	180	12
沈阳计算技术研究所 Shenyang Inst. of Computing Technology	75	51	9087	245	226	20
沈阳自动化研究所 Shenyang Inst. of Automation	104	40	18920	308	298	12
金属研究所 Inst. of Metals Research	211	73	14612	523	467	54
金属腐蚀与防护研究所 Inst. of Corrosion and Protection of Metals	62	12	1585	83	82	1
大连化学物理研究所 Dalian Inst. of Chemical Physics	112	22	8186	419	368	57
吉林省 Jilin Province	484	161	28901	1351	1218	136
长春物理研究所 Changchun Inst. of Physics	119	54	4108	317	293	21
长春人造卫星观测站 Changchun Satellite Observation Station	4	4	698	25	29	6
长春应用化学研究所 Changchun Inst. of Applied Chemistry	197	61	15008	420	378	46
长春地理研究所 Changchun Inst. of Geography	44	3	1045	104	98	5
长春光学精密机械研究所 Changchun Inst. of Optics and Fine Mechanics	120	39	8042	485	430	58
黑龙江省 Heilongjiang Province	43	5	764	70	68	3

地区、学科及科研单位 Region, field and institute	课题数合计(个) Total projects	当年内开题数 Number of projects started	课题经费内部支出(千元) Intramural expenditure (thousand yuan)	课题组人员折合全时人数(人·年) Full-time equivalent (man·year)	科学家工程师 Scientists & engineers	其他科技人员 Other S & T personnel
黑龙江农业现代化研究所 Heilongjiang Institute of Agricultural Modernization	43	5	764	70	68	3
上海市 Shanghai	1116	308	139208	4230	3703	487
上海原子核研究所 Shanghai Inst. of Nuclear Research	91	35	10890	367	338	30
上海天文台 Shanghai Observatory	49	6	5750	264	258	6
上海硅酸盐研究所 Shanghai Inst. of Ceramics	119	30	10938	450	391	63
上海有机化学研究所 Shanghai Inst. of Organic Chemistry	164	43	15392	529	464	55
上海植物生理研究所 Shanghai Inst. of Plant Physiology	70	6	6530	179	166	11
上海昆虫研究所 Shanghai Inst. of Entomology	48	16	1166	107	94	14
上海药物研究所 Shanghai Inst. of Materia Medica	62	24	5487	257	212	45
上海生理研究所 Shanghai Inst. of Physiology	38	15	2959	99	92	6
上海生物化学研究所 Shanghai Inst. of Biochemistry	38		11391	203	180	23
上海细胞生物学研究所 Shanghai Inst. of Cell Biology	54	24	4635	189	167	23
上海脑研究所 Shanghai Inst. of Brain Research	18	11	613	33	27	6
上海生物工程研究中心 Shanghai Bioengineering Research Center	25	1	2268	59	49	12
上海冶金研究所 Shanghai Inst. of Metallurgy	68	17	17201	451	391	60
上海光学精密机械研究所 Shanghai Inst. of Optics and Fine Mechanics	182	76	14769	505	438	35

地区、学科及科研单位 Region, field and institute	课题数合计（个） Total projects	当年内开题数 Number of projects started	课题经费内部支出（千元） Intramural expenditure (thousand yuan)	课题组人员折合全时人数（人·年） Full-time equivalent (man·year)	科学家工程师 Scientists & engineers	其他科技人员 Other S & T personnel
上海技术物理研究所 Shanghai Inst. of Technical Physics	90	4	29219	538	436	98
江苏省 Jiangsu Province	397	145	12835	736	714	19
紫金山天文台 Purple Mountain Observatory	120	38	2219	176	174	2
南京地理与湖泊研究所 Nanjing Inst. of Geography and Limnology	90	33	2719	111	102	6
南京地质古生物研究所 Nanjing Inst. of Geology and Palaeontology	78	37	2212	148	148	
南京土壤研究所 Nanjing Inst. of Soil Science	109	37	5685	301	290	11
安徽省 Anhui Province	279	104	21358	776	689	94
固体物理研究所 Inst. of Solid State Physics	33	20	2568	72	67	5
等离子体物理研究所 Inst. of Plasma Physics	80	20	9493	305	272	41
合肥智能机械研究所 Hefei Inst. of Intelligent Machines	35	14	569	67	65	4
安徽光学精密机械研究所 Anhui Inst. of Optics and Fine Mechanics	131	50	8728	332	285	44
福建省 Fujian Province	124	36	3810	213	201	11
福建物质结构研究所 Fujian Inst. of Research on the Structure of Matter	124	36	3810	213	201	11
山东省 Shandong Province	204	105	4814	250	323	30
海洋研究所 Inst. of Oceanology	204	105	4814	350	323	30
湖北省、湖南省 Hubei and Hunan Provinces	464	305	16257	1005	885	100

地区、学科及科研单位 Region, field and institute	课题数合计（个） Total projects	当年内开题数 Number of projects started	课题经费内部支出（千元） Intramural expenditure (thousand yuan)	课题组人员折合全时人数（人·年） Full-time equivalent (man·year)	科学家工程师 Scientists & engineers	其他科技人员 Other S & T personnel
武汉数学物理研究所 Wuhan Inst. of Mathematical Physics	10	1	347	38	38	
武汉物理研究所 Wuhan Inst. of Physics	48	18	2567	109	108	1
武汉岩土力学研究所 Wuhan Inst. of Rock and Soil Mechanics	43	35	5240	179	144	15
测量与地球物理研究所 Inst. of Geodesy and Geophysics	52	29	1915	100	82	15
武汉植物研究所 Wuhan Inst. of Botany	44	9	662	94	73	25
水生生物研究所 Inst. of Hydrobiology	138	60	2014	240	210	30
武汉病毒研究所 Wuhan Inst. of Virology	53	22	1501	117	105	12
长沙大地构造研究所 Changsha Inst. of Geotectonics	21	12	780	49	47	2
长沙农业现代化研究所 Changsha Inst. of Agricultural Modernization	55	19	1231	79	78	
广东省 Guangdong Province	609	244	18513	1009	937	62
广州人造卫星观测站 Guangzhou Satellite Observation Station	18	11	772	30	26	3
广州化学研究所 Guangzhou Inst. of Chemistry	95	41	4478	176	163	13
广州地质新技术研究所 Guangzhou Inst. of New Geotechnology	167	83	4490	194	190	4
南海海洋研究所 South China Sea Inst. of Oceanology	120	39	2988	174	165	12
华南植物研究所 South China Inst. of Botany	118	45	2538	245	221	11

续表5.16

地区、学科及科研单位 Region, field and institute	课题数合计（个） Total projects	当年内开题数 Number of projects started	课题经费内部支出（千元） Intramural expenditure (thousand yuan)	课题组人员折合全时人数（人·年） Full-time equivalent (man·year)	科学家工程师 Scientists & engineers	其他科技人员 Other S & T personnel
广州电子研究所 Guangzhou Inst. of Electronic Technology	35	6	2493	100	90	10
广州能源研究所 Guangzhou Inst. of Energy Conversion	56	19	754	90	82	9
四川省 Sichuan Province	334	119	26843	917	809	106
成都有机化学研究所 Chengdu Inst. of Organic Chemistry	55	20	2580	180	168	12
成都山地灾害与环境研究所 Chengdu Inst. of Mountain Hazards and Environment	40	15	1089	92	87	5
成都生物研究所 Chengdu Inst. of Biology	114	41	4594	243	206	42
成都计算机应用研究所 Chengdu Inst. of Computer Application	54	20	6639	134	123	9
光电技术研究所 Inst. of Optics and Electronics	71	23	11941	268	225	38
贵州省 Guizhou Province	83	55	2564	295	285	9
贵阳地球化学研究所 Guiyang Inst. of Geochemistry	83	55	2564	295	285	9
云南省 Yunnan Province	336	94	9400	615	505	121
云南天文台 Yunnan Observatory	107	38	2360	168	149	27
昆明植物研究所 Kunming Inst. of Botany	117	32	3705	214	162	57
昆明动物研究所 Kunming Inst. of Zoology	71	14	2413	161	134	26
昆明生态研究所 Kunming Inst. of Ecology	41	10	922	72	60	11
陕西省 Shaanxi Province	128	43	12756	334	298	36

地区、学科及科研单位 Region, field and institute	课题数合计（个） Total projects	当年内开题数 Number of projects started	课题经费内部支出（千元） Intramural expenditure (thousand yuan)	课题组人员折合全时人数（人·年） Full-time equivalent (man·year)	科学家工程师 Scientists & engineers	其他科技人员 Other S & T personnel
陕西天文台 Shaanxi Observatory	46	28	6242	108	97	11
西北水土保持研究所 Northwest Inst. of Soil and Water Conservation	41	7	2912	152	128	24
西安光学精密机械研究所 Xi'an Inst. of Optics and Fine Mechanics	41	8	3602	74	73	1
甘肃省、青海省 Gansu and Qinghai Provinces	542	247	28785	1381	1180	208
近代物理研究所 Inst. of Modern Physics	107	66	9390	380	275	108
兰州化学物理研究所 Lanzhou Inst. of Chemical Physics	90	31	6304	282	254	29
兰州冰川冻土研究所 Lanzhou Inst. of Glaciology and Geocryology	51	23	2930	204	174	32
兰州沙漠研究所 Lanzhou Inst. of Desert Research	56	14	2983	112	111	1
兰州地质研究所 Lanzhou Inst. of Geology	65	40	1585	60	54	6
兰州高原大气物理研究所 Lanzhou Inst. of Plateau Atmospheric Physics	78	26	2007	92	78	16
青海盐湖研究所 Qinghai Inst. of Saline Lakes	45	28	2263	164	148	15
西北高原生物研究所 Northwest Inst. of Plateau Biology	50	19	1326	87	86	1
新疆维吾尔自治区 Xinjiang Uygur Autonomous Region	151	30	6274	438	408	29
新疆物理研究所 Xinjiang Inst. of Physics	29	9	1525	91	89	3
乌鲁木齐天文工作站 Urumqi Astronomic Working Station	13	2	590	46	39	8

续表5.16

地区、学科及科研单位 Region, field and institute	课题数合计（个） Total projects	当年内开题数 Number of projects started	课题经费内部支出（千元） Intramural expenditure (thousand yuan)	课题组人员折合全时人数（人·年） Full-time equivalent (man·year)	科学家工程师 Scientists & engineers	其他科技人员 Other S & T personnel
新疆化学研究所 Xinjiang Inst. of Chemistry	18	4	540	47	46	1
新疆地理研究所 Xinjiang Inst. of Geography	34	10	1525	95	88	7
新疆生物土壤沙漠研究所 xinjiang Inst. of Biology, Pedology and Desert Research	57	5	2094	159	146	10

5.17 科研机构课题

Total Research Projects in CAS

地区、学科及科研单位 Region, field and institute	基础研究课题 (个) Basic research	课题经费内部支出 (千元) Intramural expenditure (thousand yuan)	课题组人员折合全时人数 (人·年) Full-time equivalent (man·year)	科学家工程师 Scientists & engineers	应用研究课题 (个) Applied research
总计 Total	**3223**	**149309**	**7223**	**6735**	**4800**
一、按地区分 By region					
北京地区 Beijing	1343	71009	3174	2985	1623
沈阳分院 Shenyang Branch	113	2944	231	222	403
长春分院 Changchun Branch	105	5511	204	195	274
上海分院 Shanghai Branch	395	30018	1173	1082	591
南京分院 Nanjing Branch	206	4130	320	317	173
合肥分院 Hefei Branch	85	8770	272	249	151
武汉分院 Wuhan Branch	152	3901	307	274	237
广州分院 Guangzhou Branch	170	3518	237	227	327
成都分院 Chengdu Branch	41	787	76	67	178
昆明分院 Kunming Branch	127	2811	209	186	136
西安分院 Xi'an Branch	16	504	31	29	69
兰州分院 Lanzhou Branch	263	9391	543	481	252
新疆分院 Xinjiang Branch	28	1234	89	79	85
其他地区 Other regions	179	4781	357	342	301
二、按学科分 By field					
数学、物理 Mathematics & physics	850	49759	2124	1989	750

按活动类型分类（一）（1992年）

Research Units, by Type of Research (1): 1992

课题经费内部支出（千元）Intramural expenditure (thousand yuan)	课题组人员折合全时人数（人·年）Full-time equivalent (man·year)	科学家工程师 Scientists & engineers	试验发展课题（个）Experimental development	课题经费内部支出（千元）Intramural expenditure (thousand yuan)	课题组人员折合全时人数（人·年）Full-time equivalent (man·year)	科学家工程师 Scientists & engineers
340535	**12610**	**11392**	**767**	**81628**	**2513**	**2203**
141730	4281	3966	178	21354	501	461
22507	890	816	141	25376	509	463
15282	737	672	65	5455	272	234
81955	2344	2020	59	9979	332	277
7541	368	354	6	228	22	20
9721	387	350	6	243	17	16
7046	514	464	64	2104	116	99
7542	521	483	67	4758	148	135
11096	459	416	54	5016	200	167
3578	246	204	40	1909	88	63
4174	183	161	10	975	45	44
16199	755	625	6	337	12	11
3167	237	224	30	1558	92	89
8997	688	637	41	2336	159	124
59264	2290	2010	87	8373	355	322

地区、学科及科研单位 Region, field and institute	基础研究课题(个) Basic research	课题经费内部支出(千元) Intramural expenditure (thousand yuan)	课题组人员折合全时人数(人·年) Full-time equivalent (man·year)	科学家工程师 Scientists & engineers	应用研究课题(个) Applied research
化学与化工 Chemistry & chemical engineering	381	17953	955	918	791
地学 Earth sciences	859	26960	1618	1529	821
生物学 Biological sciences	770	36967	1794	1608	1183
技术科学 Technological sciences	327	16906	653	613	1221
其他 Others	36	764	79	78	34
三、按科研机构分 By research unit					
北京市 Beijing	1343	71009	3174	2985	1623
数学研究所 Inst. of Mathematics	23	227	22	22	9
应用数学研究所 Inst. of Applied Mathematics	30	724	58	58	13
系统科学研究所 Inst. of Systems Science	140	2980	70	69	55
物理研究所 Inst. of Physics	38	9676	272	243	18
声学研究所 Inst. of Acoustics	28	531	43	42	111
理论物理研究所 Inst. of Theoretical Physics	35	281	127	127	
低温技术实验中心 Cryogenic Laboratory	14	452	35	32	14
高能物理研究所 Inst. of High Energy Physics	94	9507	379	344	63
北京天文台 Beijing Astronomical Observatory	22	5193	106	102	7
力学研究所 Inst. of Mechanics	19	1147	53	52	98
化学研究所 Inst. of Chemistry	25	641	74	72	46
感光化学研究所 Inst. of Photographic Chemistry	26	1396	80	79	37

课题经费内部支出（千元）Intramural expenditure (thousand yuan)	课题组人员折合全时人数（人·年）Full-time equivalent (man·year)	科学家工程师 Scientists & engineers	试验发展课题（个）Experimental development	课题经费内部支出（千元）Intramural expenditure (thousand yuan)	课题组人员折合全时人数（人·年）Full-time equivalent (man·year)	科学家工程师 Scientists & engineers
57442	2353	2103	128	11188	409	339
32864	1797	1702	35	5698	83	78
57310	2790	2509	167	5777	359	305
133299	3332	3020	350	50592	1307	1159
356	48	48				
141730	4281	3966	178	21354	501	461
49	11	11				
386	21	21				
439	18	18				
4451	184	147				
8383	251	240	6	355	13	12
565	33	29	3	184	14	12
6847	258	225	10	1676	26	20
864	32	26				
8968	329	297	11	918	39	32
3496	177	167	3	985	13	13
1679	90	86	2	223	5	4

地区、学科及科研单位 Region, field and institute	基础研究课题（个） Basic research	课题经费内部支出（千元） Intramural expenditure (thousand yuan)	课题组人员折合全时人数（人·年） Full-time equivalent (man·year)		应用研究课题（个） Applied research
				科学家工程师 Scientists & engineers	
生态环境研究中心 Research Center for Eco-Environmental Sciences	28	683	43	42	92
化工冶金研究所 Inst. of Chemical Metallurgy					49
地理研究所 Inst. of Geography	80	2632	176	171	53
遥感应用研究所 Inst. of Remote Sensing Application	5	121	11	11	34
地质研究所 Inst. of Geology	69	3073	189	184	42
地球物理研究所 Inst. of Geophysics	62	1679	81	76	28
古脊椎动物与古人类研究所 Inst. of Vertebrate Paleontology and Paleoanthropology	50	593	56	55	1
大气物理研究所 Inst. of Atmospheric Physics	48	3608	147	143	38
自然资源综合考察委员会 Commission for Integrated Surveys of Natural Resources	7	571	19	19	45
植物研究所 Inst. of Botany	50	1573	102	90	50
动物研究所 Inst. of Zoology	74	1487	134	126	54
心理研究所 Inst. of Psychology	33	584	77	68	7
微生物研究所 Inst. of Microbiology	50	2577	142	133	48
生物物理研究所 Inst. of Biophysics	70	7340	198	182	42
遗传研究所 Inst. of Genetics	24	1923	78	67	85
发育生物学研究所 Inst. of Developmental Biology	7	276	27	23	8

续表5.17

课题经费内部支出（千元） Intramural expenditure (thousand yuan)	课题组人员折合全时人数（人·年） Full-time equivalent (man·year)	科学家工程师 Scientists & engineers	试验发展课题（个） Experimental development	课题经费内部支出（千元） Intramural expenditure (thousand yuan)	课题组人员折合全时人数（人·年） Full-time equivalent (man·year)	科学家工程师 Scientists & engineers
4091	159	154	5	353	27	25
7546	239	214	4	526	14	14
2306	129	127	6	3427	15	15
4166	108	99	2	1158	7	7
1461	84	83	1	86	3	3
1109	51	50	1	15	1	1
13	2	1				
1930	116	111	2	93	12	11
3408	177	171	3	391	16	15
2112	111	102				
1415	91	85				
719	16	15				
1922	177	170	1	52	4	4
1977	104	92	2	39	4	4
5553	160	141				
685	41	34				

地区、学科及科研单位 Region, field and institute	基础研究课题（个） Basic research	课题经费内部支出（千元） Intramural expenditure (thousand yuan)	课题组人员折合全时人数（人·年） Full-time equivalent (man·year)	科学家工程师 Scientists & engineers	应用研究课题（个） Applied research
计算技术研究所 Inst. of Computing Technology	3	39	5	5	57
计算中心 Computing Center	57	1179	80	80	34
软件研究所 Inst. of Software	6	109	7	7	23
半导体研究所 Inst. of Semiconductors	12	5486	27	22	106
微电子中心 Microelectronics R&D Center					28
电子学研究所 Inst. of Electronics	18	492	27	26	56
自动化研究所 Inst. of Automation	1	3	1	1	52
电工研究所 Inst. of Electric Engineering					12
工程热物理研究所 Inst. of Engineering Thermophysics	4	54	10	7	31
自然科学史研究所 Inst. of History of Natural Sciences	24	658	66	66	
科技政策与管理科学研究所 Institute of Science Policy and Management	12	106	13	12	34
北京软件工程研制中心 Beijing Software Engineering Center					10
空间科学与应用研究中心 Space Science and Technology Center	55	1408	139	127	20
遥感卫星地面站 Remote Sensing Satellite Ground Station					13
河北省 Hebei Province	10	132	14	14	27
石家庄农业现代化研究所 Shijiazhuang Inst. of Agricultural Modernization	10	132	14	14	27
山西省 Shanxi Province					36

课题经费内部支出（千元）Intramural expenditure (thousand yuan)	课题组人员折合全时人数（人·年）Full-time equivalent (man·year)	科学家工程师 Scientists & engineers	试验发展课题（个）Experimental development	课题经费内部支出（千元）Intramural expenditure (thousand yuan)	课题组人员折合全时人数（人·年）Full-time equivalent (man·year)	科学家工程师 Scientists & engineers
7704	149	144	65	3424	138	128
747	42	42	6	1338	16	16
626	49	49	3	105	11	11
22074	185	168	3	422	5	5
14891	60	59				
10634	216	198	3	155	6	6
3535	96	95	9	1300	27	27
1291	59	53	21	3811	67	58
532	82	75	2	145	10	10
356	48	48				
948	25	24				
1513	82	77	2	94	4	4
339	19	18	2	79	4	4
1722	64	63	8	308	19	18
1722	64	63	8	308	19	18
1387	131	114	19	1727	115	82

地区、学科及科研单位 Region, field and institute	基础研究课题（个）Basic research	课题经费内部支出（千元）Intramural expenditure (thousand yuan)	课题组人员折合全时人数（人·年）Full-time equivalent (man·year)		应用研究课题（个）Applied research
				科学家工程师 Scientists & engineers	
山西煤炭化学研究所 Shanxi Inst. of Coal Chemistry					36
辽宁省 Liaoning Province	113	2944	231	222	403
沈阳应用生态研究所 Shenyang Inst. of Applied Ecology	34	542	38	35	92
沈阳计算技术研究所 Shenyang Inst. of Computing Technology	4	65	4	4	19
沈阳自动化研究所 Shenyang Inst. of Automation					48
金属研究所 Inst. of Metals Research	31	975	68	66	134
金属腐蚀与防护研究所 Inst. of Corrosion and Protection of Metals	12	466	17	16	37
大连化学物理研究所 Dalian Inst. of Chemical Physics	32	896	104	101	73
吉林省 Jilin Province	105	5511	204	195	274
长春物理研究所 Changchun Inst. of Physics	22	435	48	45	69
长春人造卫星观测站 Changchun Satellite Observation Station	1	76	3	3	2
长春应用化学研究所 Changchun Inst. of Applied Chemistry	66	4828	127	121	103
长春地理研究所 Changchun Inst. of Geography	12	152	22	22	22
长春光学精密机械研究所 Changchun Inst. of Optics and Fine Mechanics	4	20	4	4	78
黑龙江省 Heilongjiang Province					35
黑龙江农业现代化研究所 Heilongjiang Institute of Agricultural Modernization					35

续表5.17

课题经费内部支出（千元）Intramural expenditure (thousand yuan)	课题组人员折合全时人数（人·年）Full-time equivalent (man·year)	科学家工程师 Scientists & engineers	试验发展课题（个）Experimental development	课题经费内部支出（千元）Intramural expenditure (thousand yuan)	课题组人员折合全时人数（人·年）Full-time equivalent (man·year)	科学家工程师 Scientists & engineers
1387	131	114	19	1727	115	82
22507	890	816	141	25376	509	463
3086	138	130	1	8	2	2
822	49	47	52	8200	192	175
2162	76	75	49	14577	205	196
9366	310	282	26	2234	92	72
762	48	48	13	357	18	18
6309	269	234				
15282	737	672	65	5455	272	234
2193	179	167	3	161	13	12
423	14	13				
8355	238	209	28	1825	55	48
657	61	58	2	14	4	3
3654	245	225	32	3455	200	171
578	53	51	5	154	12	12

地区、学科及科研单位 Region, field and institute	基础研究课题 (个) Basic research	课题经费内部支出 (千元) Intramural expenditure (thousand yuan)	课题组人员折合全时人数 (人·年) Full-time equivalent (man·year)		应用研究课题 (个) Applied research
				科学家工程师 Scientists & engineers	
上海市 Shanghai	395	30018	1173	1082	591
上海原子核研究所 Shanghai Inst. of Nuclear Research	24	1693	72	71	62
上海天文台 Shanghai Observatory	24	1510	107	106	11
上海硅酸盐研究所 Shanghai Inst. of Ceramics	35	1551	104	99	74
上海有机化学研究所 Shanghai Inst. of Organic Chemistry	51	4589	176	165	58
上海植物生理研究所 Shanghai Inst. of Plant Physiology	30	1488	69	61	36
上海昆虫研究所 Shanghai Inst. of Entomology	15	315	31	25	28
上海药物研究所 Shanghai Inst. of Materia Medica	8	762	30	26	54
上海生理研究所 Shanghai Inst. of Physiology	37	2861	95	88	
上海生物化学研究所 Shanghai Inst. of Biochemistry	24	7094	129	112	11
上海细胞生物学研究所 Shanghai Inst. of Cell Biology	42	1790	113	103	12
上海脑研究所 Shanghai Inst. of Brain Research	16	548	29	23	1
上海生物工程研究中心 Shanghai Bioengineering Research Center					24
上海冶金研究所 Shanghai Inst. of Metallurgy	15	380	42	38	46
上海光学精密机械研究所 Shanghai Inst. of Optics and Fine Mechanics	40	2752	89	83	132
上海技术物理研究所 Shanghai Inst. of Technical Physics	34	2685	87	82	42

续表5.17

课题经费内部支出（千元） Intramural expenditure (thousand yuan)	课题组人员折合全时人数（人·年） Full-time equivalent (man·year)	科学家工程师 Scientists & engineers	试验发展课题（个） Experimental development	课题经费内部支出（千元） Intramural expenditure (thousand yuan)	课题组人员折合全时人数（人·年） Full-time equivalent (man·year)	科学家工程师 Scientists & engineers
578	53	51	5	154	12	12
81955	2344	2020	59	9979	332	277
8637	236	216	4	508	57	49
1729	61	60	8	1412	46	46
8336	294	249	7	723	31	24
6861	186	158	17	1319	52	42
4814	94	90				
722	67	60	5	129	9	9
4725	227	186				
3796	60	56				
2845	76	64				
60	2	2				
2213	56	46	1	55	3	3
9439	348	301	2	603	15	11
7194	320	282	3	141	11	9

地区、学科及科研单位 Region, field and institute	基础研究课题 (个) Basic research	课题经费内部支出 (千元) Intramural expenditure (thousand yuan)	课题组人员折合全时人数 (人·年) Full-time equivalent (man·year)	科学家工程师 Scientists & engineers	应用研究课题 (个) Applied research
江苏省 Jiangsu Province	206	4130	320	317	173
紫金山天文台 Purple Mountain Observatory	94	1463	123	121	21
南京地理与湖泊研究所 Nanjing Institute of Geography and Limnology	21	694	29	28	66
南京地质古生物研究所 Nanjing Inst. of Geology and Palaeontology	70	1477	128	128	8
南京土壤研究所 Nanjing Inst. of Soil Science	21	496	40	40	78
安徽省 Anhui Province	85	8770	272	249	151
固体物理研究所 Inst. of Solid State Physics	13	1249	28	26	20
等离子体物理研究所 Inst. of Plasma Physics	57	6959	214	194	23
合肥智能机械研究所 Hefei Inst. of Intelligent Machines					30
安徽光学精密机械研究所 Anhui Inst. of Optics and Fine Mechanics	15	562	30	29	78
福建省 Fujian Province	56	1811	106	103	42
福建物质结构研究所 Fujian Inst. of Research on the Structure of Matter	56	1811	106	103	42
山东省 Shandong Province	81	1774	128	119	115
海洋研究所 Inst. of Oceanology	81	1774	128	119	115

续表5.17

课题经费内部支出（千元）Intramural expenditure (thousand yuan)	课题组人员折合全时人数（人·年）Full-time equivalent (man·year)	科学家工程师 Scientists & engineers	试验发展课题（个）Experimental development	课题经费内部支出（千元）Intramural expenditure (thousand yuan)	课题组人员折合全时人数（人·年）Full-time equivalent (man·year)	科学家工程师 Scientists & engineers
20584	317	250	12	5089	108	84
7541	368	354	6	228	22	20
569	47	47	1	4	1	1
1998	79	72				
735	20	20				
4239	222	215	5	224	21	19
9721	387	350	6	243	17	16
1319	44	41				
2534	91	78				
507	55	53	1	1	1	1
5361	197	178	5	242	16	15
966	60	54	7	130	9	8
966	60	54	7	130	9	8
2953	213	195	1	4	1	1

地区、学科及科研单位 Region, field and institute	基础研究课题（个） Basic research	课题经费内部支出（千元） Intramural expenditure (thousand yuan)	课题组人员折合全时人数（人·年） Full-time equivalent (man·year)	科学家工程师 Scientists & engineers	应用研究课题（个） Applied research
湖北省、湖南省 Hubei and Hunan Provinces	152	3901	307	274	237
武汉数学物理研究所 Wuhan Inst. of Mathematical Physics	9	287	33	33	1
武汉物理研究所 Wuhan Inst. of Physics	20	1125	49	49	22
武汉岩土力学研究所 Wuhan Inst. of Rock and Soil Mechanics	9	110	12	11	20
测量与地球物理研究所 Inst. of Geodesy and Geophysics	28	930	51	42	24
武汉植物研究所 Wuhan Inst. of Botany	15	141	28	20	20
水生生物研究所 Inst. of Hydrobiology	37	501	65	56	81
武汉病毒研究所 Wuhan Inst. of Virology	19	284	41	35	34
长沙大地构造研究所 Changsha Inst. of Geotectonics	10	382	20	20	10
长沙农业现代化研究所 Changsha Inst. of Agricultural Modernization	5	141	8	8	25
广东省 Guangdong Province	170	3518	237	227	327
广州人造卫星观测站 Guangzhou Satellite Observation Station	1	46	3	1	9
广州化学研究所 Guangzhou Inst. of Chemistry	18	254	24	23	57
广州地质新技术研究所 Guangzhou Institute of New Geotechnology	83	2069	90	87	76
南海海洋研究所 South China Sea Inst. of Oceanology	38	690	51	50	72
华南植物研究所 South China Inst. of Botany	26	413	65	62	73

续表5.17

课题经费内部支出（千元）Intramural expenditure (thousand yuan)	课题组人员折合全时人数（人·年）Full-time equivalent (man·year)	科学家工程师 Scientists & engineers	试验发展课题（个）Experimental development	课题经费内部支出（千元）Intramural expenditure (thousand yuan)	课题组人员折合全时人数（人·年）Full-time equivalent (man·year)	科学家工程师 Scientists & engineers
2953	213	195	1	4	1	1
7046	514	464	64	2104	116	99
60	5	5				
1152	49	48	6	290	11	11
1036	74	65	4	922	28	23
985	49	40				
419	49	40	9	102	17	13
1219	144	131	20	294	31	23
1217	76	70				
364	26	24				
594	42	41	25	496	29	29
7542	521	483	67	4758	148	135
356	14	13	2	9	2	2
1349	100	94	20	2875	52	46
2334	97	96	4	44	3	3
1470	103	95	5	97	8	8

地区、学科及科研单位 Region, field and institute	基础研究课题 （个） Basic research	课题经费内部支出 （千元） Intramural expenditure (thousand yuan)	课题组人员折合全时人数 （人·年） Full-time equivalent (man·year)	科学家工程师 Scientists & engineers	应用研究课题 （个） Applied research
广州电子研究所 Guangzhou Inst. of Electronic Technology					4
广州能源研究所 Guangzhou Inst. of Energy Conversion	4	46	4	4	36
四川省 Sichuan Province	41	787	76	67	178
成都有机化学研究所 Chengdu Inst. of Organic Chemistry	4	146	14	14	26
成都山地灾害与环境研究所 Chengdu Inst. of Mountain Hazards and Environment	6	148	14	14	29
成都生物研究所 Chengdu Inst. of Biology	24	449	42	33	54
成都计算机应用研究所 Chengdu Inst. of Computer Application	7	44	6	6	26
光电技术研究所 Inst. of Optics and Electronics					43
贵州省 Guizhou Province	32	1064	109	106	46
贵阳地球化学研究所 Guiyang Inst. of Geochemistry	32	1064	109	106	46
云南省 Yunnan Province	127	2811	209	186	136
云南天文台 Yunnan Observatory	62	972	99	90	31
昆明植物研究所 Kunming Inst. of Botany	30	795	41	33	46
昆明动物研究所 Kunming Inst. of Zoology	25	852	50	48	29
昆明生态研究所 Kunming Inst. of Ecology	10	192	19	15	30
陕西省 Shaanxi Province	16	504	31	29	69
陕西天文台 Shaanxi Observatory	7	101	11	11	11

续表5.17

课题经费内部支出（千元）Intramural expenditure (thousand yuan)	课题组人员折合全时人数（人·年）Full-time equivalent (man·year)	科学家工程师 Scientists & engineers	试验发展课题（个）Experimental development	课题经费内部支出（千元）Intramural expenditure (thousand yuan)	课题组人员折合全时人数（人·年）Full-time equivalent (man·year)	科学家工程师 Scientists & engineers
1559	134	118	16	466	37	33
53	8	8	17	1255	43	40
421	65	59	3	12	3	3
11096	459	416	54	5016	200	167
1418	87	82	9	324	23	20
913	72	68	2	13	3	3
2322	116	101	25	1189	64	54
2059	69	65	2	37	5	5
4384	115	100	16	3453	105	85
1391	167	160	1	13	3	3
1391	167	160	1	13	3	3
3578	246	204	40	1909	88	63
1008	44	38				
1095	77	63	27	1165	56	41
753	73	59	13	744	32	22
722	52	44				
4174	183	161	10	975	45	44

地区、学科及科研单位 Region, field and institute	基础研究课题 (个) Basic research	课题经费内部支出 (千元) Intramural expenditure (thousand yuan)	课题组人员折合全时人数 (人·年) Full-time equivalent (man·year)	科学家工程师 Scientists & engineers	应用研究课题 (个) Applied research
西北水土保持研究所 Northwest Inst. of Soil and Water Conservation	4	262	14	12	32
西安光学精密机械研究所 Xi'an Inst. of Optics and Fine Mechanics	5	141	6	6	26
甘肃省、青海省 Gansu and Qinghai Provinces	263	9391	543	481	252
近代物理研究所 Inst. of Modern Physics	58	2807	140	123	46
兰州化学物理研究所 Lanzhou Inst. of Chemical Physics	24	616	59	58	58
兰州冰川冻土研究所 Lanzhou Inst. of Glaciology and Geocryology	30	1954	137	111	19
兰州沙漠研究所 Lanzhou Inst. of Desert Research	24	534	33	33	31
兰州地质研究所 Lanzhou Inst. of Geology	55	1315	55	49	10
兰州高原大气物理研究所 Lanzhou Inst. of Plateau Atmospheric Physics	39	1235	51	43	28
青海盐湖研究所 Qinghai Inst. of Saline Lakes	13	408	34	31	32
西北高原生物研究所 Northwest Inst. of Plateau Biology	20	522	34	33	28
新疆维吾尔自治区 Xinjiang Uygur Autonomous Region	28	1234	89	79	85
新疆物理研究所 Xinjiang Inst. of Physics					10
乌鲁木齐天文工作站 Urumqi Astronomic Working Station	6	208	17	14	4

续表5.17

课题经费内部支出（千元）Intramural expenditure (thousand yuan)	课题组人员折合全时人数（人·年）Full-time equivalent (man·year)		试验发展课题（个）Experimental development	课题经费内部支出（千元）Intramural expenditure (thousand yuan)	课题组人员折合全时人数（人·年）Full-time equivalent (man·year)	
		科学家工程师 Scientists & engineers				科学家工程师 Scientists & engineers
202	16	16	8	587	31	30
2275	121	100	1	325	9	9
1697	46	45	1	63	5	5
16199	755	625	6	337	12	11
6548	236	148				
3624	174	153	1	14	1	1
904	61	57	1	2	2	2
1937	77	76				
270	5	5				
330	28	25	3	311	3	2
1855	130	117				
731	44	44	1	10	6	6
3167	237	224	30	1558	92	89
474	33	31	19	1051	58	58
72	10	10	2	296	16	14

地区、学科及科研单位 Region, field and institute	基础研究课题 （个） Basic research	课题经费内部支出 （千元） Intramural expenditure (thousand yuan)	课题组人员折合全时人数 （人·年） Full-time equivalent (man·year)	科学家工程师 Scientists & engineers	应用研究课题 （个） Applied research
新疆化学研究所 Xinjiang Inst. of Chemistry	3	134	10	10	8
新疆地理研究所 Xinjiang Inst. of Geography	9	265	21	18	24
新疆生物土壤沙漠研究所 Xinjiang Inst. of Biology, Pedology and Desert Research	10	627	41	37	39

续表5.17

课题经费内部支出（千元）Intramural expenditure (thousand yuan)	课题组人员折合全时人数（人·年）Full-time equivalent (man·year)	科学家工程师 Scientists & engineers	试验发展课题（个）Experimental development	课题经费内部支出（千元）Intramural expenditure (thousand yuan)	课题组人员折合全时人数（人·年）Full-time equivalent (man·year)	科学家工程师 Scientists & engineers
170	19	18	6	164	12	12
1230	72	69	1	30	2	1
1221	103	96	2	17	4	4

5.18 科研机构课题按

Total Research Projects in CAS

地区及学科 Region and field	研究与试验发展成果应用课题（个） Application of R&D results	课题经费内部支出（千元） Intramural expenditure (thousand yuan)	课题组人员折合全时人数（人·年） Full-time equivalent (man·year)	科学家工程师 Scientists & engineers	科技服务课题（个） S & T services
总计 Total	**449**	**49082**	**1537**	**1333**	**234**
一、按地区分 By region					
北京地区 Beijing	163	11911	454	412	91
沈阳分院 Shenyang Branch	35	5280	126	107	5
长春分院 Changchun Branch	33	2360	118	103	6
上海分院 Shanghai Branch	50	9885	274	232	19
南京分院 Nanjing Branch	7	770	22	20	5
合肥分院 Hefei Branch	20	1490	59	50	9
武汉分院 Wuhan Branch	5	2514	34	21	6
广州分院 Guangzhou Branch	40	1979	94	83	5
成都分院 Chengdu Branch	52	8347	164	143	8
昆明分院 Kunming Branch					31
西安分院 Xi'an Branch	14	960	26	24	18
兰州分院 Lanzhou Branch	7	2090	50	44	12

活动类型分类（二）（1992年）

Research Units，by Type of Research (2)：1992

课题经费内部支出（千元）Intramural expenditure (thousand yuan)	课题组人员折合全时人数（人·年）Full-time equivalent (man·year)	科学家工程师 Scientists & engineers	生产性活动课题（个）Production activities	课题经费内部支出（千元）Intramural expenditure (thousand yuan)	课题组人员折合全时人数（人·年）Full-time equivalent (man·year)	科学家工程师 Scientists & engineers
36163	**795**	**602**	**30**	**9040**	**91**	**77**
22887	442	319	10	1687	24	22
192	11	11	1	17	2	2
258	17	11	1	35	3	3
2001	78	65	2	5370	29	27
166	4	3				
283	19	11	8	851	22	13
692	34	27				
716	9	9				
1583	16	14	1	14	2	2
1031	70	50	2	71	2	2
5683	47	38	1	460	2	2
254	18	17	2	514	3	2

地区及学科 Region and field	研究与试验发展成果应用课题（个） Application of R&D results	课题经费内部支出（千元） Intramural expenditure (thousand yuan)	课题组人员折合全时人数（人·年） Full-time equivalent (man·year)	科学家工程师 Scientists & engineers	科技服务课题（个） S & T services
新疆分院 Xinjiang Branch	2	275	9	7	6
其他地区 Other regions	21	1221	107	87	13
二、按学科分 By field					
数学、物理 Mathematics & physics	68	6364	204	170	85
化学与化工 Chemistry & chemical engineering	86	8407	390	335	28
地学 Earth sciences	24	695	60	59	31
生物学 Biological sciences	55	3170	139	125	27
技术科学 Technological sciences	216	30446	744	644	63
其他 Others					

续表5.18

课题经费内部支出（千元）Intramural expenditure (thousand yuan)	课题组人员折合全时人数（人·年）Full-time equivalent (man·year)	科学家工程师 Scientists & engineers	生产性活动课题（个）Production activities	课题经费内部支出（千元）Intramural expenditure (thousand yuan)	课题组人员折合全时人数（人·年）Full-time equivalent (man·year)	科学家工程师 Scientists & engineers
40	11	9				
377	19	18	2	21	2	2
11695	241	182	1	47	5	5
1434	61	52				
1864	106	98	5	570	8	7
1183	70	50	4	94	6	6
19987	317	220	20	8329	72	59

5.19 科研机构课题

Statistics of Research Projects

地区及学科 Region and field	自然科学 Natural sciences			工程技术 Engineering & technology		
	课题数合计（个） Total projects	课题经费内部支出（千元） Intramural expenditure (thousand yuan)	课题组人员折合全时人数（人·年） Full-time equivalent (man·year)	课题数合计（个） Total projects	课题经费内部支出（千元） Intramural expenditure (thousand yuan)	课题组人员折合全时人数（人·年） Full-time equivalent (man·year)
总计 Total	**6203**	**351285**	**15103**	**2748**	**291597**	**8394**
一、按地区分 By region						
北京地区 Beijing	2341	151698	5948	969	116471	2718
沈阳分院 Shenyang Branch	175	5605	414	469	48591	1269
长春分院 Changchun Branch	261	17264	616	217	11415	716
上海分院 Shanghai Branch	684	65740	2264	395	70084	1816
南京分院 Nanjing Branch	272	7154	450	21	486	24
合肥分院 Hefei Branch	163	14826	478	115	6525	297
武汉分院 Wuhan Branch	381	14319	877	38	1090	65
广州分院 Guangzhou Branch	452	12938	692	141	5242	291
成都分院 Chengdu Branch	128	6493	303	133	17875	456
昆明分院 Kunming Branch	313	8867	568	7	187	18
西安分院 Xi'an Branch	62	6633	161	50	4243	102

按学科领域分类（1992年）

in CAS Research Units，by Field of Study：1992

医学科学 Medical sciences			农业科学 Agricultural sciences			社会人文科学 Social sciences and humanities		
课题数合计（个）Total projects	课题经费内部支出（千元）Intramural expenditure（thousand yuan）	课题组人员折合全时人数（人·年）Full-time equivalent（man·year）	课题数合计（个）Total project	课题经费内部支出（千元）Intramural expenditure（thousand yuan）	课题组人员折合全时人数（人·年）Full-time equivalent（man·year）	课题数合计（个）Total projects	课题经费内部支出（千元）Intramural expenditure（thousand yuan）	课题组人员折合全时人数（人·年）Full-time equivalent（man·year）
71	**4146**	**225**	**396**	**16772**	**867**	**85**	**1957**	**180**
8	377	22	16	682	39	74	1350	149
1	21	4	53	2099	82			
1	13	3	4	193	15	1	16	1
35	3122	133				2	262	17
			103	5184	261	1	11	1
						1	7	1
2	21	4	43	827	59			
3	61	5	12	267	20	1	5	1
11	241	31	61	2232	126	1	2	1
10	290	23	6	56	6			
			14	1603	68	2	277	3

地区及学科 Region and field	自然科学 Natural sciences			工程技术 Engineering & technology		
	课题数合计（个） Total projects	课题经费内部支出（千元） Intramural expenditure (thousand yuan)	课题组人员折合全时人数（人·年） Full-time equivalent (man·year)	课题数合计（个） Total projects	课题经费内部支出（千元） Intramural expenditure (thousand yuan)	课题组人员折合全时人数（人·年） Full-time equivalent (man·year)
兰州分院 Lanzhou Branch	452	24009	1143	70	3387	186
新疆分院 Xinjiang Branch	113	4279	309	28	1581	93
其他地区 Other regions	406	11460	880	95	4420	343
二、按学科分 By field						
数学、物理 Mathematics & physics	1530	109021	4200	296	25439	973
化学与化工 Chemistry & chemical engineering	949	60809	2570	460	35407	1586
地学 Earth sciences	1611	62306	3309	87	3638	183
生物学 Biological sciences	1663	79685	3905	163	7209	366
技术科学 Technological sciences	450	39464	1119	1739	219884	5282
其他 Others				3	20	4

续表5.19

医学科学 Medical sciences			农业科学 Agricultural sciences			社会人文科学 Social sciences and humanities		
课题数合计（个） Total projects	课题经费内部支出（千元） Intramural expenditure (thousand yuan)	课题组人员折合全时人数（人·年） Full-time equivalent (man·year)	课题数合计（个） Total project	课题经费内部支出（千元） Intramural expenditure (thousand yuan)	课题组人员折合全时人数（人·年） Full-time equivalent (man·year)	课题数合计（个） Total projects	课题经费内部支出（千元） Intramural expenditure (thousand yuan)	课题组人员折合全时人数（人·年） Full-time equivalent (man·year)
			20	1389	52			
			9	396	32	1	18	4
			55	1844	107	1	9	2
8	474	22	1	110	6	6	458	18
1	20	1	1	28	3	3	160	8
1	13	3	70	2562	154	6	132	23
57	3551	185	323	14056	702			
4	88	14	1	16	2	3	107	8
						67	1100	123

5.20 科研机构 R&D 课题数按社会经济目标分类（1992年）

R&D Projects in CAS Research Units, by Socio-Economic Objectives: 1992

单位：个

社会经济目标 Socio-economic objectives	课题数合计 Total projects	数学、物理 Mathemaitcs & physics	化学与化工 Chemistry & chemical engineering	地学 Earth sciences	生物学 Biological sciences	技术科学 Technological sciences	其他 Other
合计 Total	**8790**	**1687**	**1300**	**1715**	**2120**	**1898**	**70**
陆地海洋与大气的开发与估价 Exploration and assessment of the earth, the seas and the atmosphere	844	45	10	739	13	37	
民用宇宙空间 Civil space	231	55	8	25	6	137	
农业、林业与渔业的发展 Development of agriculture, forestry and fishing	1111	16	44	117	918	16	
促进工业的发展 Promotion of industrial development	925	81	369	32	54	384	5
能源的生产、储存和分配 Production, conservation and distribution of energy	452	100	91	111	18	132	
交通、通讯事业的发展 Development of transport and communication	139	47	20	5		66	1
教育事业的发展 Development of educational services	17		1		10	6	
卫生事业的发展 Development of health services	399	35	65	3	254	42	
社会发展和社会经济服务 Social development and socio-economic services	437	143	62	111	60	58	3
环境保护 Protection of environment	382	29	103	91	141	15	3
知识全面发展 General development of knowledge	3023	953	389	439	609	597	36
国防 National defense	413	97	53	2	2	259	
其他目标 Other aims	417	86	85	40	35	149	22

5.21 科研机构R&D课题经费内部支出按社会经济目标分类（1992年）

Intramural Expenditure for R&D Projects in CAS Research Units, by Socio-Economic Objectives: 1992

单位：千元（thousand yuan）

社会经济目标 Socio-economic objectives	课题经费内部支出 Intramural expenditure	数学物理 Mathematics & physics	化学与化工 Chemistry & chemical engineering	地学 Earth sciences	生物学 Biological sciences	技术科学 Technological sciences	其他 Others
合计 Total	**571472**	**117396**	**86583**	**65522**	**100054**	**200797**	**1120**
陆地海洋与大气的开发与估价 Exploration and assessment of the earth, the seas and the atmosphere	35901	3423	355	27432	511	4180	
民用宇宙空间开发 Exploration civil space	29074	3305	386	1383	219	23781	
农业、林业与渔业的发展 Development of agriculture, forestry and fishing	50048	1120	2371	7856	37483	1218	
促进工业的发展 Promotion of industrial development	94306	6054	30208	896	3010	54001	137
能源的生产、储存和分配 Production, conservation and distribution of energy	31128	9050	7709	4452	529	9388	
交通、通讯事业的发展 Development of transport and communication	14402	2779	2256	190		9159	18
教育事业的发展 Development of educational services	261		10		156	95	
卫生事业的发展 Development of health services	25949	1623	4496	21	18030	1779	
社会发展和社会经济服务 Social development and socio-economic services	23016	3075	7417	5792	1801	4908	23
环境保护 Protection of environment	13086	2469	3560	3110	3690	235	22
知识全面发展 General development of knowledge	176619	67540	17672	13376	33134	44121	776
国防 National defense	53588	9767	5361	30	83	38347	
其他目标 Other aims	24094	7191	4782	984	1408	9585	144

5.22 科研机构R&D课题投入人员按社会经济目标分类(1992年)

Personnel Input for R&D Projects in CAS Research Units, by Socio-Economic Objectives: 1992

单位：人·年 (man·year)

社会经济目标 Socio-economic objectives	课题组人员折合全时人数 Full-time equivalent	数学、物理 Mathematics & physics	化学与化工 Chemistry & chemical engineering	地学 Earth sciences	生物学 Biological sciences	技术科学 Technological sciences	其他 Others
合计 Total	**22346**	**4769**	**3717**	**3498**	**4943**	**5292**	**127**
陆地海洋与大气的开发与估价 Exploration and assessment of the earth, the seas and the atmosphere	1642	105	26	1376	19	116	
民用宇宙空间 Civil space	761	132	24	73	15	517	
农业、林业与渔业的发展 Development of agriculture, forestry and fishing	2552	41	125	361	1989	36	
促进工业的发展 Promotion of industrial development	2897	264	1183	80	151	1208	11
能源的生产、储存和分配 Production, conservation and distribution of energy	1218	341	361	125	53	338	
交通、通讯事业的发展 Development of transport and communication	512	145	79	18		267	3
教育事业的发展 Development of educational services	35		4		23	8	
卫生事业的发展 Development of health services	1172	101	196	5	757	113	
社会发展和社会经济服务 Social development and socio-economic services	1005	224	201	262	164	148	6
环境保护 Protection of environment	773	90	182	215	261	20	5
知识全面发展 General development of knowledge	7307	2743	995	904	1432	1152	81
国防 National defense	1488	283	174	6	5	1020	
其他目标 Other aims	984	300	167	73	74	349	21

5.23 科研机构技术领域课题数情况（1992年）

Technological Projects in CAS Research Units, by Field: 1992

单位：个

地区及学科 Region and field	合计 Total	信息技术 Information technology	生物技术 Biotechnology	新材料 New materials	能源技术 Energy technology	激光技术 Laser technology	自动化技术 Automation technology	航天技术 Space technology	其他技术领域 Other technologies
总计 Total	**3978**	**774**	**506**	**567**	**209**	**179**	**330**	**68**	**1345**
一、按地区分 By region									
北京地区 Beijing	1275	454	179	74	91	41	93	36	307
沈阳分院 Shenyang Branch	423	69	27	114	10	13	112	5	73
长春分院 Changchun Branch	355	60	7	116	7	10	9	2	144
上海分院 Shanghai Branch	578	61	121	158	5	47	23	17	146
南京分院 Nanjing Branch	396	4	57		7		2		326
合肥分院 Hefei Branch	108	20	2	7	3	37	20	1	18
武汉分院 Wuhan Branch	82		26		4		7		45
广州分院 Guangzhou Branch	132	18	6	19	37	3	20		29
成都分院 Chengdu Branch	245	43	41	14	3	13	29	3	99
昆明分院 Kunming Branch	10	2	2						6
西安分院 Xi'an Branch	45	25		2		2	2		14
兰州分院 Lanzhou Branch	80	2	9	20	2	2	1		44

续表5.23

地区及学科 Region and field	合计 Total	信息技术 Information technology	生物技术 Biotechnology	新材料 New materials	能源技术 Energy technology	激光技术 Laser technology	自动化技术 Automation technology	航天技术 Space technology	其他技术领域 Other technologies
新疆分院 Xinjiang Branch	73	11	24	1	1		7	4	25
其他地区 Other regions	176	5	5	42	39	11	5		69
二、按学科分 By field									
数学、物理 Mathematics & physics	780	161	9	57	24	26	48	16	439
化学与化工 Chemistry & chemical engineering	748	25	35	315	65	20	11	4	273
地学 Earth sciences	302	28	6	8	13		4	2	241
生物学 Biological sciences	646	2	450	1	2		3		188
技术科学 Technological sciences	1492	550	6	186	105	133	264	46	202
其他 Others	10	8							2

5.24 科研机构技术领域课题经费内部支出情况（1992年）

Intramural Expenditure for Technological Projects in CAS Research Units，by Field：1992

单位：千元（thousand yuan）

地区及学科 Region and field	合计 Total	信息技术 Information technology	生物技术 Biotechnology	新材料 New materials	能源技术 Energy technology	激光技术 Laser technology	自动化技术 Automation technology	航天技术 Space technology	其他技术领域 Other technologies
总计 **Total**	**357168**	**99613**	**34153**	**43218**	**14650**	**19505**	**49002**	**14343**	**82684**
一、按地区分 By region									
北京地区 Beijing	114481	50166	11223	3705	7725	4903	11299	2359	23101
沈阳分院 Shenyang Branch	47154	8994	1102	9487	324	2292	19598	180	5177
长春分院 Changchun Branch	22949	3279	212	8006	1041	331	2013	163	7904
上海分院 Shanghai Branch	98865	22904	16173	18271	254	6901	6127	10279	17956
南京分院 Nanjing Branch	12758	46	2389		701		7		9615
合肥分院 Hefei Branch	6118	569	67	439	267	2651	338	123	1664
武汉分院 Wuhan Branch	6295		480		144		2526		3145
广州分院 Guangzhou Branch	4588	595	108	656	482	701	968		1078
成都分院 Chengdu Branch	23735	9201	1574	490	1157	1322	4681	785	4525
昆明分院 Kunming Branch	312	28	90						194
西安分院 Xi'an Branch	5539	2719		98		116	491		2115
兰州分院 Lanzhou Branch	4552	284	180	718	47	38	207		3078

续表5.24

地区及学科 Region and field	合计 Total	信息技术 Information technology	生物技术 Biotechnology	新材料 New materials	能源技术 Energy technology	激光技术 Laser technology	自动化技术 Automation technology	航天技术 Space technology	其他技术领域 Other technologies
新疆分院 Xinjiang Branch	2887	686	371	17	73		260	454	1026
其他地区 Other regions	6935	142	184	1331	2435	250	487		2106
二、按学科分 By field									
数学、物理 Mathematics & physics	50241	10391	307	1964	1537	2401	4568	697	28376
化学与化工 Chemistry & chemical engineering	56175	1224	2001	25434	5877	1854	1708	241	17836
地学 Earth sciences	14498	3021	405	176	835		27	368	9666
生物学 Biological sciences	41928	35	31146	99	108		57		10483
技术科学 Technological sciences	194183	84816	294	15545	6293	15250	42642	13037	16306
其他 Others	143	126							17

5.25 科研机构技术领域课题投入人员情况（1992年）

Personnel Input for Technological Projects in CAS Research Units, by Field: 1992

单位：人·年（man·year）

地区及学科 Region and field	合计 Total	信息技术 Information technology	生物技术 Biotechnology	新材料 New materials	能源技术 Energy technology	激光技术 Laser technology	自动化技术 Automation technology	航天技术 Space technology	其他技术领域 Other technologies
总计 Total	**11664**	**2413**	**1386**	**1654**	**625**	**558**	**1134**	**353**	**3541**
一、按地区分 By region									
北京地区 Beijing	3376	1171	486	201	263	120	242	125	768
沈阳分院 Shenyang Branch	1182	218	49	265	17	49	352	8	224
长春分院 Changchun Branch	1085	210	16	268	22	30	108	8	423
上海分院 Shanghai Branch	2606	425	403	652	14	189	129	179	615
南京分院 Nanjing Branch	735	2	196		18		1		518
合肥分院 Hefei Branch	276	45	4	21	11	102	36	1	56
武汉分院 Wuhan Branch	240		33		14		38		155
广州分院 Guangzhou Branch	280	40	17	46	62	9	52		54
成都分院 Chengdu Branch	742	177	95	46	12	37	84	12	279
昆明分院 Kunming Branch	27	5	7						15
西安分院 Xi'an Branch	130	50		5		4	3		68
兰州分院 Lanzhou Branch	230	12	18	50	3	2	9		136

续表5.25

地区及学科 Region and field	合计 Total	信息技术 Information technology	生物技术 Biotechnology	新材料 New materials	能源技术 Energy technology	激光技术 Laser technology	自动化技术 Automation technology	航天技术 Space technology	其他技术领域 Other technologies
新疆分院 Xinjiang Branch	204	36	50	3	5		22	20	68
其他地区 Other regions	551	22	12	97	184	16	58		162
二、按学科分 By field									
数学、物理 Mathematics & physics	2002	420	22	145	67	74	134	35	1105
化学与化工 Chemistry & chemical engineering	2369	74	88	917	254	63	82	19	872
地学 Earth sciences	736	114	19	31	34		3	16	519
生物学 Biological sciences	1718	4	1244	3	8		5		454
技术科学 Technological sciences	4819	1783	13	558	262	421	910	283	589
其他 Others	20	18							2

5.26 科研机构科技著述

S&T Works and Papers Published by CAS Research Units

年份 Year	科技论文 (篇) Number of S&T papers	国外及港澳台发表 Those published in foreign countries, Taiwan, Hong Kong and Macao	科技著作 S&T books		译成外文 Those translated into foreign languages	
			万字 Ten thousand Chinese characters	种 Title	万字 Ten thousand Chinese characters	种 Title
1985	14457	2592	5217		288	
1986	10851	2109	5413		413	
1987	12080	2540	7157	265	717	21
1988	13380	3333	9863	526	667	38
1989	13849	3551	9214	356	356	18
1990	16006	4231	13177	419	285	20
1991	16844	4096	11226	383	625	19
1992	17546	4175	8316	245	463	18

5.27 科研机构科技论文按学科领域分类（一）（1992年）

S&T Papers Published by CAS Research Units, by Field (1): 1992

单位：篇（No. of article）

地区及学科 Region and field	总计 Total	自然科学 Natural sciences	工程技术 Engineering & technology	医学科学 Medical sciences	农业科学 Agricultural sciences	社会人文科学 Social sciences & humanities
总计 Total	**17546**	**12632**	**3757**	**86**	**863**	**208**
一、按地区分 By region						
北京地区 Beijing	7023	5325	1500	53	48	97
沈阳分院 Shenyang Branch	1569	717	750		102	
长春分院 Changchun Branch	1237	1132	105			
上海分院 Shanghai Branch	2174	1537	596	19	1	21
南京分院 Nanjing Branch	858	489	4		365	
合肥分院 Hefei Branch	311	202	109			
武汉分院 Wuhan Branch	606	289	114		190	13
广州分院 Guangzhou Branch	842	692	106	8	3	33
成都分院 Chengdu Branch	495	366	119	4	6	
昆明分院 Kunming Branch	429	428			1	
西安分院 Xi'an Branch	309	79	127		77	26
兰州分院 Lanzhou Branch	736	713	19		3	1

地区及学科 Region and field	总计 Total	自然科学 Natural sciences	工程技术 Engineering & technology	医学科学 Medical sciences	农业科学 Agricultural sciences	社会人文科学 Social sciences & humanities
新疆分院 Xinjiang Branch	265	221	39		2	3
其他地区 Other regions	692	442	169	2	65	14
二、按学科分 By field						
数学、物理 Mathematics & physics	3664	3198	412	28	9	17
化学与化工 Chemistry & chemical engineering	3773	2895	797	32		49
地学 Earth sciences	3114	3023	51		10	30
生物学 Biological sciences	3357	2386	69	25	844	33
技术科学 Technological sciences	3478	1026	2428	1		23
其他 Others	160	104				56

5.28 科研机构科技论文按学科领域分类（二）（1992年）

S&T Papers Published by CAS Research Units, by Field (2): 1992

单位：篇（No. of article）

地区及学科 Region and field	总计 Total	自然科学 Natural sciences	工程技术 Engineering & technology	医学科学 Medical sciences	农业科学 Agricultural sciences	社会人文科学 Social sciences & humanities
总计 Total	**4175**	**3158**	**897**	**12**	**107**	**1**
一、按地区分 By region						
北京地区 Beijing	1929	1522	385	12	9	1
沈阳分院 Shenyang Branch	403	177	216		10	
长春分院 Changchun Branch	337	324	13			
上海分院 Shanghai Branch	561	406	155			
南京分院 Nanjing Branch	126	58	2		66	
合肥分院 Hefei Branch	96	81	15			
武汉分院 Wuhan Branch	86	57	16		13	
广州分院 Guangzhou Branch	156	145	10		1	
成都分院 Chengdu Branch	104	83	21			
昆明分院 Kunming Branch	103	103				
西安分院 Xi'an Branch	27	8	13		6	
兰州分院 Lanzhou Branch	102	96	6			

地区及学科 Region and field	总计 Total	自然科学 Natural sciences	工程技术 Engineering & technology	医学科学 Medical sciences	农业科学 Agricultural sciences	社会人文科学 Social sciences & humanities
新疆分院 Xinjiang Branch	23	13	10			
其他地区 Other regions	122	85	35		2	
二、按学科分 By field						
数学、物理 Mathematics & physics	1288	1159	123	3	3	
化学与化工 Chemistry & chemical engineering	1061	885	173	3		
地学 Earth sciences	478	460	18			
生物学 Biological sciences	478	355	13	6	104	
技术科学 Technological sciences	869	299	570			
其他 Others	1					1

注：本表统计数字为在台、港、澳地区及在国外发表的论文篇数.

Note: The numbers here are articles published foreig countries Taiwan, Hong Kong and Macao.

5.29 科研机构科技著作（1992年）

S&T Works Published by CAS Research Units：1992

地区及学科 Region and field	科技专著 S&T works		译成外文 Of which：translated into foreign languages		用作大专院校教科书 Those used as text books for universities and colleges		科普著作 Popular science books	
	万字 Ten thousand Chinese characters	种 Title	万字 Ten thousand Chinese characters	种 Title	万字 Ten thousand Chinese characters	种 Title	万字 Ten thousand Chinese characters	种 Title
总计 Total	**8316**	**245**	**463**	**18**	**383**	**11**	**357**	**12**
一、按地区分 By region								
北京地区 Beijing	4118	123	232	10	223	8	267	7
沈阳分院 Shenyang Branch	95	4	45	2				
长春分院 Changchun Branch	179	4			90	1		
上海分院 Shanghai Branch	524	13	30	1				
南京分院 Nanjing Branch	1050	26	130	3				
合肥分院 Hefei Branch	8	1					2	1
武汉分院 Wuhan Branch	78	6	26	2			7	2
广州分院 Guangzhou Branch	635	17						
成都分院 Chengdu Branch	335	14						
昆明分院 Kunming Branch	32	2						
西安分院 Xi'an Branch	150	7						

续表5.29

地区及学科 Region and field	科技专著 S&T works		译成外文 Of which: translated into foreign languages		用作大专院校教科书 Those used as text books for universities and colleges		科普著作 Popular science books	
	万字 Ten thousand Chinese characters	种 Title	万字 Ten thousand Chinese characters	种 Title	万字 Ten thousand Chinese characters	种 Title	万字 Ten thousand Chinese characters	种 Title
兰州分院 Lanzhou Branch	394	10					81	2
新疆分院 Xinjiang Branch	110	4						
其他地区 Other regions	608	14			70	2		
二、按学科分 By field								
数学、物理 Mathematics & physics	1366	42	106	6	45	2		
化学与化工 Chemistry & chemical engineering	580	19	36	1	90	1		
地学 Earth sciences	3377	95	154	5	70	2	244	5
生物学 Biological sciences	2276	60	137	5	4	1	22	4
技术科学 Technological sciences	509	20	30	1	159	4	91	3
其他 Others	208	9			15	1		

5.30 科研机构专利情况（按地区分）（1992年）

Patenting Statistics, in CAS Research Units: 1992

单位：项（item）

地区、学科及科研单位 Region, field and institute	申请数 Patent applications 合计 Total	发明 Invention	实用新型 Utility model	外观设计 Design	授权数 Patents granted 合计 Total	发明 Invention	实用新型 Utility model	外观设计 Design
总　计 **Total**	**367**	**228**	**139**		**212**	**105**	**107**	
一、按地区分 By Region								
北京地区 Beijing	86	42	44		66	32	34	
沈阳分院 Shenyang Branch	88	66	22		23	11	12	
长春分院 Changchun Branch	44	27	17		18	7	11	
上海分院 Shanghai Branch	65	50	15		34	22	12	
南京分院 Nanjing Branch	1		1		1		1	
合肥分院 Hefei Branch	13	3	10		7		7	
武汉分院 Wuhan Branch	2	2						
广州分院 Guangzhou Branch	9	6	3		10	4	6	
成都分院 Chengdu Branch	18	5	13		12	5	7	
昆明分院 Kunming Branch	4	3	1		1	1		
西安分院 Xi'an Branch	7	3	4		11	4	7	
兰州分院 Lanzhou Branch	15	13	2		13	9	4	
新疆分院 Xinjiang Branch	3	2	1					
其他地区 Other Regions	12	6	6		16	10	6	

地区、学科及科研单位 Region, field and institute	申请数 Patent applications				授权数 Patents granted			
	合计 Total	发明 Invention	实用新型 Utility model	外观设计 Design	合计 Total	发明 Invention	实用新型 Utility model	外观设计 Design
二、按学科分 By field								
数学、物理 Mathematics & physics	49	19	30		23	5	18	
化学与化工 Chemistry & chemical engineering	132	104	28		85	57	28	
地学 Earth sciences	1	1			1	1		
生物学 Biological sciences	33	24	9		16	9	7	
技术科学 Technological sciences	152	80	72		87	33	54	
其他 Others								
三、按科研机构分 By research unit								
北京市 Beijing	86	42	44		66	32	34	
数学研究所 Inst. of Mathematics								
应用数学研究所 Inst. of Applied Mathematics								
系统科学研究所 Inst. of Systems Science								
物理研究所 Inst. of Physics	11	4	7		3		3	
声学研究所 Inst. of Acoustics	7		7		4		4	

续表5.30

地区、学科及科研单位 Region, field and institute	申请数 Patent applications				授权数 Patents granted			
	合计 Total	发明 Invention	实用新型 Utility model	外观设计 Design	合计 Total	发明 Invention	实用新型 Utility model	外观设计 Design
理论物理研究所 Inst. of Theoretical Physics								
低温技术实验中心 Cryogenic Laboratory	2	2			3		3	
高能物理研究所 Inst. of High Energy Physics								
北京天文台 Beijing Astronomical Observatory	1	1			1	1		
力学研究所 Inst. of Mechanics	7	5	2		4	1	3	
化学研究所 Inst. of Chemistry	11	11			7	7		
感光化学研究所 Inst. of Photographic Chemistry					3	3		
生态环境研究中心 Research Center for Eco-Environmental Sciences					2	2		
化工冶金研究所 Inst. of Chemical Metallurgy	14	4	10		12	3	9	
地理研究所 Inst. of Geography								
遥感应用研究所 Inst. of Remote Sensing Application								
地质研究所 Inst. of Geology								
地球物理研究所 Inst. of Geophysics								

地区、学科及科研单位 Region, field and institute	申请数 Patent applications				授权数 Patents granted			
	合计 Total	发明 Invention	实用新型 Utility model	外观设计 Design	合计 Total	发明 Invention	实用新型 Utility model	外观设计 Design
古脊椎动物与古人类研究所 Inst. of Vertebrate Paleontology and Paleoanthropology								
大气物理研究所 Inst. of Atmospheric Physics	1	1			1	1		
自然资源综合考察委员会 Commission for Integrated Surveys of Natural Resources								
植物研究所 Inst. of Botany								
动物研究所 Inst. of Zoology								
心理研究所 Inst. of Psychology								
微生物研究所 Inst. of Microbiology	1	1			1	1		
生物物理研究所 Inst. of Biophysics	4	3	1		3	3		
遗传研究所 Inst. of Genetics	4	2	2		2		2	
发育生物学研究所 Inst. of Developmental Biology	1		1					
计算技术研究所 Inst. of Computing Technology								
计算中心 Computing Center								
软件研究所 Inst. of Software								

地区、学科及科研单位 Region, field and institute	申请数 Patent applications 合计 Total	发明 Invention	实用新型 Utility model	外观设计 Design	授权数 Patents granted 合计 Total	发明 Invention	实用新型 Utility model	外观设计 Design
半导体研究所 Inst. of Semiconductors	2		2		4	3	1	
微电子中心 Microelectronics R&D Center	3	1	2		3	1	2	
电子学研究所 Inst. of Electronics	6	4	2		5	2	3	
自动化研究所 Inst. of Automation					4	3	1	
电工研究所 Inst. of Electric Engineering	5	2	3		2	1	1	
工程热物理研究所 Inst. of Engineering Thermophysics	3		3		1		1	
自然科学史研究所 Inst. of History of Natural Sciences								
科技政策与管理科学研究所 Inst. of Science Policy and Management								
北京软件工程研制中心 Beijing Software Engineering Center								
空间科学与应用研究中心 Space Science and Technology Center	2	1	1		1		1	
遥感卫星地面站 Remote-Sensing Satellite Ground Station	1		1					
河北省 Hebei Province								

续表5.30

地区、学科及科研单位 Region，field and institute	申请数 Patent applications				授权数 Patents granted			
	合计 Total	发明 Invention	实用新型 Utility model	外观设计 Design	合计 Total	发明 Invention	实用新型 Utility model	外观设计 Design
石家庄农业现代化研究所 Shijiazhuang Inst. of Agricultural Modernization								
山西省 Shanxi Province	6	2	4		11	6	5	
山西煤炭化学研究所 Shanxi Inst. of Coal Chemistry	6	2	4		11	6	5	
辽宁省 Liaoning Province	88	66	22		23	11	12	
沈阳应用生态研究所 Shenyang Inst. of Applied Ecology	7	7			2	1	1	
沈阳计算技术研究所 Shenyang Inst. of Computing Technology	4		4					
沈阳自动化研究所 Shenyang Inst. of Automation	2	1	1		4	1	3	
金属研究所 Inst. of Metals Research	41	28	13		9	5	4	
金属腐蚀与防护研究所 Inst. of Corrosion and Protection of Metals	10	9	1		1	1		
大连化学物理研究所 Dalian Inst. of Chemical Physics	24	21	3		7	3	4	
吉林省 Jilin Province	44	27	17		18	7	11	
长春物理研究所 Changchun Inst. of Physics	8	1	7					

地区、学科及科研单位 Region, field and institute	申请数 Patent applications				授权数 Patents granted			
	合计 Total	发明 Invention	实用新型 Utility model	外观设计 Design	合计 Total	发明 Invention	实用新型 Utility model	外观设计 Design
长春人造卫星观测站 Changchun Satellite Observation Station								
长春应用化学研究所 Changchun Inst. of Applied Chemistry	21	17	4		8	5	3	
长春地理研究所 Changchun Inst. of Geography								
长春光学精密机械研究所 Changchun Inst. of Optics and Fine Mechanics	15	9	6		10	2	8	
黑龙江省 Heilongjiang Province	2	1	1		2	1	1	
黑龙江农业现代化研究所 Heilongjiang Inst. of Agricultural Modernization	2	1	1		2	1	1	
上海市 Shanghai	65	50	15		34	22	12	
上海原子核研究所 Shanghai Inst. of Nuclear Research	1		1		1		1	
上海天文台 Shanghai Observatory								
上海硅酸盐研究所 Shanghai Inst. of Ceramics	9	8	1		8	7	1	
上海有机化学研究所 Shanghai Inst. of Organic Chemistry	20	17	3		6	5	1	
上海植物生理研究所 Shanghai Inst. of Plant Physiology								

地区、学科及科研单位 Region, field and institute	申请数 Patent applications				授权数 Patents granted			
	合计 Total	发明 Invention	实用新型 Utility model	外观设计 Design	合计 Total	发明 Invention	实用新型 Utility model	外观设计 Design
上海昆虫研究所 Shanghai Inst. of Entomology	1	1						
上海药物研究所 Shanghai Inst. of Materia Medica	1	1			1	1		
上海生理研究所 Shanghai Inst. of Physiology	2	1	1		3	1	2	
上海生物化学研究所 Shanghai Inst. of Biochemistry	2	2						
上海细胞生物学研究所 Shanghai Inst. of Cell Biology								
上海脑研究所 Shanghai Inst. of Brain Research								
上海生物工程研究中心 Shanghai Bioengineering Research Center								
上海冶金研究所 Shanghai Inst. of Metallurgy	7	5	2		5	3	2	
上海光学精密机械研究所 Shanghai Inst. of Optics and Fine Mechanics	15	11	4		6	2	4	
上海技术物理研究所 Shanghai Inst. of Technical Physics	7	4	3		4	3	1	
江苏省 Jiangsu Province	1		1		1		1	
紫金山天文台 Purple Mountain Observatory								

续表5.30

地区、学科及科研单位 Region, field and institute	申请数 Patent applications				授权数 Patents granted			
	合计 Total	发明 Invention	实用新型 Utility model	外观设计 Design	合计 Total	发明 Invention	实用新型 Utility model	外观设计 Design
南京地理与湖泊研究所 Nanjing Institute of Geography and Limnology								
南京地质古生物研究所 Nanjing Inst. of Geology and Palaeontology								
南京土壤研究所 Nanjing Inst. of Soil Science	1		1		1		1	
安徽省 Anhui Province	13	3	10		7		7	
固体物理研究所 Inst. of Solid State Physics	4	2	2		3		3	
等离子体物理研究所 Inst. of Plasma Physics	1		1					
合肥智能机械研究所 Hefei Inst. of Intelligent Machines	5		5		3		3	
安徽光学精密机械研究所 Anhui Inst. of Optics and Fine Mechanics	3	1	2		1		1	
福建省 Fujian Province	4	3	1		3	3		
福建物质结构研究所 Fujian Inst. of Research on the Structure of Matter	4	3	1		3	3		
山东省 Shandong Province								
海洋研究所 Inst. of Oceanology								
湖北省、湖南省 Hubei and Hunan Provinces	2	2						

续表5:30

地区、学科及科研单位 Region, field and institute	申请数 Patent applications				授权数 Patents granted			
	合计 Total	发明 Invention	实用新型 Utility model	外观设计 Design	合计 Total	发明 Invention	实用新型 Utility model	外观设计 Design
武汉数学物理研究所 Wuhan Inst. of Mathematical Physics								
武汉物理研究所 Wuhan Inst. of Physics	1	1						
武汉岩土力学研究所 Wuhan Inst. of Rock and Soil Mechanics								
测量与地球物理研究所 Inst. of Geodesy and Geophysics								
武汉植物研究所 Wuhan Inst. of Botany								
水生生物研究所 Inst. of Hydrobiology								
武汉病毒研究所 Wuhan Inst. of Virology	1	1						
长沙大地构造研究所 Changsha Inst. of Geotectonics								
长沙农业现代化研究所 Changsha Inst. of Agricultural Modernization								
广东省 Guangdong Province	9	6	3		10	4	6	
广州人造卫星观测站 Guangzhou Satellite Observation Station								
广州化学研究所 Guangzhou Inst. of Chemistry	5	5			2	2		
广州地质新技术研究所 Guangzhou Inst. of New Geotechnology								

续表5.30

地区、学科及科研单位 Region, field and institute	申请数 Patent applications				授权数 Patents granted			
	合计 Total	发明 Invention	实用新型 Utility model	外观设计 Design	合计 Total	发明 Invention	实用新型 Utility model	外观设计 Design
南海海洋研究所 South China Sea Inst. of Oceanology								
华南植物研究所 South China Inst. of Botany								
广州电子研究所 Guangzhou Inst. of Electronic Technology	1		1		1	1		
广州能源研究所 Guangzhou Inst. of Energy Conversion	3	1	2		7	1	6	
四川省 Sichuan Province	18	5	13		12	5	7	
成都有机化学研究所 Chengdu Inst. of Organic Chemistry	4	3	1		6	4	2	
成都山地灾害与环境研究所 Chengdu Inst. of Mountain Hazards and Environment								
成都生物研究所 Chengdu Inst. of Biology	2	1	1					
成都计算机应用研究所 Chengdu Inst. of Computer Application								
光电技术研究所 Inst. of Optics and Electronics	12	1	11		6	1	5	
贵州省 Guizhou Province								
贵阳地球化学研究所 Guiyang Inst. of Geochemistry								

续表5.30

地区、学科及科研单位 Region, field and institute	申请数 Patent applications				授权数 Patents granted			
	合计 Total	发明 Invention	实用新型 Utility model	外观设计 Design	合计 Total	发明 Invention	实用新型 Utility model	外观设计 Design
云南省 Yunnan Province	4	3	1		1	1		
云南天文台 Yunnan Observatory								
昆明植物研究所 Kunming Inst. of Botany	3	2	1					
昆明动物研究所 Kunming Inst. of Zoology	1	1			1	1		
昆明生态研究所 Kunming Inst. of Ecology								
陕西省 Shaanxi Province	7	3	4		11	4	7	
陕西天文台 Shaanxi Observatory	2	1	1		1	1		
西北水土保持研究所 Northwest Inst. of Soil and Water Conservation								
西安光学精密机械研究所 Xi'an Inst. of Optics and Fine Mechanics	5	2	3		10	3	7	
甘肃省、青海省 Gansu and Qinghai Provinces	15	13	2		13	9	4	
近代物理研究所 Inst. of Modern Physics	3	2	1		3	2	1	
兰州化学物理研究所 Lanzhou Inst. of Chemical Physics	10	9	1		9	6	3	
兰州冰川冻土研究所 Lanzhou Inst. of Glaciology and Geocryology								

地区、学科及科研单位 Region, field and institute	申请数 Patent applications 合计 Total	发明 Invention	实用新型 Utility model	外观设计 Design	授权数 Patents granted 合计 Total	发明 Invention	实用新型 Utility model	外观设计 Design
兰州沙漠研究所 Lanzhou Inst. of Desert Research								
兰州地质研究所 Lanzhou Inst. of Geology								
兰州高原大气物理研究所 Lanzhou Inst. of Plateau Atmospheric Physics								
青海盐湖研究所 Qinghai Inst. of Saline lakes	2	2			1	1		
西北高原生物研究所 Northwest Inst. of Plateau Biology								
新疆维吾尔自治区 Xinjiang Uygur Autonomous Region	3	2	1					
新疆物理研究所 Xinjiang Inst. of Physics								
乌鲁木齐天文工作站 Urumqi Astronomic Working Station	1		1					
新疆化学研究所 Xinjiang Inst. of Chemistry	2	2						
新疆地理研究所 Xinjiang Inst. of Geography								
新疆生物土壤沙漠研究所 Xinjiang Inst. of Biology, Pedology and Desert Research								

注：申请数与授权数中分别包括国外四项。

Note: The figures of patent application and patents granted include four items from abroad.

5.31 科研机构获奖成果（1992年）

Award-Winning Achievements Made by CAS Research Units：1992

单位：项（item）

地区、学科及科研单位 Region，field and institute	总计 Total	国家级奖励 National awards	部级奖励 Ministe-rial-level awards	省级奖励 Provincial-level awards	地（市）级奖励 Prefectural or city-level awards
总计 **Total**	**669**	**47**	**396**	**104**	**122**
一、按地区分 By region					
北京地区 Beijing	172	22	143	1	6
沈阳分院 Shenyang Branch	51	1	40	7	3
长春分院 Changchun Branch	46	5	22	11	8
上海分院 Shanghai Branch	96	4	63	22	7
南京分院 Nanjing Branch	18	1	16		1
合肥分院 Hefei Branch	13		9	4	
武汉分院 Wuhan Branch	17	2	12	3	
广州分院 Guangzhou Branch	79		13	6	60
成都分院 Chengdu Branch	22	1	14	7	
昆明分院 Kunming Branch	13		5	8	
西安分院 Xi'an Branch	47	5	23	15	4
兰州分院 Lanzhou Branch	26	1	18	6	1
新疆分院 Xinjiang Branch	15	3	3	9	
其他地区 Other regions	54	2	15	5	32
二、按学科分 By field					
数学、物理 Mathematics & physics	86	9	67	4	6

地区、学科及科研单位 Region, field and institute	总计 Total	国家级奖励 National awards	部级奖励 Ministe-rial-level awards	省级奖励 Provincial-level awards	地（市）级 奖 励 Prefectural or city-level awards
化学与化工 Chemistry & chemical engineering	116	5	68	33	10
地学 Earth sciences	164	6	59	11	88
生物学 Biological sciences	107	8	64	31	4
技术科学 Technological sciences	190	18	133	25	14
其他 Others	6	1	5		
三、按科研单位分 By institute					
北京市 Beijing	172	22	143	1	6
数学研究所 Inst. of Mathematics	5		3		2
应用数学研究所 Inst. of Applied Mathematics	3		3		
系统科学研究所 Inst. of Systems Science	3		3		
物理研究所 Inst. of Physics	12	2	10		
声学研究所 Inst. of Acoustics	8	1	7		
理论物理研究所 Inst. of Theoretical Physics	1		1		
低温技术实验中心 Cryogenic Laboratory	2		2		
高能物理研究所 Inst. of High Energy Physics	4	1	3		
北京天文台 Beijing Astronomical Observatory	3	1	2		
力学研究所 Inst. of Mechanics	5	1	4		
化学研究所 Inst. of Chemistry	5	1	4		

续表5.31

地区、学科及科研单位 Region, field and institute	总计 Total	国家级奖励 National awards	部级奖励 Ministe-rial-level awards	省级奖励 Provincial-level awards	地（市）级奖励 Prefectural or city-level awards
感光化学研究所 Inst. of Photographic Chemistry	3		3		
生态环境研究中心 Research Center for Eco-Environmental Sciences	6		6		
化工冶金研究所 Inst. of Chemical Metallurgy	5		5		
地理研究所 Inst. of Geography	7	1	6		
遥感应用研究所 Institute of Remote Sensing Application	4	1	3		
地质研究所 Inst. of Geology	3		3		
地球物理研究所 Inst. of Geophysics	1		1		
古脊椎动物与古人类研究所 Inst. of Vertebrate Paleontology and Paleoanthropology	2		2		
大气物理研究所 Inst. of Atmospheric Physics	4		4		
自然资源综合考察委员会 Commission for Integrated Surveys of Natural Resources	5	2	3		
植物研究所 Inst. of Botany	3		3		
动物研究所 Inst. of Zoology	6		6		
心理研究所 Inst. of Psychology	1				1
微生物研究所 Inst. of Microbiology	4		4		
生物物理研究所 Inst. of Biophysics	3		3		
遗传研究所 Inst. of Genetics	1		1		
发育生物学研究所 Inst. of Developmental Biology	1	1			

地区、学科及科研单位 Region, field and institute	总计 Total	国家级奖励 National awards	部级奖励 Ministerial-level awards	省级奖励 Provincial-level awards	地（市）级奖　励 Prefectural or city-level awards
计算技术研究所 Inst. of Computing Technology	7	1	6		
计算中心 Computing Center	3		3		
软件研究所 Inst. of Software	4	2	2		
半导体研究所 Inst. of Semiconductors	10	1	8	1	
微电子中心 Microelectronics R&D Center	5		5		
电子学研究所 Inst. of Electronics	6	2	4		
自动化研究所 Inst. of Automation	11	1	7		3
电工研究所 Inst. of Electric Engineering	4	1	3		
工程热物理研究所 Inst. of Engineering Thermophysics	2		2		
自然科学史研究所 Inst. of History of Natural Sciences	3		3		
科技政策与管理科学研究所 Institute of Science Policy and Management	3	1	2		
北京软件工程研制中心 Beijing Software Engineering Center	1		1		
空间科学与应用研究中心 Space Science and Technology Center	2		2		
遥感卫星地面站 Remote Sensing Satellite Ground Station	1	1			
河北省 Hebei Province	2		2		

地区、学科及科研单位 Region, field and institute	总计 Total	国家级奖励 National awards	部级奖励 Ministe-rial-level awards	省级奖励 Provincial-level awards	地（市）级奖励 Prefectural or city-level awards
石家庄农业现代化研究所 Shijiazhuang Inst. of Agricultural Modernization	2		2		
山西省 Shanxi Province	7	1	2	1	3
山西煤炭化学研究所 Shanxi Inst. of Coal Chemistry	7	1	2	1	3
辽宁省 Liaoning Province	51	1	40	7	3
沈阳应用生态研究所 Shenyang Inst. of Applied Ecology	12		8	3	1
沈阳计算技术研究所 Shenyang Inst. of Computing Technology	3		3		
沈阳自动化研究所 Shenyang Inst. of Automation	9	1	6		2
金属研究所 Inst. of Metals Research	11		9	2	
金属腐蚀与防护研究所 Inst. of Corrosion and Protection of Metals	3		3		
大连化学物理研究所 Dalian Inst. of Chemical Physics	13		11	2	
吉林省 Jilin Province	46	5	22	11	8
长春物理研究所 Changchun Inst. of Physics	6		2		4
长春人造卫星观测站 Changchun Satellite Observation Station					
长春应用化学研究所 Changchun Inst. of Applied Chemistry	25	2	12	11	
长春地理研究所 Changchun Inst. of Geography	6	1	1		4

续表5.31

地区、学科及科研单位 Region, field and institute	总计 Total	国家级奖励 National awards	部级奖励 Ministe-rial-level awards	省级奖励 Provincial-level awards	地（市）级奖励 Prefectural or city-level awards
长春光学精密机械研究所 Changchun Inst. of Optics and Fine Mechanics	9	2	7		
黑龙江省 Heilongjiang Province	4		1	3	
黑龙江农业现代化研究所 Heilongjiang Institute of Agricultural Modernization	4		1	3	
上海市 Shanghai	96	4	63	22	7
上海原子核研究所 Shanghai Inst. of Nuclear Research	4		4		
上海天文台 Shanghai Observatory	2	1	1		
上海硅酸盐研究所 Shanghai Inst. of Ceramics	14	1	7	6	
上海有机化学研究所 Shanghai Inst. of Organic Chemistry	18		8	5	5
上海植物生理研究所 Shanghai Inst. of Plant Physiology	1		1		
上海昆虫研究所 Shanghai Inst. of Entomology	2		1	1	
上海药物研究所 Shanghai Inst. of Materia Medica	3		3		
上海生理研究所 Shanghai Inst. of Physiology	1				1
上海生物化学研究所 Shanghai Inst. of Biochemistry	8		8		
上海细胞生物学研究所 Shanghai Inst. of Cell Biology					
上海脑研究所 Shanghai Inst. of Brain Research					

地区、学科及科研单位 Region, field and institute	总计 Total	国家级奖励 National awards	部级奖励 Ministerial-level awards	省级奖励 Provincial-level awards	地（市）级奖励 Prefectural or city-level awards
上海生物工程研究中心 Shanghai Bioengineering Research Center					
上海冶金研究所 Shanghai Inst. of Metallurgy	11		10		1
上海光学精密机械研究所 Shanghai Inst. of Optics and Fine Mechanics	19		12	7	
上海技术物理研究所 Shanghai Inst. of Technical Physics	13	2	8	3	
江苏省 Jiangsu Province	18	1	16		1
紫金山天文台 Purple Mountain Observatory	6		6		
南京地理与湖泊研究所 Nanjing Institute of Geography and Limnology	3		2		1
南京地质古生物研究所 Nanjing Inst. of Geology and Palaeontology	4		4		
南京土壤研究所 Nanjing Inst. of Soil Science	5	1	4		
安徽省 Anhui Province	13		9	4	
固体物理研究所 Inst. of Solid State Physics	2		1	1	
等离子体物理研究所 Inst. of Plasma Physics	5		4	1	
合肥智能机械研究所 Hefei Inst. of Intelligent Machines					
安徽光学精密机械研究所 Anhui Inst. of Optics and Fine Mechanics	6		4	2	

地区、学科及科研单位 Region, field and institute	总计 Total	国家级奖励 National awards	部级奖励 Ministe-rial-level awards	省级奖励 Provincial-level awards	地（市）级奖励 Prefectural or city-level awards
福建省 Fujian Province	2		2		
福建物质结构研究所 Fujian Inst. of Research on the Structure of Matter	2		2		
山东省 Shandong Province	7	1	5		1
海洋研究所 Inst. of Oceanology	7	1	5		1
湖北省、湖南省 Hubei and Hunan Provinces	17	2	12	3	
武汉数学物理研究所 Wuhan Inst. of Mathematical Physics					
武汉物理研究所 Wuhan Inst. of Physics	2		2		
武汉岩土力学研究所 Wuhan Inst. of Rock and Soil Mechanics	2		1	1	
测量与地球物理研究所 Inst. of Geodesy and Geophysics	1		1		
武汉植物研究所 Wuhan Inst. of Botany	2		2		
水生生物研究所 Inst. of Hydrobiology	4	2	1	1	
武汉病毒研究所 Wuhan Inst. of Virology	1		1		
长沙大地构造研究所 Changsha Inst. of Geotectonics	2		2		
长沙农业现代化研究所 Changsha Inst. of Agricultural Modernization	3		2	1	
广东省 Guangdong Province	79		13	6	60

地区、学科及科研单位 Region, field and institute	总计 Total	国家级奖励 National awards	部级奖励 Ministe-rial-level awards	省级奖励 Provincial-level awards	地（市）级奖励 Prefectural or city-level awards
广州人造卫星观测站 Guangzhou Satellite Observation Station	1		1		
广州化学研究所 Guangzhou Inst. of Chemistry	3		1	1	1
广州地质新技术研究所 Guangzhou Institute of New Geotechnology	54		6		48
南海海洋研究所 South China Sea Inst. of Oceanology	10		3	1	6
华南植物研究所 South China Inst. of Botany	3		1	1	1
广州电子研究所 Guangzhou Inst. of Electronic Technology	5			1	4
广州能源研究所 Guangzhou Inst. of Energy Conversion	3		1	2	
四川省 Sichuan Province	22	1	14	7	
成都有机化学研究所 Chengdu Inst. of Organic Chemistry	1			1	
成都山地灾害与环境研究所 Chengdu Inst. of Mountain Hazards and Environment	6		2	4	
成都生物研究所 Chengdu Inst. of Biology	4	1	2	1	
成都计算机应用研究所 Chengdu Inst. of Computer Application	3		2	1	
光电技术研究所 Inst. of Optics and Electronics	8		8		

地区、学科及科研单位 Region, field and institute	总计 Total	国家级奖励 National awards	部级奖励 Ministe-rial-level awards	省级奖励 Provincial-level awards	地（市）级奖励 Prefectural or city-level awards
贵州省 Guizhou Province	32		3	1	28
贵阳地球化学研究所 Guiyang Inst. of Geochemistry	32		3	1	28
云南省 Yunnan Province	13		5	8	
云南天文台 Yunnan Observatory	1		1		
昆明植物研究所 Kunming Inst. of Botany	9		3	6	
昆明动物研究所 Kunming Inst. of Zoology	3		1	2	
昆明生态研究所 Kunming Inst. of Ecology					
陕西省 Shaanxi Province	47	5	23	15	4
陕西天文台 Shaanxi Observatory	2		2		
西北水土保持研究所 Northwest Inst. of Soil and Water Conservation	14	1	4	9	
西安光学精密机械研究所 Xi'an Inst. of Optics and Fine Mechanics	31	4	17	6	4
甘肃省、青海省 Gansu and Qinghai Provinces	26	1	18	6	1
近代物理研究所 Inst. of Modern Physics	3	1	2		
兰州化学物理研究所 Lanzhou Inst. of Chemical Physics	9		5	3	1
兰州冰川冻土研究所 Lanzhou Inst. of Glaciology and Geocryology	1		1		
兰州沙漠研究所 Lanzhou Inst. of Desert Research	4		1	3	

地区、学科及科研单位 Region, field and institute	总计 Total	国家级奖励 National awards	部级奖励 Ministerial-level awards	省级奖励 Provincial-level awards	地（市）级奖励 Prefectural or city-level awards
兰州地质研究所 Lanzhou Inst. of Geology	4		4		
兰州高原大气物理研究所 Lanzhou Inst. of Plateau Atmospheric Physics	1		1		
青海盐湖研究所 Qinghai Inst. of Saline Lakes	2		2		
西北高原生物研究所 Northwest Inst. of Plateau Biology	2		2		
新疆维吾尔自治区 Xinjiang Uygur Autonomous Region	15	3	3	9	
新疆物理研究所 Xinjiang Inst. of Physics	4	1	2	1	
乌鲁木齐天文工作站 Urumqi Astronomic Working Station					
新疆化学研究所 Xinjiang Inst. of Chemistry	3			3	
新疆地理研究所 Xinjiang Inst. of Geography	3		1	2	
新疆生物土壤沙漠研究所 Xinjiang Inst. of Biology, Pedology and Desert Research	5	2		3	

5.32 科研机构技术合同按买方分类（一）（1992年）

Number of Technology Contracts Signed by CAS Research Units, by Type of Buyer (1)：1992

地区及学科 Region and field	合同数合计（项） Number of contracts (item)	政府部门 Government departments	科研机构 Research institutions	工业企业 Industrial enterprises	大中型工业企业 Large and mediumsized industrial enterprises	大中专院校 Universities, colleges, and specialized secondary schools	其他 Others
总计 Total	**3453**	**182**	**650**	**1643**	**821**	**313**	**665**
一、按地区分 By region							
北京地区 Beijing	859	75	218	311	176	73	182
沈阳分院 Shenyang Branch	475	20	86	281	184	23	65
长春分院 Changchun Branch	363	27		174	133	74	88
上海分院 Shanghai Branch	655	2	166	279	151	92	116
南京分院 Nanjing Branch	36		16	14	14		6
合肥分院 Hefei Branch	83		24	46	1	6	7
武汉分院 Wuhan Branch	305	20	36	163	9	31	55
广州分院 Guangzhou Branch	206	17	31	86	45	5	67
成都分院 Chengdu Branch	176	12	25	95	43	2	42
昆明分院 Kunming Branch	1			1			
西安分院 Xi'an Branch	64		28	24	22	2	10

地区及学科 Region and field	合同数合计（项） Number of contracts (item)	政府部门 Government departments	科研机构 Research institutions	工业企业 Industrial enterprises	大中型工业企业 Large and mediumsized industrial enterprises	大中专院校 Universities, colleges, and specialized secondary schools	其他 Others
兰州分院 Lanzhou Branch	51	3	7	34	16	2	5
新疆分院 Xinjiang Branch	18	6	1	8	7		3
其他地区 Other regions	161		12	127	20	3	19
二、按学科分 By field							
数学、物理 Mathematics & physics	636	47	105	319	116	50	115
化学与化工 Chemistry & chemical engineering	511	16	49	358	150	25	63
地学 Earth sciences	219	19	46	83	13	2	69
生物学 Biological sciences	289	8	39	105	39	40	97
技术科学 Technological sciences	1798	92	411	778	503	196	321
其他 Others							

5.33 科研机构技术合同按买方分类（二）（1992 年）

Number of Technology Contracts Signed by CAS Research Units by Type of Buyer (2)：1992

地区及学科 Region and field	成交金额合计（千元） Volume of contract transfer (thousand yuan)	政府部门 Government departments	科研机构 Research institutions	工业企业 Industrial enterprises	大中型工业企业 Large and mediumsized industrial enterprises	大中专院校 Universities, colleges, and specialized secondary schools	其他 Others
总计 Total	**295277**	**43518**	**40911**	**140450**	**93719**	**14474**	**55924**
一、按地区分 By region							
北京地区 Beijing	93077	14283	17453	35446	20519	5185	20710
沈阳分院 Shenyang Branch	55831	1119	6098	39645	32981	384	8585
长春分院 Changchun Branch	37076	19015		7465	6182	4975	5621
上海分院 Shanghai Branch	34064	42	6731	19149	13814	1925	6217
南京分院 Nanjing Branch	2353		1141	620	620		592
合肥分院 Hefei Branch	4222		1024	2829	50	130	239
武汉分院 Wuhan Branch	8761	911	1345	3986	355	719	1800
广州分院 Guangzhou Branch	15829	1351	1609	7951	4668	331	4587
成都分院 Chengdu Branch	18072	2637	2295	9795	7628	135	3210
昆明分院 Kunming Branch	100			100			
西安分院 Xi'an Branch	7285		2594	2723	2683	375	1593

地区及学科 Region and field	成交金额合计（千元） Volume of contract transfer (thousand yuan)	政府部门 Government departments	科研机构 Research institutions	工业企业 Industrial enterprises	大中型工业企业 Large and mediumsized industrial enterprises	大中专院校 Universities, colleges, and specialized secondary schools	其他 Others
兰州分院 Lanzhou Branch	9402	3020	482	4820	2957	285	795
新疆分院 Xinjiang Branch	1755	1140	37	272	232		306
其他地区 Other regions	7450		102	5649	1030	30	1669
二、按学科分 By field							
数学、物理 Mathematics & physics	32556	2050	5227	17786	12808	2193	5300
化学与化工 Chemistry & chemical engineering	37702	3838	1764	22994	9771	1507	7599
地学 Earth sciences	24248	6190	2517	6208	1798	125	9208
生物学 Biological sciences	18091	1725	867	9807	6851	809	4883
技术科学 Technological sciences	182680	29715	30536	83655	62491	9840	28934
其他 Others							

5.34 开放实验室（所、站）一览表（1992年）

CAS Open Laboratories (Institutes and Stations): 1992

序号 No.	实验室（所、站）名称 Laboratories (Institutes and Stations)
1	中国科学院武汉物理研究所波谱与原子分子物理国家重点实验室 State Key Laboratory of Magnetic Resonance and Atomic and Molecular Physics, Wuhan Institute of Physics, CAS
2	中国科学院物理研究所、半导体研究所表面物理国家重点实验室 State Key Laboratory for Surface Physics, Institute of Physics and Institute of Semiconductors, CAS
3	中国科学院声学研究所声场与声信息国家重点实验室 State Key Laboratory of Acoustics, Speech and Signal Processing, Institute of Acoustics, CAS
4	中国科学院物理研究所超导国家重点实验室 State Key Laboratory for Superconductivity, Institute of Physics, CAS
5	中国科学院物理研究所磁学国家重点实验室 State Key Laboratory of Magnetism, Institute of Physics, CAS
6	中国科学院数学研究所 Institute of Mathematics, CAS
7	中国科学院理论物理研究所 Institute of Theoretical Physics, CAS
8	中国科学院固体物理研究所、中国科学技术大学内耗与固体缺陷实验室 Laboratory of Internal Friction and Defects in Soilds, Hefei Institute of Solid State Physics, CAS and University of Sciences and Technology of China
9	中国科学技术大学结构分析实验室 Laboratory of Structure Analysis, University of Science and Technology of China
10	中国科学院力学研究所非线性连续介质力学实验室 Laboratory for Nonlinear Mechanics of Continuous Media, Institute of Mechanics, CAS
11	管理、决策与信息系统实验室（中国科学院系统科学研究所等3所联合） Laboratory of Management, Decision and Information System, Institute of Systems Science, etc., CAS
12	中国科学院长春物理研究所激发态物理实验室 Laboratory of Excited State Processes, Changchun Institute of Physics, CAS
13	中国科学院上海原子核研究所辐射化学实验室 Laboratory of Radiation Chemistry, Shanghai Institute of Nuclear Research, CAS
14	中国科学院北京天文台、上海天文台、云南天文台光学天文联合实验室 United Laboratory for Optical Astronomy, Beijing Astronomical Observatory, Shanghai Observatory and Yunnan Observatory, CAS

续表 5.34

序号 No.	实验室（所、站）名称 Laboratories (Institutes and Stations)
15	中国科学院紫金山天文台、上海天文台、北京天文台射电天文联合实验室 United Laboratory for Radio Astronomy, Purple Mountain Observatory, Shanghai Observatory and Beijing Astronomical Observatory, CAS
16	核分析技术实验室（中国科学院上海原子核研究所、高能物理研究所） Laboratory of Nuclear-Analysis Techniques, Shanghai Institute of Nuclear Research and Institute of High Energy Physics, CAS
17	中国科学院大连化学物理研究所催化基础国家重点实验室 State Key Laboratory of Catalysis, Dalian Institute of Chemical Physics, CAS
18	分子动态与稳态结构国家重点实验室（中国科学院化学研究所、北京大学） State Key Laboratory for Structural Chemistry of Unstable and Stable Species, Institute of Chemistry, CAS, and Peking University
19	中国科学院上海有机化学研究所生命有机化学国家重点实验室 State Key Laboratory of Bio-organic and Natural Products Chemistry, Shanghai Institute of Organic Chemistry, CAS
20	中国科学院大连化学物理研究所、化学研究所分子反应动力学国家重点实验室 State Key Laboratory of Molecular Reaction Dynamics, Dalian Institute of Chemical Physics and Institute of Chemistry , CAS
21	中国科学院福建物质结构研究所结构化学国家重点实验室 State Key Laboratory of Structural Chemistry, Fujian Institute of Research on the Structure of Matter , CAS
22	上海硅酸盐研究所高性能陶瓷和超微结构国家重点实验室 State Key Laboratory of High Performance Ceramics & Superfine Microstructure, Shanghai Institute of Ceramics, CAS
23	中国科学院兰州化学物理研究所羰基合成和选择氧化国家重点实验室 State Key Laboratory of Oxo Synthesis and Selective Oxidation, Lanzhou Institute of Chemical Physics, CAS
24	中国科学院化工冶金研究所多相反应实验室 Multiphase Reaction Laboratory, Institute of Chemical Metallurgy, CAS
25	中国科学院长春应用化学研究所稀土化学与物理实验室 Laboratory of Rare Earth Chemistry and Physics, Changchun Institute of Applied Chemistry, CAS
26	中国科学院兰州化学物理研究所固体润滑实验室 Laboratory of Solid Lubrication, Lanzhou Institute of Chemical Physics, CAS
27	中国科学院长春应用化学研究所电分析化学实验室 Laboratory of Electroanalytical Chemistry, Changchun Institute of Applied Chemistry, CAS
28	中国科学院广州化学研究所纤维素化学实验室 Laboratory of Cellulose and Lignocellulosics, Guangzhou Institute of Chemistry, CAS

序号 No.	实验室（所、站）名称 Laboratories (Institutes and Stations)
29	中国科学院化工冶金研究所、上海有机化学研究所计算机化学实验室 Laboratory of Computer Chemistry, Institute of Chemical Metallurgy and Shanghai Institute of Organic Chemistry, CAS
30	高分子物理联合实验室（中国科学院化学研究所、长春应用化学研究所） Polymer Physics Laboratory, Institute of Chemistry and Changchun Institute of Applied Chemistry, CAS
31	中国科学院上海有机化学研究所金属有机化学实验室 Laboratory of Organometallic Chemistry, Shanghai Institute of Organic Chemistry, CAS
32	中国科学院感光化学研究所光化学实验室 Laboratory of Photochemistry, Institute of Photographic Chemistry, CAS
33	中国科学院大气物理研究所大气科学及地球流体力学数值模拟国家重点实验室 State Key Laboratory of Numerical Modeling for Atmospheric Sciences and Geophysical Fluid Dynamics, Institute of Atmospheric Physics, CAS
34	中国科学院地球化学研究所有机地球化学国家重点实验室 State Key Laboratory of Organic Geochemistry, Institute of Geochemistry, CAS
35	中国科学院地理研究所资源与环境信息系统国家重点实验室 State Key Laboratory of Resources and Environment Information System, Institute of Geography, CAS
36	中国科学院兰州冰川冻土研究所冻土工程国家重点实验室 State Key Laboratory of Frozen Soil Engineering, Lanzhou Institute of Glaciology and Geocryology, CAS
37	中国科学院兰州地质研究所气体地球化学国家重点实验室 State Key Laboratory of Gas Geochemistry, Lanzhou Institute of Geology , CAS
38	中国科学院山西煤炭化学研究所煤转化国家重点实验室 State Key Laboratory of Coal Conversion, Shanxi Institute of Coal Chemistry, CAS
39	中国科学院大气物理研究所大气边界层物理和大气化学国家重点实验室 State Key Laboratory of Atmospheric Bouncary Layer Physics Atmospheric Chemistry Institute of Atmospheric Physics, CAS
40	中国科学院地球化学研究所环境地球化学国家重点实验室 State Key Laboratory of Environmental Geochemistry, Institute of Geochemistry, CAS
41	中国科学院地质研究所工程地质力学实验室 Engineering Geomechanics Laboratory, Institute of Geology, CAS
42	中国科学院西安分院黄土与第四纪地质实验室 Xi'an Laboratory of Loess and Quaternary Geology , Xi'an Branch, CAS
43	中国科学院海洋研究所实验海洋生物学实验室 Experimental Marine Biology Laboratory, Institute of Oceanology, CAS

续表 5.34

序号 No.	实验室（所、站）名称 Laboratories (Institutes and Stations)
44	中国科学院南京土壤研究所土壤圈物质循环实验室 Laboratory of Material Cyclings in Pedosphere, Nanjing Institute of Soil Science, CAS
45	中国科学院生态环境研究中心系统生态实验室 Laboratory of Systems Ecology, Research Center for Eco-Environmental Sciences, CAS
46	中国科学院测量与地球物理研究所动力大地测量学实验室 Laboratory of Dynamical Geodesy, Institute of Geodesy and Geophysics, CAS
47	中国科学院南京地质古生物研究所现代古生物和地层学实验室 Laboratory of Paleobiology and Stratigraphy, Nanjing Institute of Geology and Paleontology, CAS
48	中国科学院地球化学研究所矿床地球化学实验室 Laboratory of Ore Deposit Geochemistry, Institute of Geochemistry, CAS
49	中国科学院地质研究所岩石圈构造演化实验室 Laboratory of Lithosphere Tectonic Evolution, Institute of Geology, CAS
50	中国科学院南京地理与湖泊研究所湖泊沉积与环境实验室 Laboratory of Lake Sedimentation and Environment, Nanjing Institute of Geography and Limnology, CAS
51	中国科学院地球物理研究所地球动力学高温高压实验室 Laboratory of Geodynamics Under High Temperature and High Pressure, Institute of Geophysics, CAS
52	中国科学院南京土壤研究所封丘农业生态实验站 Fengqiu Agroecological Experimental Station, Nanjing Institute of Soil Science, CAS
53	中国科学院地理研究所禹城综合试验站 Yucheng Comprehensive Experimental Station, Institute of Geography, CAS
54	中国科学院兰州冰川冻土研究所天山冰川观测试验站 Tianshan Experimental Station of Glaciology, Lanzhou Institute of Glaciology and Cryopedology, CAS
55	中国科学院成都山地研究所东川泥石流观测研究站 Dongchuan Observation and Research Station of Debris Flow, Chengdu Institute of Mountain Hazards and Environment, CAS
56	中国科学院西北高原生物研究所海北高寒草甸生态系统定位站 Haibei Alpine Meadow Ecosystem Research Station, Northwest Institute of Plateau Biology, CAS
57	中国科学院植物研究所内蒙古草原生态系统定位研究站 Inner Mongolia Grassland Ecosystem Research Station, Institute of Botany, CAS
58	中国科学院沈阳应用生态研究所长白山森林生态系统定位研究站 Changbaishan Research Station of Forest Ecosystem, Shenyang Institute of Applied Ecology, CAS

序号 No.	实验室（所、站）名称 Laboratories (Institutes and Stations)
59	中国科学院长春分院长春净月潭遥感实验站 Remote Sensing Test Site of Jingyuetan in Changchun, Changchun Branch, CAS
60	中国科学院南京土壤研究所红壤生态实验站 Ecological Experimental Station of Red Soil, Nanjing Institute of Soil Science, CAS
61	中国科学院南海海洋研究所大亚湾海洋生物综合实验站 Marine Biology Research Station at Dayawan, South China Sea Institute of Oceanology, CAS
62	中国科学院兰州沙漠研究所沙坡头沙漠试验研究站 Shapotou Desert Experimental Research Station, Lanzhou Institute of Desert Research , CAS
63	中国科学院生物物理研究所生物大分子国家重点实验室 State Key Laboratory of Biomacromolecules, Institute of Biophysics, CAS
64	中国科学院上海生物化学研究所分子生物学国家重点实验室 State Key Laboratory of Molecular Biology, Shanghai Institute of Biochemistry, CAS
65	中国科学院上海植物生理研究所植物分子遗传国家重点实验室 State Key Laboratory of Plant Molecular Genetics, Shanghai Institute of Plant Physiology, CAS
66	中国科学院水生生物研究所淡水生态与生物技术国家重点实验室 State Key Laboratory of Freshwater Ecology and Biotechnology, Institute of Hydrobiology, CAS
67	中国科学院生物膜与膜生物工程国家重点实验室（中国科学院动物研究所、清华大学、北京大学） State Key Laboratory of Biomembrane and Membrane Biotechnology, Institute of Zoology, CAS, and Tsinghua University, Peking University
68	中国科学院动物研究所计划生育生殖生物学国家重点实验室 State Key Laboratory of Reproductive Biology, Institute of Zoology, CAS
69	中国科学院上海药物研究所新药研究国家重点实验室 State Key Laboratory of Drug Research, Shanghai Institute of Materia Medica, CAS
70	中国科学院遗传研究所植物细胞与染色体国家重点实验室 State Key Laboratory of Plant Cell and Chromosome Engineering, Institute of Genetics, CAS
71	中国科学院化工冶金研究所生化工程国家重点实验室 State Key Laboratory of Biochemical Engineering, Institute of Chemical Metallurgy, CAS
72	中国科学院微生物研究所真菌、地衣系统学实验室 Systematic Mycology and Lichenology Laboratory, Institute of Microbiology, CAS
73	中国科学院植物研究所系统与进化植物学实验室 Laboratory of Systematic and Evolutionary Botany, Institute of Botany, CAS

序号 No.	实验室（所、站）名称 Laboratories (Institutes and Stations)
74	中国科学院昆明植物研究所植物化学实验室 Laboratory of Phytochemistry, Kunming Institute of Botany, CAS
75	上海生命科学联合实验室（上海细胞生物学研究所等5所联合） Shanghai Joint Laboratory of Life Science, Shanghai Institute of Cell Biology, etc., CAS
76	中国科学院上海生理研究所低氧生理实验室 Hypoxia Physiology Laboratory, Shanghai Institute Physiology, CAS
77	中国科学院植物研究所植被数量生态学实验室 Laboratory of Quantitative Vegetation Ecology, Institute of Botany, CAS
78	中国科学院生物物理研究所视觉信息加工实验室 Laboratory of Visual Information Processing, Institute of Biophysics, CAS
79	中国科学院遗传研究所、微生物所植物生物技术实验室 Laboratory of Plant Biotechnology, Institute of Genetics, Institute of Microbiology, CAS
80	中国科学院昆明动物研究所细胞与分子进化实验室 Laboratory of Cellular and Molecular Evolution, Kunming Institute of Zoology, CAS
81	中国科学院上海技术物理研究所红外物理国家重点实验室 State Key Laboratory for Infrared Physics, Shanghai Institute of Technical Physics, CAS
82	中国科学院上海冶金研究所、电子研究所传感技术国家重点实验室 State Key Laboratory of Transducer Technology, Shanghai Institute of Metallury and Institute of Electronics, CAS
83	中国科学院长春光学精密机械研究所应用光学国家重点实验室 State Key Laboratory of Applied Optics, Changchun Institute of Optics and Fine Mechanics, CAS
84	中国科学院自动化研究所模式识别国家重点实验室 State Key Laboratory of Pattern Recognition, Institute of Automation, CAS
85	中国科学院金属研究所材料疲劳与断裂国家重点实验室 State Key Laboratory for Fatigue and Fracture of Materials, Institute of Metals Research, CAS
86	中国科学院半导体研究所半导体超晶格国家重点实验室 State Key Laboratory of Superlattices and Microstructures, Institute of Semiconductors, CAS
87	中国科学技术大学研究生院信息安全国家重点实验室 State Key Laboratory of Information Security, Graduate School of The University of Science and Technology of China
88	集成光电子学国家重点实验室（清华大学、吉林大学、中国科学院半导体研究所） State Key Laboratory of Integrated Photoelectronics, Tsinghua University, Jilin University and Institute of Semiconductors, CAS

序号 No.	实验室（所、站）名称 Laboratories (Institutes and Stations)
89	中国科学院沈阳金属研究所快速凝固非平衡合金国家重点实验室 State Key Laboratory of Rapid Solidified Non-Equilibrium Alloy, Shenyang Institute of Metals Research, CAS
90	中国科学院西安光学精密机械研究所瞬态光学技术国家重点实验室 State Key Laboratory of Transient Optics and Technology, Xi'an Institute of Optics and Fine Mechanics, CAS
91	中国科学院上海冶金研究所信息功能材料国家重点实验室 State Key Laboratory of Functional Materials for Information, Shanghai Institute of Metallurgy, CAS
92	中国科学技术大学火灾科学国家重点实验室 State Key Laboratory of Fire Science, University of Science and Technology of China, CAS
93	中国科学院金属研究所固体原子象实验室 Laboratory of Atom Image of Solids, Shenyang Institute of Metals Research, CAS
94	中国科学院上海冶金研究所离子束实验室 Ion Beam Laboratory, Shanghai Institute of Metallurgy, CAS
95	中国科学院安徽光学精密机械研究所激光光谱学实验室 Laboratory of Laser Spectroscopy, Anhui Institute of Optics and Fine Mechanics, CAS
96	中国科学院北京科学仪器研制中心北京电子显微镜实验室 Beijing Laboratory of Electron Microscopy, Beijing R&D Center for Scientific Instrument, CAS
97	中国科学院北京科学仪器研制中心北京真空物理实验室 Beijing Laboratory of Vacuum Physics, Beijing R&D Center for Scientific Instrument, CAS
98	中国科学院金属腐蚀与防护研究所腐蚀科学实验室 Corrosion Science Laboratory, Institute of Corrosion and Protection of Metals, CAS
99	中国科学院计算技术研究所 CAD 实验室 CAD Laboratory, Institute of Computing Technology, CAS
100	中国科学技术大学认知科学实验室 Beijing Laboratory of Cognitive Science, University of Science and Technology of China
101	中国科学院上海光学精密机械研究所量子光学实验室 Quantum Optics Laboratory, Shanghai Institute of Optics and Fine Mechanics, CAS
102	中国科学院沈阳自动化研究所机器人学实验室 Robotics Laboratory, Shenyang Institute of Automation, CAS
103	中国科学院沈阳计算技术研究所现代制造的 CAD/CAM 技术实验室 Laboratory of CAD/CAM Technology for Advanced Manufacturing, Shenyang Institute of Computing Technology, CAS

续表 5.34

序号 No.	实验室（所、站）名称 Laboratories (Institutes and Stations)
104	中国科学院上海光学精密机械研究所激光技术实验室 Laboratory of Laser Technology, Shanghai Institute of Optics and Fine Mechanics, CAS
105	中国科学院半导体研究所半导体材料实验室 Laboratory of Semiconductor Materials Science, Institute of Semiconductors, CAS

5.35 开放实验室（所、站）

Basic Statistics of Staff in the Open

序号	开放实验室名称 Names of the open laboratories	固定研究人员 Permanent researchers			固定技术人员 Permanent technicians	
		高级 Senior	中级 Middle-level	初级 Junior	高级 Senior	中级 Middle-level
	总计	**920**	**372**	**159**	**169**	**300**
	数学、物理	252	60	20	61	98
1	波谱与原子分子物理*	6			3	
2	表面物理*	9	2		3	4
3	声场与声信息*	10	3	2		2
4	超导*	14	3		5	6
5	磁学*	11	4		2	
6	数学研究所	62	21	10	2	7
7	理论物理研究所	27	1		2	6
8	内耗与固体缺陷					
9	结构分析	13	7	1		
10	非线性连续介质力学	18	2	3	3	1
11	管理、决策与信息系统	8	2			
12	激发态物理	8	1		1	7
13	辐射化学	5	4	2	2	3
14	光学天文	18	5	2	9	12
15	射电天文	16			22	45
16	核分析技术	27	5		7	5
	化　　学	149	80	42	15	34
17	催化基础*	10	11	6	3	7
18	分子动态与稳态结构*	6	2	2	2	1
19	生命有机化学*	2	2	4		
20	分子反应动力学*	15	16	2	3	4
21	结构化学	—	—	—	—	—
22	高性能陶瓷和超微结构*	10	7			2
23	羰基合成和选择氧化	—	—	—	—	—
24	多相反应	7		6		3
25	稀土化学与物理	9	6	3		6

人员情况（1992 年）

Laboratories（Institues and Stations）：1992

单位：人（person）

	客座研究人员 Guest researchers			在读研究生 Graduate student enrollment		
初级 Junior	所内 From within the institute	所外 From outside the institute	国外 From abroad	博士后 Candidates for post doctorate	博士 Candidates for doctor's degree	硕士 Candidates for master's degree
188	**1929**	**1291**	**808**	**135**	**407**	**869**
60	438	122	48	46	113	242
	7	11	1	2	21	9
3	33	11		3	3	11
4	15	4	1		4	15
4	3	11	4	1	2	14
1	40	23	20	4	4	23
12	12	6		10	18	71
6	110			14	10	20
	77	1		2	1	8
4	22	6	1	2	9	7
	23	5		3	1	4
2	17	16	8		11	13
4	8	6	1		4	9
11				2	11	8
6	17	6		2	9	3
3	54	16	12	1	5	27
37	207	211	105	28	85	173
1	11	14	17	2	2	6
2	3				1	3
5	6	24	5	3	6	15
7	7	1	2	1	5	9
—	—	—	—	—	—	—
3	46	28	10	1	5	14
—	—	—	—	—	—	—
3	15	16	14	2	2	4
3	8	14			3	12

序号	开放实验室名称 Names of the open laboratories	固定研究人员 Permanent researchers			固定技术人员 Permanent technicians	
		高级 Senior	中级 Middle-level	初级 Junior	高级 Senior	中级 Middle-level
26	固体润滑	4	7			1
27	电分析化学	8			2	
28	纤维素化学	9	5	2	1	2
29	计算机化学	5	5			1
30	高分子物理	39	15	16	2	5
31	金属有机化学	9		1		
32	光化学	16	4		2	2
	资源环境	208	84	34	33	64
33	大气数值模拟*	14				
34	有机地球化学*	9			1	2
35	资源与环境信息系统*	13	5	5	1	2
36	冻土工程*	7	1	1	4	12
37	气体地球化学*	13	2	1	6	9
38	煤炭转化	—	—	—	—	—
39	大气边界层物理和大气化学	—	—	—	—	—
40	环境地球化学	—	—	—	—	—
41	工程地质力学	5	9		2	1
42	黄土与第四纪地质	4				2
43	实验海洋生物学	10	5			3
44	土壤圈物质循环	15	4	2	2	3
45	系统生态	4	8	2		2
46	动力大地测量学	7	1		2	4
47	现代古生物和地层学	9				4
48	矿床地球化学	9	1		7	6
49	岩石圈构造演化	13			3	1
50	湖泊沉积与环境	5	2			
51	地球动力学高温高压	6	5	5	1	1
52	封丘站	5	6			
53	禹城站	6	2	1	1	

	客座研究人员 Guest researchers			在读研究生 Graduate student enrollment		
初级 Junior	所内 From within the institute	所外 From outside the institute	国外 From abroad	博士后 Candidates for post doctorate	博士 Candidates for doctor's degree	硕士 Candidates for master's degree
	25	26	11		11	26
	6	5	7	5	3	11
1	30	48	4	1	11	26
1	4	3			1	3
8	17	6	10	10	18	21
	20	7	1	1	12	18
3	9	19	24	2	5	5
45	622	453	173	23	89	157
	27	7		2	10	5
3	9	13		2	1	7
4	9	8	13	1	5	17
7	18	10			2	5
5	19	10			3	3
—	—	—	—	—	—	—
—	—	—	—	—	—	—
—	—	—	—	—	—	—
	21	16	5	1	4	8
2	14	12	3		1	6
	22	27	4		2	3
	26	30	6	3	5	4
	23	6			6	5
	27	49	16		4	8
1	82	18	6	6	16	12
1	13	19		6	4	7
	35	1		1	1	
	11	3				2
2	7	5		1		
2	36	33	22		4	17
9	9	7	5		5	2

序号	开放实验室名称 Names of the open laboratories	固定研究人员 Permanent researchers			固定技术人员 Permanent technicians	
		高级 Senior	中级 Middle-level	初级 Junior	高级 Senior	中级 Middle-level
54	天山冰川站	4	3	2		3
55	东川泥石流站	8	6			3
56	海北站	8	6	4		1
57	内蒙古草原站	6	2	2	1	1
58	长白山站	5	4	1	1	2
59	长春净月潭站	8	3	1		
60	红壤站	4	2	2	1	1
61	大亚湾站	5	3			1
62	沙坡头站	6	4	5		
	生物学	150	58	39	15	41
63	生物大分子*	14	11	1	3	
64	分子生物学*	10	3	1		6
65	植物分子遗传*	10	5	16		8
66	淡水生态与生物技术*	11	2		1	6
67	生物膜与膜生物工程*	19	4	1		6
68	计划生育生殖生物学*	9	6	2	1	2
69	新药研究*	10	2	1	1	3
70	植物细胞与染色体	—	—	—	—	—
71	生化工程	—	—	—	—	—
72	真菌、地衣系统学	7	1		1	2
73	系统与进化植物学	10	4	2	1	
74	植物化学	12	2		2	
75	生命科学	3				
76	低氧生理	6	1	1	2	1
77	植被数量生态学	4	3	9		3
78	视觉信息加工	12	3		1	
79	植物生物技术	8	7	5	2	1
80	细胞与分子进化	5	4			3
	技术科学	161	90	24	45	63

续表 5.35

	客座研究人员 Guest researchers			在读研究生 Graduate student enrollment		
初级 Junior	所内 From within the institute	所外 From outside the institute	国外 From abroad	博士后 Candidates for post doctorate	博士 Candidates for doctor's degree	硕士 Candidates for master's degree
	47	11	3		3	1
3	21	4			1	7
2	10	8	6		2	6
1	30	4	5		3	1
2	16	34	20		3	12
	5	7	1		2	4
1	20	25	9			5
	43	67	36		1	8
	22	19	13		1	2
26	216	165	207	17	61	123
	15		17	2	1	9
5	8	9	10		14	18
2	67	20	79	1		2
1	22	18	16	1	3	9
4	2	9	5		4	8
	4	6	1	2	3	19
	5	7	1	1	5	7
—	—	—	—	—	—	—
—	—	—	—	—	—	—
2	19	9	4	1	3	3
7	15	12	6	1	3	8
	6	21	23	1	4	6
2	18	16	11	3	5	4
	15	9	9		1	4
2	9	6	3	1	1	6
	5	6			5	6
	2	12	17	3	7	9
1	4	5	5		2	5
20	446	340	275	21	59	174

序号	开放实验室名称 Names of the open laboratories	固定研究人员 Permanent researchers			固定技术人员 Permanent technicians	
		高级 Senior	中级 Middle-level	初级 Junior	高级 Senior	中级 Middle-level
81	红外物理*	12	2	—	3	5
82	传感技术联合*	12	1	1	1	
83	应用光学*	16	6		1	10
84	模式识别*	12	9	1	3	2
85	材料疲劳与断裂*	5	3	1	1	3
86	半导体超晶格*	10			4	6
87	信息安全*	6	2	6		
88	集成光电子学*	8	2		5	2
89	快速凝固非平衡合金*	—	—	—	—	—
90	瞬态光学技术	—	—	—	—	—
91	信息功能材料	—	—	—	—	—
92	火灾科学	—	—	—	—	—
93	固体原子象	8	2		1	2
94	离子束	5	4	3	1	4
95	激光光谱学	9	6		1	5
96	北京电子显微镜	5	4		1	
97	北京真空物理					
98	腐蚀科学	9	9		1	5
99	CAD	10	6		2	
100	认知科学	4	1	1		
101	量子光学	6	5	5	2	3
102	机器人学	7	17	2	4	2
103	现代制造的 CAD/CAM 技术	3	2		1	1
104	激光技术	7	6	3	7	7
105	半导体材料	7	3	1	7	5

注：1. 本表及其后的三个表中所列开放实验室（所、站）序号与表 5.34 所列开放实验室（所、站）序号完全对应，故开

For the English translation of the names of open laboratories (institutes and stations), see table 5. 34.

2. 表中带 * 号者为国家重点实验室.

* State key laboratory.

3. 表中“—”表示该项数据未统计（下同）.

The mark “—” means data are not avaclable.

	客座研究人员 Guest researchers			在读研究生 Graduate student enrollment		
初级 Junior	所内 From within the institute	所外 From outside the institute	国外 From abroad	博士后 Candidates for post doctorate	博士 Candidates for doctor's degree	硕士 Candidates for master's degree
	17	16	15	2	10	
1	42	49	29		2	13
1	30	16	22	2	3	21
1	14	9	11	2	2	10
3	19	10	5	3	2	8
	34	8	33	2	3	8
1	21	40	11		2	9
	24	19	6	2	3	3
—	—	—	—	—	—	—
—	—	—	—	—	—	—
—	—	—	—	—	—	—
—	—	—	—	—	—	—
1	11	15	10		1	8
1	37	6	2	1	1	3
1	31	8				6
	5	2		1	6	10
1	32	11		1	3	14
	30	33	53		2	24
1	14	6				3
	10	11	3	2	7	7
3	10	15	5		4	7
1	46	55	51		3	10
1	11	11	13		1	4
3	8		6	3	4	6

放实验室（所、站）的标准定名及相应的英文名称请参见表 5.34.

5.36 开放实验室（所、站）

Statistics of Funding

序号	开放实验室名称 Names of the open laboratories	院拨经费 Funds from CAS	攻关经费 Key project funds	"863" 经费 "863" key project funds
	合　计	**3122**	**1256.2**	**913.8**
	数学、物理	450	53.0	90.3
1	波谱与原子分子物理*	60		
2	表面物理*	40	16.0	20.0
3	声场与声信息*	45	4.0	1.0
4	超导*	35		20.0
5	磁学*	35		
6	数学研究所	27		13.5
7	理论物理研究所	40		
8	内耗与固体缺陷			
9	结构分析	55		5.0
10	非线性连续介质力学	43	4.0	1.8
11	管理、决策与信息系统	35	25.0	11.0
12	激发态物理	35		16.0
13	辐射化学			
14	光学天文			
15	射电天文			
16	核分析技术		4.0	2.0
	化　学	470	118.2	93.3
17	催化基础*	40	10.0	
18	分子动态与稳态结构*	30		
19	生命有机化学*	50	5.5	15.0
20	分子反应动力学*	40		
21	结构化学	—	—	—
22	高性能陶瓷和超微结构*	45	11.0	49.0
23	羰基合成和选择氧化	—	—	—
24	多相反应	40		
25	稀土化学与物理	50		
26	固体润滑	45	17.5	2.0

经费来源情况（1992 年）

Sources for CAS Open Laboratories（Institues and Stations）：1992

单位：万元　(the thousand yuan)

国家重大基础 National major basic research projects	国家基金 State funds	部委课题 Projects at the ministerial level	国际合作 Funds through international cooperation	其他 Other funds
1056.8	**1050.7**	**1585.5**	**576.1**	**1148.2**
209.7	153.2	268.2	59.4	48.2
47.0	8.1	20.0		
20.0	1.8			
2.0	12.0	15.0		
45.0				
9.0	13.9	52.0	20.0	8.9
3.0				
7.5	6.8	7.7		
10.0	12.0		26.0	15.0
41.2	9.5	25.0		3.0
	5.0	28.5		
1.0	3.9	4.0	0.4	
	21.0			1.0
10.0	15.0	110.0		
6.0	9.2			4.2
8.0	35.0	6.0	13.0	16.1
144.8	160.5	185.8	18.0	498.3
12.0	6.2	25.0		75.0
	7.5			
29.0	15.0			100.0
9.4	13.2	22.0		87.5
—	—	—	—	—
42.5	14.1	5.0		3.0
—	—	—	—	—
11.4	11.0	58.5		47.0
15.2	2.5			
3.0	10.5		3.5	

序号	开放实验室名称 Names of the open laboratories	院拨经费 Funds from CAS	攻关经费 Key project funds	“863”经费 “863” key project funds
27	电分析化学	30		
28	纤维素化学	30	21.0	
29	计算机化学	35	27.0	4.3
30	高分子物理	35	26.2	3.0
31	金属有机化学			
32	光化学			20.0
	资源环境	784	704.4	41.4
33	大气数值模拟*	50	61.5	
34	有机地球化学*	50	75.2	
35	资源与环境信息系统*	40	87.0	
36	冻土工程*	40		
37	气体地球化学*	40	190.0	
38	煤炭转化	—	—	—
39	大气边界层物理和大气化学	—	—	—
40	环境地球化学	—	—	—
41	工程地质力学	44	39.5	
42	黄土与第四纪地质	45		
43	实验海洋生物学	50		
44	土壤圈物质循环	45	60.0	
45	系统生态			
46	动力大地测量学	40	10.9	1.4
47	现代古生物和地层学	40	39.0	
48	矿床地球化学	45	3.7	
49	岩石圈构造演化	35	10.0	
50	湖泊沉积与环境		5.0	
51	地球动力学高温高压		13.5	
52	封丘站	20	22.0	
53	禹城站	20	15.0	
54	天山冰川站	20		
55	东川泥石流站	20		
56	海北站	20	10.0	

续表 5.36

国家重大基础 National major basic research projects	国家基金 State funds	部委课题 Projects at the ministerial level	国际合作 Funds through international cooperation	其他 Other funds
6.3	3.6	22.8		94.8
3.0	16.0	3.0		10.0
	5.7			55.0
10.0	29.4	35.7	14.5	26.0
	13.8	11.8		
3.0	12.0	2.0		
190.2	335.4	276.2	177.5	290.8
	20.3	6.3		26.5
13.0	6.0	11.0	18.0	38.0
	4.0	1.5		27.5
8.0	35.5	5.5		26.8
—	—	—	—	—
—	—	—	—	—
—	—	—	—	—
		5.0	4.5	38.0
4.0	10.8	4.0		
	9.0	10.0	6.0	
25.0	36.0	26.3	36.0	16.0
	11.5	28.0	60.0	4.5
	15.4	29.9	8.0	
15.0	9.7	34.2	12.0	6.0
8.0	18.5	15.0		3.8
23.0	5.0		2.0	
17.0	55.0	20.0	1.0	2.7
20.0	6.0		6.0	4.0
	3.0	15.0		20.0
	10.0	8.0		
	3.0		10.0	2.0
23.0	2.5	3.0		4.5
9.0	8.0		3.0	6.0

序号	开放实验室名称 Names of the open laboratories	院拨经费 Funds from CAS	攻关经费 Key project funds	"863"经费 "863" key project funds
57	内蒙古草原站	20	14.1	
58	长白山站	20	2.2	
59	长春净月潭站	20	30.0	40.0
60	红壤站	20	11.0	
61	大亚湾站	20	2.0	
62	沙坡头站	20	2.8	
	生物学	563	130.4	284.4
63	生物大分子*	62	2.4	
64	分子生物学*	55		47.5
65	植物分子遗传*	45	23.6	84.5
66	淡水生态与生物技术*	43	20.0	15.0
67	生物膜与膜生物工程*	28		17.6
68	计划生育生殖生物学*	40	18.4	
69	新药研究*	40	40.0	16.8
70	植物细胞与染色体	—	—	—
71	生化工程	—	—	—
72	真菌、地衣系统学	30		
73	系统与进化植物学	35		
74	植物化学	45		
75	生命科学	40		14.0
76	低氧生理	30		
77	植被数量生态学	40	10.0	
78	视觉信息加工	30		
79	植物生物技术		16.0	89.0
80	细胞与分子进化			
	技术科学	855	250.2	404.4
81	红外物理*	65		9.3
82	传感技术联合*	70	109.0	7.5
83	应用光学*	50		19.5
84	模式识别*	45	10.0	35.0
85	材料疲劳与断裂*	45		5.0

国家重大基础 National major basic research projects	国家基金 State funds	部委课题 Projects at the ministerial level	国际合作 Funds through international cooperation	其他 Other funds
9. 0	2. 5	33. 0	3. 0	9. 5
6. 2	9. 2	6. 5		35. 0
	20. 0		2. 0	
	26. 0	13. 0	3. 0	10. 0
10. 0	3. 0	1. 0	1. 0	8. 0
	5. 5		2. 0	2. 0
262. 6	178. 4	382. 7	273. 4	113. 0
92. 7	16. 2	45. 0		
13. 5	17. 6		37. 1	
	10. 0	20. 0		
	7. 0	7. 0		
3. 7	3. 5	51. 7	1. 0	9. 0
13. 0	12. 0	20. 0	11. 0	6. 5
4. 7	24. 6	40. 0		
—	—	—	—	—
—	—	—	—	—
	11. 0	11. 0	3. 5	
	4. 4	71. 0	110. 0	13. 1
	8. 3	5. 0		5. 0
	3. 0			1. 4
20. 0	52. 0	65. 0	15. 0	
				70. 0
	1. 0	38. 0	56. 8	
115. 0	7. 8	9. 0	39. 0	8. 0
249. 5	223. 2	472. 6	47. 8	197. 9
3. 4	7. 9		5. 0	
	4. 6	170. 0		
25. 0	20. 9	46. 8		10. 0
10. 0	20. 0	30. 0	20. 0	1. 0
	20. 0	10. 0		16. 0

序号	开放实验室名称 Names of the open laboratories	院拨经费 Funds from CAS	攻关经费 Key project funds	“863”经费 “863” key project funds
86	半导体超晶格*	45		
87	信息安全*	30		
88	集成光电子学*	30	7.5	82.0
89	快速凝固非平衡合金*	—	—	—
90	瞬态光学技术	—	—	—
91	信息功能材料	—	—	—
92	火灾科学	—	—	—
93	固体原子象	55		2.0
94	离子束	60	15.0	8.0
95	激光光谱学	35		3.4
96	北京电子显微镜	60		
97	北京真空物理	60		
98	腐蚀科学	45	5.5	13.0
99	CAD	50	14.2	6.5
100	认知科学	20		3.0
101	量子光学	55		
102	机器人学	35		160.0
103	现代制造的 CAD/CAM 技术			
104	激光技术		25.2	16.2
105	半导体材料		63.8	34.0

续表 5.36

国家重大基础 National major basic research projects	国家基金 State funds	部委课题 Projects at the ministerial level	国际合作 Funds through international cooperation	其他 Other funds
34.9	26.0	9.6	5.0	1.8
15.0				
		4.0		
—	—	—	—	—
—	—	—	—	—
—	—	—	—	—
—	—	—	—	—
	27.0	1.0		
	7.0	1.0		1.0
	2.4	6.0		8.5
	23.7	3.1	7.4	
46.2	19.4	24.4	6.0	58.2
	5.3			9.4
59.0	3.0	4.0		20.0
	8.0			29.0
	4.0			12.0
	5.0	36.2		27.0
50	19.0	126.5	4.4	4.0

5.37 开放实验室（所、站）

Basic Statistics of Research Projects Conducted

	学委会审批 Projects selected by Academic Committees	攻关项目 State Key projects
合　计 Total	**2186**	**198**
数学、物理 Mathematics & physics	572	11
化学 Chemistry	347	25
资源、环境 Resources & environment	513	106
生物学 Biological sciences	212	18
技术科学 Technological sciences	542	38

注：国家攻关按四级课题计算；“863”按三级课题计算；国家基础研究重大项目和国家基金重点课题、部委重大项目按二

Note: National key projects are classified as the 4th class projects, “863” key projects the 3rd class projects, major national basic research

ing international cooperative projects) the lst class projects.

课题情况（1992 年）

by the Open Laboratories (Institutes and Stations)：1992

单位：个

"863"课题 "863" key projects	国家重大基础 Natoinal major basic research projects	国家基金 State funded projects	部委课题 Projects at the ministerial level	国际合作 International cooperative projects	其他 Others
123	150	496	293	167	269
21	35	129	61	24	19
23	41	94	41	20	26
5	25	123	74	64	148
19	21	41	39	22	20
55	28	109	78	37	56

级课题计算；其它课题（包括国际合作）均按一级课题计算。

projects，major fundation projects and major projects at the ministerial level the 2nd class projects and all the other projects (includ-

5.38 开放实验室

Basic Statistics of S&T Achievements Made

	获奖研究成果 Awards-winning S&T						
	国家级奖 National awards					院、部 Academy-and-	
	特等 Special class	一等 1st class	二等 2nd class	三等 3rd class	四等 4th class	特等 Special class	一等 1st class
合计 Total		**4**	**5**	**1**		**1**	**14**
数学、物理 Mathematics & physics		1	2	1			4
化学 Chemistry						1	2
资源、环境 Resources & environment			1				3
生物学 Biological sciences		2	1				
技术科学 Technological sciences		1	1				5

（所、站）科技成果情况（1992年）

by the Open Laboratories (Institutes and Stations): 1992

achievements（项）(item)				论文 Theses（篇）(No. of article)		专著 Monographs（种）(title)		批准专利 Patents granted（项）(item)
委奖 ministerial-level awards			其他 Others	国内发表 Published domestically	国际发表 Published internationally	中文 Chinese	外文 Foreign languages	
二等 2nd class	三等 3rd class	四等 4th class						
34	**38**	**8**	**22**	**5226**	**2661**	**94**	**26**	**35**
4	11	8	6	998	724	11	5	9
12	11		4	1124	580	17	3	12
6	2			1542	407	50	9	5
4	5		2	526	307	10	4	2
8	9		10	1036	643	6	5	7

表5.39 支撑机构课题按活动

Total Research Projccts in CAS Supporting

	基础研究课题（个）Basic research	课题经费内部支出（千元）Intramural expenditure (thousand yuan)	课题组人员折合全时人数（人·年）Full-time equivalent (man·year)	科学家工程师 Scientists & engineers	应用研究课题（个）Applied research
总　计 Total	**225**	**4247**	**369**	**361**	**249**
中国科学院文献情报中心 CAS Documentation and Information Center	3	385	12	11	2
武汉文献情报中心 Wuhan Center for Documentation and Information					
成都文献情报中心 Chengdu Documentation and Information Center					
兰州文献情报中心 Lanzhou Center for Documentation and Information	1	70	3	3	1
北京科学仪器研制中心 Beijing R&D Center for Scientific Information	13	453	31	31	3
南京天文仪器研制中心 Nanjing R&D Center for Astronomical Information					8
中国科学技术大学 University of Science and Technology of China	208	3339	323	316	235

类型分类（一）（1992年）

Units，by Type of Research（1）：1992

课题经费内部支出（千元）Intramural expenditure (thousand yuan)	课题组人员折合全时人数（人·年）Full-time equivalent input (man·year)	科学家工程师 Scientists & engineers	试验发展课题（个）Experimental development	课题经费内部支出（千元）Intramural expenditure (thousand yuan)	课题组人员折合全时人数（人·年）Full-time equivalent input (man·year)	科学家工程师 Scientists & engineers
7914	**459**	**447**	**28**	**1448**	**64**	**58**
2342	9	9				
34	3	3				
170	7	7	3	50	4	4
157	7	7	14	1150	31	30
5211	433	421	11	248	29	24

5.40 支撑机构课题按活动类

Total Research Projects in CAS Supporting

	基础研究课题（个）Application of R&D results	课题经费内部支出（千元）Intramural expenditure (thousand yuan)	课题组人员折合全时人数（人·年）Full-time equivalent (man·year)	科学家工程师 Scientists & engineers	科技服务课题（个）S & R services
总计 Total	**76**	**3409**	**108**	**96**	**33**
中国科学院文献情报中心 CAS Documentation and Information Center					8
武汉文献情报中心 Wuhan Center for Documentation and Information					2
成都文献情报中心 Chengdu Documentation and Information Center					4
兰州文献情报中心 Lanzhou Center for Documentation and Information					6
北京科学仪器研制中心 Beijing R&D Center for Scientific Information	1	550	13	10	
南京天文仪器研制中心 Nanjing R&D Center for Astronomical Information	26	1958	29	27	
中国科学技术大学 University of Science and Technology of China	49	901	66	59	13

型分类（二）（1992年）

Units，by Type of Research（2）：1992

课题经费内部支出（千元） Intramural expenditure (thousand yuan)	课题组人员折合全时人数（人·年） Full-time equivalent (man·year)	科学家工程师 Scientists & engineers	生产性活动课题（个） Production activities	课题经费内部支出（千元） Intramural expenditure (thousand yuan)	课题组人员折合全时人数（人·年） Full-time equivalent (man·year)	科学家工程师 Scientists & engineers
2028	**65**	**64**	**5**	**723**	**9**	**9**
273	27	26				
3	2	2				
66	8	8				
1604	15	15				
			3	688	7	7
82	13	13	2	35	2	2

5.41 支撑机构课题综合情况（1992年）

Statistics of Rescarch Projects in CAS Supporting Units：1992

	课题数合计（个）Total projects	当年内开题数 Number of projects started	课题经费内部支出（千元）Intramural expenditure (thousand yuan)	课题组人员折合全时人数（人·年）Full-time equivalent (man·year)	科学家工程师 Scientists & engineers	其他科技人员 Other S & T personnel
总　计 Total	**616**	**172**	**19769**	**1074**	**1035**	**38**
中国科学院文献情报中心 CAS Documentation and Information Center	13	4	3000	48	46	3
武汉文献情报中心 Wuhan Center for Documentation and Information	2	2	3	2	2	
成都文献情报中心 Chengdu Documentation and Information Center	4	3	66	8	8	1
兰州文献情报中心 Lanzhou Center for Documentation and Information	8	3	1708	21	21	1
北京科学仪器研制中心 Beijing R&D Center for Scientific Instruments	20	2	1223	55	52	2
南京天文仪器研制中心 Nanjing R&D Center for Astronomical Instruments	51	12	3953	74	71	3
中国科学技术大学 University of Science and Technology of China	518	146	9816	866	835	28

六、科技企业开发经营活动

BUSINESS ACTIVITIES OF CAS S&T COMPANIES

6.1 院管公司一览表（1992年）

CAS-Run Companies：1992

序 No.	公司名称 Name of company	序 No.	公司名称 Name of company
	北京市：24个 Beijing	12	北京百泰生物技术公司 Beijing Biotech Technology Corporation
1	东方科学仪器进出口公司 Oriental Scientific Instrument Import and Export Corporation	13	中国联合新材料开发公司 China Joint Corporation for New Materials Development
2	北京科理高技术公司 Beijing Keli High Technology Corporation	14	北京科进技术装备器材公司 Beijing Kejin Technical Equipment and Instruments Corporation
3	北京希望电脑公司 Beijing Hope Computer Corporation	15	北京信通集团公司 Beijing Syntone Group Corporation
4	北京科海高技术（集团）公司 Beijing Kehai High Technology Group Corporation	16	中国新技术发展贸易有限公司 China New-Technology Development and Trade Corporation
5	北京科辐辐射技术公司 Beijing Kefu Radiation Technology Incorporation	17	中国科技财务公司 China Scientific and Technological Finance Corporation
6	北京联想计算机集团公司 Beijing Legend Computer Group Corporation	18	北京集成电路制版服务中心 Beijing IC Mask-Making Service Center
7	北京三环新材料高技术公司 Beijing Sanhuan New Materials R&D Incorporation	19	北京科能能源与动力研究发展中心 Beijing Academia Energetics R&D Center
8	北京远望技术公司 Beijing Outlook Technical Corporation	20	北京凯思软件工程公司 Beijing CAS Software Engineering Corporation
9	中国大通电子有限公司 China Datong Electronics Corporation	21	北京群星科技开发公司 Beijing Galaxy Incorporation
10	北京中科建设工程承发包总公司 Beijing Construction Undertaking Corporation	22	北京农村经济科技发展部 Beijing Department of Rural Economy and Technology Development
11	中国大恒公司 China Daheng Corporation	23	北京中科卫星通信技术有限公司 Beijing Satellite Communication Technology Company

续表6.1

序 No.	公 司 名 称 Name of company	序 No.	公 司 名 称 Name of company
24	中国科技促进经济发展基金会 China Foundation of S&T for Development	26	中国科健有限公司 China Kejian Ltd.
	湖北省：1个 Hubei Province	27	深圳科技工业园总公司 Shenzhen Science and Industry Park Corporation
25	武汉波谱公司 Wuhan Spectroscopy Company	28	深圳科深科技咨询开发公司 Shenzhen Keshen S&T Consultation and Development Corporation
	广东省：3个 Guangdong Province		

6.2 各类科技开发公司主要统计指标

Major Statistical Indices of Various Types of S&T Companies

	合计 Total	院管公司 (院全资) CAS-run companies (invested in solely by CAS)	院与部门、地方、所合办公司 Companies run jointly by CAS and other sectors and local departments	所办公司 Institute-run companies	所与地方合办公司 Companies run jointly by institutes and local organizations	中外合资公司 Joint venture
公司数（个） Number of companies	395	56	50	241	17	31
年末总人数（人） Total staff at the end of the year (person)	23211	2997	2365	13513	1612	2724
其中：固定合同制职工 Of which: Permanent and contract staff	20270	2573	2062	12046	1392	2197
专业技术人员 Professional and technical staff	12529	1882	1127	7679	665	1176
其中：高级 Of which: Senior	2075	322	198	1354	101	100
中级 Middle-level	4472	636	326	2922	310	278
院内编制人数（人） Staff on CAS payroll (person)	10714	1580	477	7825	440	392
经营总额（万元） Total turnover (ten thousand yuan)	329454.8	73309.1	47838	116385.9	52433.9	39487.9
其中：产品销售收入 Of which: Income from product sale	124992.5	9759.7	10023.9	42420.7	26716.2	36072
技术收入 Technology-related income	34146.7	10142	4894.3	16643	2176.8	290.6
上缴税金（万元） Total tax (ten thousand yuan)	15436.5	3079.8	1444	6902.8	2586.9	1432
新产品（种） New product (title)	335	38	40	213	28	16

6.3 科技开发公司人员文化程度

Educational Background of the Staff in CAS S&T Companies

	总计 Total	研究生 Post-graduates	大学 University graduates	大专 Specialized higher school graduates	中专 Specialized secondary school graduates	其他 Others
职工人数 Number of staff	20270	1172	5441	3031	1925	8701
(%)	100	5.8	26.8	15	9.5	42.9

6.4 科技开发公司研究课题活动

Research Projects Undertaken by CAS S&T Companies

	合计 Total	国家下达 Projects assigned by the State	院下达 Projects assigned by CAS	横向委托 Lateral contract projects	自选 Self-selected projects	其他 Others
课题数(项) Number of projects (item)	784	38	24	342	310	70
投入人力(人·年) Personnel input (man·year)	2395	221	113	818	1090	153
投入经费(万元) Fund input (ten thousand yuan)	6745	1147	309	2129	2931	229

6.5 科技开发公司成果与产品获奖情况

Award-Winning Achievements and Products Made by CAS S&T Companies

	获奖总数 Total awards	国际奖 International awards	国家奖 Awards at the State level	省、部、院级奖 Awards at the provincial, ministerial and Academy levels	地、市级奖 Awards at the prefectural and city levels	其他奖 Other awards
成果（项） Achievement (item)	68	4	12	36	7	9
产品（种） Product (title)	63	4	13	16	18	12

6.6 科技开发公司规模按人员分组

Size of CAS S&T Companies, by Number of People

	合计 Total	1—10人	11—50人	51—100人	101—200人	201—300人	>300人
单位数 Number of companies	395	76	214	64	26	8	7
(%)	100.0	19.2	54.2	16.2	6.6	2.0	1.8
人数 Number of people	20270	553	5715	4408	3426	1873	4295
(%)	100.0	2.7	28.2	21.8	16.9	9.2	21.2

6.7 科技开发公司规模按经营额分组

Size of CAS S&T Companies, by Turnover

单位：万元（ten thousand yuan）

	合计 Total	<10	10—<50	50—<100	100— <500	500— <1000	1000— <5000	5000— <10000	>10000
单位数 Number of companies	395	38	63	47	138	45	49	10	5
(%)	100	9.6	16	11.9	34.9	11.4	12.4	2.5	1.3
经营额 Turnover	329454.8	116.5	1720.8	3621.4	34702.9	30976.3	103293.7	64167.4	90855.8
(%)	100.0	0.0	0.5	1.1	10.5	9.4	31.4	19.5	27.6

6.8 科技开发公司规模按年创利税额分组

Size of CAS S&T Companies, by Annual Profit Made and Tax Paid

单位：万元（ten thousand yuan）

	合计 Total	<0	0—<1	1—<5	5—<10	10—<50	50—<100	100— <500	500— <1000	>1000
单位数 Number of companies	395	58	19	52	44	130	42	36	7	7
(%)	100	14.7	4.8	13.2	11.1	32.9	10.6	9.1	1.8	1.8
利税额 Total profit and tax	40702.4	−838.1	11.4	147.3	316.4	3270.8	2905.7	8453.6	4210.4	22224.9
(%)	100	−2.1	0.0	0.4	0.8	8.1	7.1	20.8	10.3	54.6

6.9 院管科技开发公司支撑机构

CAS S&T Development Supporting Organizations

公司全称 Company	职工总数 （人） Total staff	高、中级 （人） Senior & middle-level	上缴税金基金 （万元） Tax (ten thousand yuan)
东方科学仪器进出口公司 Oriental Scientific Instrument Import and Export Corporation	431	193	590.9
中国新技术发展贸易有限公司 China New-Tech Development and Trade Corporation	63	21	74.0
深圳科技工业园总公司 Shenzhen Science and Industry Park Corporation	1704	306	808.0
中国科技财务公司 China Scientific and Technological Finance Corporation	118	32	984.5
中国科技促进经济发展基金会 China Foundation of S & T for Development	40	28	240.6

6.10 院管科技开发

Major Indices of CAS-

公 司 全 称 Company	职工总数（人） Total staff (person)	高、中级 Senior & intermediate	经营总额（万元） Total turnover value (ten thousand yuan)
北京联想计算机集团公司（国内部分） Beijing Legend Computer Group Corporation	666	239	41575.1
北京科海高技术（集团）公司 Beijing Kehai High Technology Group Corporation	672	153	28073.1
中国大恒公司 China Daheng Corporation	653	135	26092.4
中国科健有限公司（含深圳安科公司） China Kejian Ltd.	686	140	21075.8
北京希望电脑公司 Beijing Hope Computer Corporation	149	71	10015.3
北京信通集团公司 Beijing Syntone Group Corporation	126	67	2244.8
北京三环新材料高技术公司 Beijing Sanhuan New Materials R&D Incorporation	582	116	4368.5
中国大通电子有限公司 China Datong Electronic Corporation	254	78	5141.7
北京科理高技术公司 Beijing Keli High Technology Corporation	263	120	3762.6
北京远望技术公司 Beijing Outlook Technical Corporation	115	41	2309.0
北京科辐辐射技术公司 Beijing Kefu Radiation Technology Incorporation	103	28	384.0
北京中科卫星通信技术有限公司 Beijing Satellite Communication Technology Company	38	16	846.2
北京百泰生物技术公司 China Biotech Technology Corporation	32	21	211.1
武汉波谱公司 Wuhan Spectroscopy Company	50	27	540.5
北京科进技术装备器材公司 Beijing Kejin Technical Equipment and Instruments Corporation	89	18	1253.0

公司主要指标
Run S&T Companies

产品销售收入 Income from product sales	商品销售收入 Income from commodity sale	技术收入 Technology-related income	上缴税金基金 (万元) Tax (ten thousand yuan)	产品品种数 (种) Product (title)	新产品 (种) New product (title)
22125.4	17513.3	1733.4	2065.4	50	13
779.5	12397.2	5029.7	560.5	61	12
6483.3	15828.6	2956.3	467.3	58	4
16789.3	1716.5	690.0	1276.6	21	3
593.0	6564.0	2858.0	308.5	5	5
156.3	655.7	49.9	41.8	22	20
4128.7	209.0	30.0	199.4	2	
336.3	4545.4	213.2	59.0	5	2
744.9	2359.3	197.9	65.6	13	4
436.0	1720.0		39.0		
282.0	46.0	33.0	18.0	2	2
671.0	76.2	99.0	59.9	7	2
	92.5	118.6	6.7		
26.8	497.7	15.4	9.2	2	
	1253.0		124.4		

公 司 全 称 Company	职工总数（人） Total staff (person)	高、中级 Senior & intermediate	经营总额（万元） Total turnover value (the thousand yuan)
北京群星科技开发公司 Beijing Galaxy Incorporation	15	8	36.5
北京集成电路制版服务中心 Beijing IC Mask-Making Service Center	7	2	95.0
北京凯思软件工程公司 CAS Software Engineering Corporation	74	63	250.0
深圳科深科技咨询开发公司 Shenzhen Keshen S&T Consultation and Development Corporation	24	4	204.4
北京科能能源与动力研究发展中心 Beijing Academia Energetics R&D Center	34	18	105.9
中国联合新材料开发公司 China Joint Corporation for New Materials Development	21	12	206.0
北京中科建设工程承发包总公司 Beijing Construction Undertaking Corporation	64	28	294.4
北京农村经济科技发展部 Beijing Department of Rural Economy and Technology Development	43	7	10.2

续表6.10

产品销售收入 Income from product sales	商品销售收入 Income from commodity sales	技术收入 Technology-related income	上缴税金基金（万元） Tax (ten thousand yuan)	产品品种数（种） Product (title)	新产品（种） New product (title)
		15.0	0.8		
11.0	83.4		6.5	3	1
	169.0	71.0	4.4		
198.0		6.0	10.5	1	1
53.3		23.1	8.2		
5.3	53.0	93.0	7.4		
	151.7	142.7	15.2		
		8.2	0.6		

七、获奖成果

AWARD-WINNING ACHIEVEMENTS

7.1 历年获国家级三大奖科技成果（截至1992年）

S&T Achievements Gaining Three National Awards (up to 1992)

单位：项（item）

	合计 Total	数学、物理 Mathematics & physics	化学与化工 Chemistry & chemical engineering	地学 Earth sciences	生物学 Biological sciences	技术科学 Technological sciences	其他 Others	高等学校 University
国家自然科学奖 National Natural Science Awards	190	40	35	36	42	30	7	6
一等奖 1st class	14	5		3	4	2		
二等奖 2nd class	58	12	14	8	20	4		
三等奖 3rd class	93	17	21	21	13	16	5	5
四等奖 4th class	25	6		4	5	8	2	1
国家发明奖 National Invention Awards	127	10	74	4	15	19	5	4
一等奖 1st class	4		3			1		
二等奖 2nd class	16	1	9		2	3	1	1
三等奖 3rd class	79	8	46	3	11	7	4	3
四等奖 4th class	28	1	16	1	2	8		
国家科技进步奖 National S&T Progress Awards	248	44	33	39	33	89	10	3
特等奖 Special class	3	1	1			1		
一等奖 1st class	22	9	2	3	1	7		
二等奖 2nd class	91	14	11	12	10	38	6	3
三等奖 3rd class	132	20	19	24	22	43	4	

续表7.1

	合计 Total	数学、物理 Mathematics & physics	化学与化工 Chemistry & chemical engineering	地学 Earth sciences	生物学 Biological sciences	技术科学 Technological sciences	其他 Others	高等学校 University
三大奖合计 Total	565	94	142	79	90	138	22	13
特等奖 Special class	3	1	1			1		
一等奖 1st class	40	14	5	6	5	10		
二等奖 2nd class	165	27	34	20	32	45	7	4
三等奖 3rd class	304	45	86	48	46	66	13	8
四等奖 4th class	53	7	16	5	7	16	2	1

注：1. 国家自然科学奖1956—1991年；国家发明奖1979—1992年；国家科技进步奖1985—1992年。
2. 本表只统计第一获奖单位为中科院所属单位的获奖项目。
3. 资料来源：计划财务局成果处提供。

Note: 1. The National Natural Sciences Awards was first granted in 1956, National Invention Awards in 1979 and National S&T Progress Awards in 1985.
2. The figures here only refer to those awards whose major inventor is CAS.
3. Source: Division of Achievement Management , Bureau of Planning.

7.2 获国家自然科学奖科技成果

S & T Achievements Gaining National Natural Science Awards

年份 Year	项目 Item	获奖总项数 Total	一等奖 1st class	二等奖 2nd class	三等奖 3rd class	四等奖 4th class
1956	全国授奖项数 National total	34	3	5	26	
（第一届）	中科院获奖数 Awards won by CAS	23	3	2	18	
1982	全国授奖项数 National total	125	9	40	49	27
（第二届）	中科院获奖数 Awards won by CAS	47	2	23	17	5
1987	全国授奖项数 National total	178	11	39	87	41
（第三届）	中科院获奖数 Awards won by CAS	73	7	17	34	15
1989	全国授奖项数 National total	59	2	19	23	15
（第四届）	中科院获奖数 Awards won by CAS	31	2	11	13	5
1991	全国授奖项数 National total	53	0	10	31	12
（第五届）	中科院获奖数 Awards won by CAS	16	0	5	11	0

注：本表只统计中科院为第一完成单位的获奖项目.

Note：The numbers here only include those awards whose major inventor is CAS.

7.3 获国家科技进步奖科技成果

S & T Achievements Gaining National S&T Progress Awards

年份 Year	获奖总项数 Total	特等奖 Special class	一等奖 1st class	二等奖 2nd class	三等奖 3rd class
1985	73	2	8	28	35
1987	36		1	13	22
1988	29		4	11	14
1989	26		1	9	16
1990	17	1	3	5	8
1991	28		1	11	16
1992	39		4	14	21

注：本表只统计中科院为第一完成单位的获奖项目.

Note：The numbers here only include those awards whose major inventor is CAS.

7.4 获国家发明奖科技成果

S & T Achievements Gaining National Invention Awards

年份 Year	获奖总项数 Total	一等奖 1st class	二等奖 2nd class	三等奖 3rd class	四等奖 4th class
1979	11		3	7	1
1980	19	1	3	14	1
1981	10			7	3
1982	10			4	6
1983	11		2	8	1
1984	15	1	3	8	3
1985	6			4	2
1987	12		1	9	2
1988	12	1	2	6	3
1989	4			3	1
1990	5			4	1
1991	7	1	1	4	1
1992	5		1	1	3

注：本表只统计中科院为第一完成单位的获奖项目.

Note：The numbers here only include those awards whose major inventor is CAS.

7.5 获国家发明奖项目（1992年）

S & T Achievements Gaining National Invention Awards：1992

序号 No.	获奖成果名称 Awards-winning achievement	主要完成单位 Major inventor	获奖等级 Class
1	聚偏氟乙烯薄膜激光辐射探测器 Laser radiation detector using polyvinylidene fluoride	中国科学院物理研究所、中国科学院传感技术公司 Inst. of Physics and CAS Transducer Technology Company	二等 2nd class
2	金属板材延伸率激光测量装置 Laser equipment for elongation measurement of steel plate	中国科学院工程热物理研究所 Inst. of Engineering Thermophysics	四等 4th class
3	薄膜铂电阻制造技术 Manufacture technology of platinum film temperature sensors	中国科学院上海冶金研究所 Shanghai Inst. of Metallurgy	四等 4th class

注：另有军工项目二项（三等奖一项，四等奖一项）从略。

Note：The list does not include two awards for defense projects (one 3rd class award and one 4th class award).

7.6 获国家科技进步奖项目（1992年）
S & T Achievements Gaining National S&T Progress Awards：1992

序号 No.	获奖成果名称 Awards-winning achievement	主要完成单位 Major inventor	获奖等级 Class
1	联想 EISA486/50微机及测试系统 Legend EISA 486/50 microcomputer and its measurement system	北京联想计算机集团公司 Beijing Legend Computer Group Corporation	一等 Ist class
2	1.56米天体测量望远镜 The 1.56m astrometric telescope	中国科学院上海天文台 Shanghai Observatory	一等 Ist class
3	兰州重离子研究装置 The heavy ion research facility	中国科学院近代物理研究所 Inst. of Modern Physics	一等 Ist class
4	密码学研究 Cryptography study	中国科学技术大学研究生院 Graduate School of USTC	一等 Ist class
5	光盘伺服槽及预制格式刻划机 Laser cutting machine of optical disk for servo grooves and performed information	中国科学院长春光学精密机械研究所 Changchun Inst. of Optics and Fine Mechanics	二等 2nd class
6	RECON-IV-300-SIA-X 中型水下机器人产品开发 Commercial development of medium-sized underwater vehicle RECON IV system SIA-300-X	中国科学院沈阳自动化研究所 Shenyang Inst. of Automation	二等 2nd class
7	CAS386微机工作站及微机系统 CAS 386 personal workstation and microcomputer system	中国科学院计算技术研究所 中国科学院自动化研究所 中国科学院软件研究所 Inst. of Computing Technology, Inst. of Automation and Inst. of Software	二等 2nd class
8	KS-37行波速调管 KS-37 Twystron	中国科学院电子学研究所 Inst. of Electronics	二等 2nd class
9	长波长1.3μm 和1.5μm 无致冷单模激光器研究 Long wavelength 1.3μm and 1.5μm single mode laser diode modules without cooler	中国科学院半导体研究所 Inst. of Semiconductors	二等 2nd class
10	太阳精细结构望远镜 Solar fine structure telescope	中国科学院南京天文仪器研制中心 中国科学院云南天文台 中国科学院紫金山天文台 Nanjing R&D Center for Astronomical Instruments, Yunnan Observatory and Purple Mountain Observatory	二等 2nd class

续表7.6

序号 No.	获奖成果名称 Awards-winning achievement	主要完成单位 Major inventor	获奖等级 Class
11	溅射法制备 Y（Gd）BaCuO 高温超导薄膜工艺，膜的结构及超导性能研究 Preparation technique of Y（Gd）BaCuO high Tc superconducting thin films by sputtering and their structural and superconducting properties	中国科学院物理研究所 中国科技大学结构分析实验室 Inst. of Physics and the Laboratory of Structure Analysis of USTC	二等 2nd class
12	支持可理解性和可复用性的软件设计系统 URS-1 Understandable and reusable software design system URS-1	中国科学院软件研究所 Inst. of Software	二等 2nd class
13	ASP-015磁共振成像系统 ASP-015 magnetic resonance imaging system	中国科健有限公司 中国科学院电工所 China Kejian Ltd. and Inst. of Electric Engineering	二等 2nd class
14	黄土高原微肥使用的有效条件与施肥技术 Effective conditions and techniques for micronutrient application in the Loess Plateau region	中国科学院-水利部西北水土保持研究所 Northwest Inst. of Soil and Water Conservation	二等 2nd class
15	中华人民共和国1∶100万土地资源图的编制与研究 Land resources map of the People′s Republic of China：1∶1000000	中国科学院-国家计委自然资源综合考察委员会 中国科学院南京地理与湖泊研究所 中国科学院兰州沙漠研究所 Commission for Integrated Survey of Natrual Resources and Nanjing Inst . of Geography and Limnology	二等 2nd class
16	大洋（DY）特技术字幕机 DY special video effect and graphic caption system	中国科学院电子学研究所 北京大洋图象技术公司 Beijing Dayang Image Technology Company and Inst. of Electronics	三等 3rd class
17	原子力显微镜 Atomic force microscope	中国科学院化学研究所 Inst. of Chemistry	三等 3rd class
18	CMOS 电路辐射效应及其加固的研究 Radiation effects and hardening on CMOS integrated circuits	中国科学院新疆物理研究所 Xinjiang Inst. of Physics	三等 3rd class
19	飞秒激光技术 Femtosecond laser technology	中国科学院西安光学精密机械研究所 Xi′an Inst. of Optics and Fine Mechanics	三等 3rd class
20	痕量元素分析和质量保证的研究 Trace element analysis and quality control	中国科学院长春应用化学研究所 Changchun Inst. of Applied Chemistry	三等 3rd class

续表7.6

序号 No.	获奖成果名称 Awards-winning achievement	主要完成单位 Major inventor	获奖等级 Class
21	微细球形铝粉生产装置、工艺技术及产品应用研究 Fine spherical aluminum powder-plant facility, technology and product application	中国科学院力学研究所 Inst. Mechanics	三等 3rd class
22	治疗心血管病植物药——地奥心血康研究 Study of Di'aoxinxuekang——a new remedy for cardiovascular diseases	中国科学院成都生物研究所 Chengdu Inst. of Biology	三等 3rd class
23	塞隆骨新药资源开发及其制剂塞隆风湿酒的研制 Exploitation of the new medical resource——Sailong bone and the developmental research on Sailong medical liquor for rheumatism	中国科学院西北高原生物研究所 Northwest Inst. of Biology	三等 3rd class
24	柽柳属植物综合研究及大面积推广应用 Comprehensive study, lager-scaled planting and extensive application of Tamarix	中国科学院新疆生物土壤沙漠研究所 Xinjiang Inst. of Biology, Pedology and Desert Research	三等 3rd class
25	太行山低丘陵立体林业工程研究 Study on the integrated forest engineering in hilly area of Taihang Mountains	中国科学院石家庄农业现代化所 中国科学院植物研究所 中国科学院武汉植物研究所 Shijiazhuang Inst. of Agriculture Modernization, Inst. of Botany and Wuhan Inst. of Botany	三等 3rd class
26	辽东湾石油开发区海洋环境综合调查与研究 Multidisciplinary survey and study on the marine environment in the offshore oil exploitation area of Liaodong Bay	中国科学海洋研究所 Inst. of Oceanology	三等 3rd class
27	短波通讯突然骚扰及太阳质子事件的预报 Prediction of short wave fade-outs and solar proton events	北京天文台、云南天文台、紫金山天文台 Beijing Astronomical Observatory , Yunnan Observatory and Purple Mountain Observatory	三等 3rd class
28	中国科学院文献资源合理布局 Investigation on CAS library and documentation resources and their rational distribution	中国科学院文献情报中心 中国科学院兰州文献情报中心 中国科学院成都文献情报中心 中国科学院上海文献情报中心 中国科学院半导体所图书馆 CAS Documentation and Information Center, Lanzhou Documentation and Information Center, Chengdu Documentation and Information Center, Shanghai Documentation and Information Center and the Library of Inst. of Semiconductors	三等 3rd class

续表7.6

序号 No.	获奖成果名称 Awards-winning achievement	主要完成单位 Major inventor	获奖等级 Class
29	长江三峡库区土地承载能力研究（含水、土、植物资源调查与评价） Study on the carrying capacity of land resources in the three Gorge Reservoir area, including the investigation and evaluation of water, land and plant resources	中国科学院南京土壤研究所 中国科学院成都山地灾害与环境研究所 中国科学院植物所 中国科学院成都分院土壤研究室 Nanjing Inst. of Soil Science, Chengdu Inst. of Mountain Hazards and Environment, Inst. of Botany and the Laboratory of Soil Analysis of Chengdu Branch	三等 3rd class
30	京津唐地区生态环境地图集与电子地图集研制 Compilation of eco-environment atlas of Beijing, Tianjin and Tangshan	中国科学院-国家计委地理所 中国科学院海洋研究所 中国科学院生态环境中心 中国科学院植物所 中国科学院动物所 Inst. of Geography, Inst. of Oceanololgy, Research Center for Eco-Environment Sciences, Inst. of Botany and Inst. of Zoology	三等 3rd class
31	中国亚热带东部丘陵山区自然资源合理利用与治理途径 Rational utilization and management of natural resources in the east part of China's subtropical hilly and mountainous areas	中国科学院-国家计委自然资源综合考察委员会 中国科学院广州分院 Commission for Integrated Survey of Natural Resources and Guangzhou Branch	三等 3rd class
32	洪湖水体生物生产力的综合开发及湖泊生态环境优化研究 Study on the comprehensive exploitation of aquatic biological productivity and eco-environment improvement in Honghu	中国科学院水生生物研究所 Inst. of Hydrobiology	三等 3rd class
33	高技术开发区研究 Study on the hi-technology development zones	中国科学院科技政策与管理研究所 中国科学院数理化局 Inst. of Science Policy and Management and CAS Bureau of Mathematics, Physics and Chemistry	三等 3rd class
34	中国工业发展与布局研究 Study on the development and distribution of China's industry	中国科学院地理研究所 Inst. of Geography	三等 3rd class
35	城市道路交通噪声控制研究 Study on the control of urban traffic noise	中国科学院声学研究所 Inst. of Acoustics	三等 3rd class

注：另有军工项目四项（二等奖三项，一等奖一项）从略。

Note: The list does not include four awards for defense projects (three of which granted with 2nd class awards and one 1st class award).

7.7 获院自然科学奖情况（1992年）

S&T Achievements Gaining CAS Natural Science Awards：1992

单位：项（item）

	合计 Total	一等奖 1st class	二等奖 2nd class	三等奖 3rd class
总计 Total	**116**	**17**	**43**	**56**
数学、物理 Mathematics & physics	21	5	7	9
化学与化工 Chemistry & chemical engineering	16	2	6	8
地学 Earth sciences	25	5	9	11
生物学 Biological sciences	24	2	9	13
技术科学 Technological sciences	20	3	7	10
学校 University	7		4	3
其它 Others	3		1	2

7.8 获院科技进步奖情况（1992年）

S&T Achievements Gaining CAS S&T Progress Awards：1992

单位：项（item）

	合计 Total	特等奖 Special class	一等奖 1st class	二等奖 2nd class	三等奖 3rd class
总计 Total	**259**	**2**	**37**	**92**	**128**
数学、物理 Mathematics & physics	40		5	15	20
化学与化工 Chemistry & chemical engineering	48		7	14	27
地学 Earth sciences	27		6	11	10
生物学 Biological sciences	36		5	14	17
技术科学 Technological sciences	99	1	13	36	49
学校 University	3	1			2
其它 Others	6		1	2	3

八、国际交流

INTERNATIONAL COOPERATION

8.1 国际合作交流邀请项目（一）（1992年）

Statistics of Foreign Visitors Hosted by CAS (1)：1992

国别与地区 Country and region	批数 Number of batches			人次 Person·times		
	合计 Total	院级 At academy level	所级 At institute level	合计 Total	院级 At academy level	所级 At institute level
合计 Total	**1083**	**289**	**794**	**2425**	**629**	**1796**
美洲与大洋洲 Americas & Oceania	311	42	269	772	101	671
美国 USA	243	32	211	652	91	561
加拿大 Canada	27		27	37		37
澳大利亚 Australia	34	10	24	55	10	45
新西兰 New Zealand	7		7	28		28
欧洲 Europe	380	126	254	823	286	537
德国 Germany	90	39	51	206	127	79
英国 UK	70	23	47	111	31	80
意大利 Italy	22	7	15	35	8	27
法国 France	41	17	24	111	43	68
芬兰 Finland	5	4	1	5	4	1
瑞典 Sweden	17	11	6	25	12	13
瑞士 Switzerland	16	1	15	52	10	42
挪威 Norway	4		4	6		6

国别与地区 Country and region	批数 Number of batches			人次 Person·times		
	合计 Total	院级 At academy level	所级 At institute level	合计 Total	院级 At academy level	所级 At institute level
比利时 Belgium	8		8	9		9
荷兰 Holland	14	3	11	28	3	25
西班牙 Spain	4		4	7		7
奥地利 Austria	10	3	7	21	10	11
核子中心 CERN	4	4		16	16	
独联体各国 CIS	55		55	156		156
捷克-斯洛伐克 Czechoslovakia	5	2	3	10	7	3
波兰 Poland	6	3	3	15	5	10
匈牙利 Hungary	4	4		4	4	
罗马尼亚 Romania	5	5		6	6	
亚　洲 Asia	367	116	251	792	235	557
日本 Japan	265	102	163	537	173	364
朝鲜民主主义人民共和国 DPRK	9	6	3	37	20	17
韩国 Republican of Korea	13	1	12	38	6	32
香港 Hong Kong	12	1	11	17	2	15
新加坡 Singapore	29		29	36		36

续表8.1

国别与地区 Country and region	批　数 Number of batches			人次 Person・times		
	合计 Total	院级 At academy level	所级 At institute level	合计 Total	院级 At academy level	所级 At institute level
泰国 Thailand	13	2	11	69	30	39
印度 India	9	3	6	16	3	13
蒙古 Mongolia	4	1	3	6	1	5
马来西亚 Malaysia	3		3	4		4
印度居西亚 Indonesia	4		4	7		7
伊朗 Iran	6		6	25		25
国际组织 International organizations	5	5		7	7	
其他 Others	20		20	31		31

8.2 国际合作交流邀请项目（二）（1992年）

Statistics of Foreign Visitors Hosted by CAS (2): 1992

国别与地区 Country and region	合计 Total	按交流形式分类统计（人次） Person·times, by type of exchange						
		合作 Joint research	讲学 Lecture	考察 Investigation	培训 Training	访问 Visit	会议 Conference	其他 Others
合计 Total	**2425**	**827**	**278**	**231**	**21**	**481**	**449**	**138**
美洲与大洋洲 Americas & Oceania	772	282	96	83	1	101	182	27
美国 USA	652	248	72	43	1	92	171	25
加拿大 Canada	37	9	16	4		5	2	1
澳大利亚 Australia	55	22	8	17		3	4	1
新西兰 New Zealand	28	3		19		1	5	
欧洲 Europe	823	335	123	49	3	98	164	51
德国 Germany	206	81	78	2		23	8	14
英国 UK	111	34	15	17	2	21	16	6
意大利 Italy	35	19	3			6	7	
法国 France	111	57	3			6	45	
芬兰 Finland	5	3	1					1
瑞典 Sweden	25	10	5	6		3	1	
瑞士 Switzerland	52	8	4			7	33	
挪威 Norway	6	3	2				1	

国别与地区 Country and region	合计 Total	按交流形式分类统计（人次） Person·times, by type of exchange						
		合作 Joint research	讲学 Lecture	考察 Investigation	培训 Training	访问 Visit	会议 Conference	其他 Others
比利时 Belgium	9	3				4	2	
荷兰 Holland	28	20	3		1	4		
西班牙 Spain	7	3		4				
奥地利 Austria	21	15	4				1	1
核子中心 CERN	16		2			2	12	
独联体各国 CIS	156	78	2	6		20	21	29
捷克-斯洛伐克 Czechoslovakia	10	1	1				8	
波兰 Poland	15			4		2	9	
匈牙利 Hungary	4			4				
罗马尼亚 Romania	6			6				
亚　洲 Asia	792	196	59	96	17	273	92	59
日本 Japan	537	172	54	41		220	36	14
朝鲜民主主义人民共和国 DPRK	37			20	14		3	
韩国 Republican of Korea	38	3		7		13	11	4
香港 Hong Kong	17	5	3			5	4	
新加坡 Singapore	36						1	35

国别与地区 Country and region	合计 Total	按交流形式分类统计（人次） Person·times, by type of exchange						
		合作 Joint research	讲学 Lecture	考察 Investigation	培训 Training	访问 Visit	会议 Conference	其他 Others
泰国 Thailand	69	8		6		32	23	
印度 India	16		2	3		2	5	4
蒙古 Mongolia	6	2		3			1	
马来西亚 Malaysia	4				1		2	1
印度尼西亚 Indonesia	7	1				1	4	1
伊朗 Iran	25	5		16	2		2	
国际组织 International organizations	7	7						
其他 Others	31	7		3		9	11	1

8.3 国际合作交流邀请项目（三）（1992年）

Statistics of Foreign Visitors Hosted by CAS (3)：1992

国别与地区 Country and region	合计 Total	按学科分类统计（人次） Person·times, by field					
		数、理、天文 Mathematics, physics & astronomy	化学、化工 Chemistry & chemical engineering	地学 Earth sciences	生物学 Biological sciences	技术科学 Technology sciences	其他 Others
合计 Total	**2425**	**578**	**279**	**640**	**503**	**273**	**188**
美洲与大洋洲 Americas & Oceania	772	242	143	144	178	41	24
美国 USA	652	225	140	116	120	36	15
加拿大 Canada	37	11	1	12	12		1
澳大利亚 Australia	55	6	2	8	26	5	8
新西兰 New Zealand	28			8	20		
欧　洲 Europe	823	255	41	251	148	78	50
德国 Germany	206	37	7	72	57	10	23
英国 UK	111	18	6	34	20	14	19
意大利 Italy	35	10	4	7	8	6	
法国 France	111	39	5	45	16	5	1
芬兰 Finland	5	1	1			2	1
瑞典 Sweden	25	3	2	8	8	2	2
瑞士 Switzerland	52	29	3	16	4		
挪威 Norway	6	3		2	1		
比利时 Belgium	9	3	2	3	1		

国别与地区 Country and region	合计 Total	按学科分类统计（人次） Person·times, by field					
		数、理、天文 Mathematics, physics & astronomy	化学、化工 Chemistry & chemical engineering	地学 Earth sciences	生物学 Biological sciences	技术科学 Technology sciences	其他 Others
荷兰 Holland	28	7		13	3	5	
西班牙 Spain	7			6		1	
奥地利 Austria	21	4	1	11	3	1	1
核子中心 CERN	16	16					
独联体各国 CIS	156	79	10	29	13	22	3
捷克-斯洛伐克 Czechoslovakia	10	2			6	2	
波兰 Poland	15	2		2	3	8	
匈牙利 Hungary	4	2			2		
罗马尼亚 Romania	6			3	3		
亚　　洲 Asia	792	70	95	230	166	118	113
日本 Japan	537	48	87	183	122	80	17
朝鲜民主主义人民共和国 DPRK	37		5	3		29	
韩国 Republican of Korea	38	10		7	12	3	6
香港 Hong Kong	17	4		3	5	3	2
新加坡 Singapore	36					1	35
泰国 Thailand	69	2	2	6	14		45

国别与地区 Country and region	合计 Total	按学科分类统计（人次） Person·times, by field					
		数、理、天文 Mathematics, physics & astronomy	化学、化工 Chemistry & chemical engineering	地学 Earth sciences	生物学 Biological sciences	技术科学 Technology sciences	其他 Others
印度 India	16	2		5	3		6
蒙古 Mongolia	6			4	2		
马来西亚 Malaysia	4			2	1		1
印度尼西亚 Indonnesia	7		1	1	4		1
伊朗 Iran	25	4		16	3	2	
国际组织 International organizations	7	2		3	2		
其他 Others	31	9		12	9		1

8.4 国际合作交流派出项目（一）（1992年）

Statistics of CAS Staff Sent Abroad (1): 1992

国别与地区 Country and region	批数 Number of batches			人次 Person·times		
	合计 Total	院级 At academy level	所级 At institute level	合计 Total	院级 At academy level	所级 At institute level
合计 Total	**2624**	**327**	**2297**	**4164**	**565**	**3599**
美洲与大洋洲 Americas & Oceania	749	21	728	1081	31	1050
美国 USA	603	11	592	887	16	871
加拿大 Canada	73		73	93		93
澳大利亚 Australia	52	9	43	74	13	61
新西兰 New Zealand	3		3	4		4
巴西 Brazil	6		6	6		6
墨西哥 Mexico	7		7	9		9
古巴 Cuba	3		3	4		4
秘鲁 Peru	2	1	1	4	2	2
欧洲 Europe	821	177	644	1223	220	1003
德国 Germany	189	84	105	232	104	128
英国 UK	83	27	56	106	31	75
意大利 Italy	112	6	106	149	6	143
法国 France	85	12	73	113	15	98
荷兰 Holland	38	4	34	40	4	36

续表8.4

国别与地区 Country and region	批数 Number of batches			人次 Person·times		
	合计 Total	院级 At academy level	所级 At institute level	合计 Total	院级 At academy level	所级 At institute level
瑞典 Sweden	36	5	31	45	5	40
芬兰 Finland	8	3	5	13	5	8
奥地利 Austria	36	11	25	45	14	31
瑞士 Switzerland	18		18	21		21
比利时 Belgium	11	1	10	14	1	13
丹麦 Denmark	7		7	7		7
西班牙 Spain	15		15	19		19
核子中心 CERN	8	8		8	8	
独联体各国 CIS	145	10	135	355	19	336
匈牙利 Hungary	11	2	9	21	3	18
捷克-斯洛伐克 Czechoslovakia	5	1	4	8	1	7
波兰 Poland	6	1	5	6	1	5
保加利亚 Bulgaria	4	1	3	12	1	11
罗马尼亚 Romania	4	1	3	9	2	7
亚　洲 Asia	947	59	888	1625	133	1492
日本 Japan	451	42	409	744	77	667
香港 Hong Kong	215	2	213	368	10	358

国别与地区 Country and region	批数 Number of batches			人次 Person•times		
	合计 Total	院级 At academy level	所级 At institute level	合计 Total	院级 At academy level	所级 At institute level
泰国 Thailand	41	1	40	86	3	83
马来西亚 Malaysia	26		26	36		36
新加坡 Singapore	60	1	59	96	3	93
朝鲜民主主义人民共和国 DPRK	24	7	17	70	27	43
韩国 Pepublican of Korea	49	1	48	109	3	106
印度 India	28	3	25	35	5	30
巴基斯坦 Pakistan	7		7	16		16
菲律宾 Philippines	14		14	19		19
印度尼西亚 Indonesia	3	1	2	7	3	4
以色列 Israel	8		8	10		10
蒙古 Mongolia	6	1	5	9	2	7
越南 Vietnam	4		4	7		7
伊朗 Iran	4		4	6		6
澳门 Macao	4		4	4		4
科威特 Kuwait	3		3	3		3
国际组织 International organizations	70	70		181	181	
其他 Others	37		37	18		54

8.5 国际合作交流派出项目（二）（1992年）

Statistics of CAS Staff Sent Abroad (2)：1992

国别与地区 Country and region	合计 Total	按交流形式分类统计（人次） Person·times, by type of exchange						
		合作 Joint research	讲学 Lecture	考察 Investigation	培训 Training	访问 Visit	会议 Conference	其他 Others
合　计 Total	**4164**	**1177**	**98**	**440**	**181**	**386**	**1491**	**391**
美洲与大洋洲 Americas & Oceania	1081	302	9	109	45	89	392	135
美国 USA	887	246	6	87	40	77	304	127
加拿大 Canada	93	23	2	9		7	48	4
澳大利亚 Australia	74	30	1	10	4	2	25	2
新西兰 New Zealand	4	1			1			2
巴西 Brazil	6	2					4	
墨西哥 Mexico	9						9	
古巴 Cuba	4			1		1	2	
秘鲁 Peru	4			2		2		
欧　洲 Europe	1223	505	18	180	34	87	337	62
德国 Germany	232	120	3	21	6	7	72	3
英国 UK	106	61	2	1	7	8	19	8
意大利 Italy	149	45	2	12	4	20	59	7
法国 France	113	62	3	4	4	6	32	2
荷兰 Holland	40	14	1	1	8	5	9	2

国别与地区 Country and region	合计 Total	按交流形式分类统计（人次） Person·times, by type of exchange						
		合作 Joint research	讲学 Lecture	考察 Investigation	培训 Training	访问 Visit	会议 Conference	其他 Others
瑞典 Sweden	45	22	3	3		2	14	1
芬兰 Finland	13	2	2	1	2		4	2
奥地利 Austria	45	7		3	1	3	31	
瑞士 Switzerland	21	9		2	2		8	
比利时 Belgium	14	6					7	1
丹麦 Denmark	7	4				1	2	
西班牙 Spain	19	2				4	13	
核子中心 CERN	8	8						
独联体各国 CIS	355	135	2	126		30	43	19
匈牙利 Hungary	21	3		2			15	1
捷克-斯洛伐克 Czechoslovakia	8	2					6	
波兰 Poland	6	2		1		1	2	
保加利亚 Bulgaria	12	1					1	10
罗马尼亚 Romania	9			3				6
亚　洲 Asia	1625	356	70	142	67	206	598	186
日本 Japan	744	196	10	36	23	117	323	39
香港 Hong Kong	368	97	21	30	35	37	88	60

续表8.5

国别与地区 Country and region	合计 Total	按交流形式分类统计（人次） Person·times, by type of exchange						
		合作 Joint research	讲学 Lecture	考察 Investigation	培训 Training	访问 Visit	会议 Conference	其他 Others
泰国 Thailand	86	10	3	24		6	20	23
马来西亚 Malaysia	36	4	1	5			23	3
新加坡 Singapore	96	9	3	22	8	11	27	16
朝鲜民主主义人民共和国 DPRK	70	4	27	1		16	15	7
韩国 Repbulican of Korea	109	20	2	4		9	47	27
印度 India	35	1		3		3	28	
巴基斯坦 Pakistan	16	1		10			3	2
菲律宾 Philippines	19	3		2		1	11	2
越南 Vietnam	7						2	5
印度尼西亚 Indonesia	7	4				3		
以色列 Israel	10	3		3	1		3	
蒙古 Mongolia	9	2		2		1	3	1
伊朗 Iran	6		2			2	2	
澳门 Macao	4	2	1					1
科威特 Kuwait	3						3	
国际组织 International organizations	181	6			30		145	
其他 Others	18	8	1	9	5	4	19	8

8.6 国际合作交流派出项目（三）（1992年）

Statistics of CAS Staff Sent Abroad (3)：1992

国别与地区 Country and region	合计 Total	按学科分类统计（人次） Person·times，by field					
		数、理、天文 Mathematics，physics & astronomy	化学、化工 Chemistry & chemical engineering	地学 Earth sciences	生物学 Biologiacl sciences	技术科学 Technology sciences	其他 Others
合　计 **Total**	**4164**	**719**	**525**	**827**	**638**	**1037**	**419**
美洲与大洋洲 Americas & Oceania	1081	179	120	177	170	320	115
美国 USA	887	149	90	121	141	277	109
加拿大 Canada	93	22	15	24	11	20	1
澳大利亚 Australia	74	7	13	26	8	17	3
新西兰 New Zealand	4			2	2		
巴西 Brazil	6	1	1	1	1		2
墨西哥 Mexico	9			1	6	2	
古巴 Cuba	4		1	2	1		
秘鲁 Peru	4					4	
欧　洲 Europe	1223	307	152	263	164	253	85
德国 Germany	232	68	31	40	21	62	11
英国 UK	106	22	8	25	20	27	4
意大利 Italy	149	71	17	12	15	25	9
法国 France	113	25	13	19	26	23	7
荷兰 Holland	40	12	3	10	6	4	5

续表8.6

国别与地区 Country and region	合计 Total	按学科分类统计（人次） Person·times, by field					
		数、理、天文 Mathematics, physics & astronomy	化学、化工 Chemistry & chemical engineering	地学 Earth sciences	生物学 Biociences sciences	技术科学 Technology sciences	其他 Others
瑞典 Sweden	45	20	8	5	5	5	2
芬兰 Finland	13	1	2	2	1	2	5
奥地利 Austria	45	11	7	10	8	5	4
瑞士 Switzerland	21	7	3	5	3	3	
比利时 Belgium	14	4	2	5	2	1	
丹麦 Denmark	7	1	1		3	2	
西班牙 Spain	19	1	3	5	2	6	2
核子中心 CERN	8	8					
独联体各国 CIS	355	54	36	116	45	80	24
匈牙利 Hungary	21		9	6	5		1
捷克-斯洛伐克 Czechoslovakia	8	1	6	1			
波兰 Poland	6	1	2		2	1	
保加利亚 Bulgaria	12		1			1	10
罗马尼亚 Romania	9			2		6	1
亚　洲 Asia	1625	178	238	285	272	445	207
日本 Japan	744	70	137	169	121	210	37
香港 Hong Kong	368	50	55	44	44	102	73

国别与地区 Country and region	合计 Total	按学科分类统计（人次） Person·times，by field					
		数、理、天文 Mathematics，physics & astronomy	化学、化工 Chemistry & chemical engineering	地学 Earth sciences	生物学 Biociences sciences	技术科学 Technology sciences	其他 Others
泰国 Thailand	86	3	14	20	15	5	29
马来西亚 Malaysia	36	10	2	5	12	6	1
新加坡 Singapore	96	2	6	8	24	45	11
朝鲜民主主义人民共和国 DPRK	70		1	4	19	43	3
韩国 Republican of Korea	109	25	4	18	16	10	36
印度 India	35	7	7	4	10	4	3
巴基斯坦 Pakistan	16	1	1	1	1	10	2
菲律宾 Philippines	19	4	5	1	6	1	2
越南 Vietnam	7		2	2			3
印度尼西亚 Indonesia	7		3		1	3	
以色列 Israel	10	3		1	1	3	2
蒙古 Mongolia	9			5	2		2
伊朗 Iran	6	2	1	2		1	
澳门 Macao	4					2	2
科威特 Kuwait	3	1		1			1
国际组织 International organizations	181	45	10	89	20	10	7
其他 Others	18	10	5	13	12	9	5

九、人才培养

TALENT TRAINING

9.1 培养研究生情况（1992年）
Statistics of Graduate Student Training：1992

单位：人（person）

招生单位 Institution	录取研究生数 Entrants			毕业研究生数 Graduates			在学研究生数 Enrollment		
	小计 Subtotal	博士 Ph. D.	硕士 M. S.	小计 Subtotal	博士 Ph. D.	硕士 M. S.	小计 Subtotal	博士 Ph. D.	硕士 M. S.
总　计 Total	**2197**	**702**	**1495**	**1972**	**422**	**1550**	**5944**	**1755**	**4189**
一、数学、物理 Mathematics & physics	340	134	206	348	105	243	955	375	580
数学研究所 Inst. of Mathematics	19	10	9	21	10	11	45	21	24
应用数学研究所 Inst. of Applied Mathematics	18	11	7	19	10	9	46	29	17
系统科学研究所 Inst. of Systems Science	21	12	9	21	9	12	67	37	30
武汉数学物理研究所 Wuhan Inst. of Mathematical Physics	4		4	5		5	10		10
成都分院数学物理室 Laboratory of Mathematical Physics of Chengdu Branch	2		2	2		2	3		3
力学研究所 Inst. of Mechanics	9	2	7	18	4	14	29	10	19
武汉岩土力学研究所 Wuhan Inst. of Rock and Soil Mechanics	6	1	5	4		4	16	4	12
渗流流体力学研究所 Lanzhou Inst. of Osmotic Mechanics	3		3				7	2	5
物理研究所 Inst. of Physics	50	31	19	43	21	22	143	87	56
高能物理研究所 Inst. of High Energy Physics	32	11	21	28	4	24	92	33	59
声学研究所 Inst. of Acoustics	17	5	12	25	8	17	54	20	34
声学研究所东海研究站 Donghai Experimental Station of Inst. of Acoustics	2		2				4		4
低温技术实验中心 Cryogenic Laboratory	4		4	4		4	13		13

招生单位 Institution	录取研究生数 Entrants			毕业研究生数 Graduates			在学研究生数 Enrollment		
	小计 Subtotal	博士 Ph. D.	硕士 M. S.	小计 Subtotal	博士 Ph. D.	硕士 M. S.	小计 Subtotal	博士 Ph. D.	硕士 M. S.
理论物理研究所 Inst. of Theoretical Physics	18	11	7	8	2	6	45	27	18
长春物理研究所 Changchun Inst. of Physics	17	7	10	16	3	13	44	17	27
上海原子核研究所 Shanghai Inst. of Nuclear Research	14	3	11	11	2	9	37	7	30
等离子体物理研究所 Hefei Inst. of Plasma Physics	27	7	20	38	10	28	90	24	66
固体物理研究所 Inst. of Solid State Physics	13	3	10	11	2	9	39	10	29
武汉物理研究所 Wuhan Inst. of Physics	14	7	7	16	7	9	29	15	14
近代物理研究所 Inst. of Modern Physics	16	1	15	21	2	19	52	3	49
新疆物理研究所 Xinjiang Inst. of Physics	5		5				6		6
紫金山天文台 Purple Mountain Observatory	3	1	2	5	1	4	12	2	10
上海天文台 Shanghai Observatory	4	1	3	7	2	5	18	7	11
云南天文台 Yunnan Observatory	6	1	5	10	3	7	19	5	14
陕西天文台 Shaanxi Observatory	7	4	3	2		2	14	6	8
北京天文台 Beijing Astronomical Observatory	9	5	4	13	5	8	21	9	12
二、化学与化工 Chemistry & chemical engineering	362	130	232	346	87	259	1008	342	666
化学研究所 Inst. of Chemistry	39	19	20	28	4	24	106	46	60
广州化学研究所 Guangzhou Inst. of Chemistry	6		6	9		9	16		16
新疆化学研究所 Xinjiang Inst. of Chemistry	1		1	3		3	5		5

续表9.1

招生单位 Institution	录取研究生数 Entrants			毕业研究生数 Graduates			在学研究生数 Enrollment		
	小计 Subtotal	博士 Ph. D.	硕士 M. S.	小计 Subtotal	博士 Ph. D.	硕士 M. S.	小计 Subtotal	博士 Ph. D.	硕士 M. S.
上海有机化学研究所 Shanghai Inst. of Organic Chemistry	48	23	25	41	17	24	127	57	70
成都有机化学研究所 Chengdu Inst. of Organic Chemistry	8		8	10		10	18		18
长春应用化学研究所 Changchun Inst. of Applied Chemistry	69	26	43	66	23	43	192	74	118
大连化学物理研究所 Dalian Inst. of Chemical Physics	46	16	30	37	8	29	121	36	85
兰州化学物理研究所 Lanzhou Inst. of Chemical Physics	35	15	20	30	10	20	101	42	59
上海硅酸盐研究所 Shanghai Inst. of Ceramics	14	3	11	17	4	13	50	11	39
化工冶金研究所 Inst. of Chemical Metallurgy	20	4	16	21	5	16	50	17	33
生态环境研究中心 Research Center for Eco-Environmental Sciences	25	10	15	20	6	14	63	23	40
山西煤炭化学研究所 Shanxi Inst. of Coal Chemistry	23	5	18	18	3	15	56	10	46
感光化学研究所 Inst. of Photographic Chemistry	19	7	12	20	3	17	58	19	39
福建物质结构研究所 Fujian Inst. of Research on the Structure of Matter	5	2	3	16	4	12	30	7	23
青海盐湖研究所 Qinghai Inst. of Saline Lakes	4		4	10		10	15		15
三、地学 Earth sciences	221	90	131	206	45	161	594	211	383
地质研究所 Inst. of Geology	19	11	8	13	6	7	49	30	19

续表9.1

招生单位 Institution	录取研究生数 Entrants			毕业研究生数 Graduates			在学研究生数 Enrollment		
	小计 Subtotal	博士 Ph. D.	硕士 M. S.	小计 Subtotal	博士 Ph. D.	硕士 M. S.	小计 Subtotal	博士 Ph. D.	硕士 M. S.
兰州地质研究所 Lanzhou Inst. of Geology	7	2	5	5		5	20	7	13
古脊椎动物与古人类研究所 Inst. of Vertebrate Paleontology and Paleoanthropology	5	3	2	4		4	7	3	4
南京地质古生物研究所 Naijing Inst. of Geology and Palaeontology	4	3	1	10	4	6	14	4	10
地球物理研究所 Inst. of Geophysics	7	2	5	7	2	5	21	5	16
测量与地球物理研究所 Inst. of Geodesy and Geophysics	7	4	3	6	1	5	17	7	10
大气物理研究所 Inst. of Atmospheric Physics	27	14	13	33	10	23	80	37	43
兰州高原大气物理研究所 Lanzhou Inst. of Plateau Atmospheric Physics	3		3	9		9	10		10
地理研究所 Inst. of Geography	23	15	8	11	2	9	53	28	25
南京地理与湖泊研究所 Nanjing Inst. of Geography and Limnology	3		3	7		7	16		16
长春地理研究所 Changchun Inst. of Geography	10		10	8		8	26		26
成都山地灾害与环境研究所 Chengdu Inst. of Mountain Hazards and Environment	4		4	5		5	10		10
新疆地理研究所 Xinjiang Inst. of Geography	1		1	4		4	8		8
贵阳地球化学研究所 Guiyang Inst. of Geochemistry	36	20	16	18	6	12	81	35	46
长沙大地构造研究所 Changsha Inst. of Geotectonics	1		1	4	1	3	12	6	6

招生单位 Institution	录取研究生数 Entrants			毕业研究生数 Graduates			在学研究生数 Enrollment		
	小计 Subtotal	博士 Ph. D.	硕士 M. S.	小计 Subtotal	博士 Ph. D.	硕士 M. S.	小计 Subtotal	博士 Ph. D.	硕士 M. S.
兰州冰川冻土研究所 Lanzhou Inst. of Glaciology and Geocryology	6		6	6	2	4	23	7	16
海洋研究所 Inst. of Oceanology	24	11	13	27	7	20	73	31	42
南海海洋研究所 South China Sea Inst. of Oceanology	4		4	4		4	10		10
遥感应用技术研究所 Inst. of Remote Sensing Application	6		6	8		8	16		16
兰州沙漠研究所 Lanzhou Inst. of Desert Research	12	4	8	10	4	6	23	8	15
自然资源综合考察委员会 Commission for Integrated Surveys of Natural Resources	6	1	5	7		7	19	3	16
遥感卫星地面研究站 Remote Sensing Satellite Ground station	2		2				2		2
成都分院土壤研究室 Soil Laboratory of Chengdu Branch	2		2				2		2
西安黄土与第四纪地质室 Xi'an Laboratory of Loess and Quaternary Geology	2		2				2		2
四、生物学 Biological sciences	380	138	242	305	55	250	996	320	676
新疆生物土壤沙漠研究所 Xinjiang Inst. of Biology, Pedology and Desert Research	1		1	2		2	6		6
植物研究所 Inst. of Botany	26	14	12	18	6	12	74	38	36
昆明动物研究所 Kunming Inst. of Zoology	7	2	5	4	2	2	19	6	13

招生单位 Institution	录取研究生数 Entrants			毕业研究生数 Graduates			在学研究生数 Enrollment		
	小计 Subtotal	博士 Ph. D.	硕士 M. S.	小计 Subtotal	博士 Ph. D.	硕士 M. S.	小计 Subtotal	博士 Ph. D.	硕士 M. S.
动物研究所 Inst. of Zoology	25	10	15	12	1	11	57	22	35
昆明植物研究所 Kunming Inst. of Botany	15	6	9	13	1	12	29	9	20
华南植物研究所 South China Inst. of Botany	7		7	10		10	20		20
武汉植物研究所 Wuhan Inst. of Botany	4		4	6		6	8		8
成都生物研究所 Chengdu Inst. of Biology	8		8	11		11	21		21
上海昆虫研究所 Shanghai Inst. of Entomology	2	1	1	2		2	9	3	6
生物物理研究所 Inst. of Biophysics	34	11	23	25	4	21	88	21	67
微生物研究所 Inst. of Microbiology	18	6	12	21	1	20	56	16	40
上海细胞生物学研究所 Shanghai Inst. of Cell Biology	12	5	7	8	2	6	33	14	19
上海生理研究所 Shanghai Inst. of Physiology	10	4	6	14	7	7	34	16	18
上海生物化学研究所 Shanghai Inst. of Biochemistry	46	18	28	27	7	20	116	41	75
上海植物生理研究所 Shanghai Inst. of Plant Physiology	19	8	11	24	8	16	56	25	31
上海脑研究所 Shanghai Inst. of Brain Research	5	2	3	2		2	11	3	8
水生生物研究所 Inst. of Hydrobiology	16	7	9	12	2	10	37	14	23
发育生物学研究所 Inst. of Developmental Biology	3		3	3		3	6		6
遗传研究所 Inst. of Genetics	22	9	13	12	2	10	57	21	36
西北高原生物研究所 Northwest Inst. of Plateau Biology	6		6	3		3	13	2	11

招生单位 Institution	录取研究生数 Entrants			毕业研究生数 Graduates			在学研究生数 Enrollment		
	小计 Subtotal	博士 Ph. D.	硕士 M. S.	小计 Subtotal	博士 Ph. D.	硕士 M. S.	小计 Subtotal	博士 Ph. D.	硕士 M. S.
上海药物研究所 Shanghai Inst. of Materia Medica	26	12	14	26	9	17	70	20	50
武汉病毒研究所 Wuhan Inst. of Virology	13		13	10		10	41		41
心理研究所 Inst. of Psychology	10	5	5	6	1	5	20	9	11
南京土壤研究所 Nanjing Inst. of Soil Science	12	7	5	7		7	27	19	8
沈阳应用生态研究所 Shenyang Inst. of Applied Ecology	22	6	16	18	2	16	56	13	43
昆明生态研究所 Kunming Inst. of Ecology	1		1	1		1	6		6
西北水土保持研究所 Northwest Inst. of Soil and Water Conservation	10	5	5	8		8	26	8	18
长沙农业现代化研究所 Changsha Inst. of Agricultural Modernization									
五、技术科学 Technological sciences	548	141	407	459	86	373	1441	341	1100
计算技术研究所 Inst. of Computing Technology	34	10	24	23	1	22	88	27	61
沈阳计算技术研究所 Shenyang Inst. of Computing Technology	14		14	12		12	39		39
计算中心 Computing Center	20	2	18	25	8	17	59	8	51
工程热物理研究所 Inst. of Engineering Thermophysics	13	6	7	9	3	6	32	12	20
空间科学与应用研究中心 Space Science and Technology Center	8	1	7	11	2	9	29	3	26

招生单位 Institution	录取研究生数 Entrants			毕业研究生数 Graduates			在学研究生数 Enrollment		
	小计 Subtotal	博士 Ph. D.	硕士 M. S.	小计 Subtotal	博士 Ph. D.	硕士 M. S.	小计 Subtotal	博士 Ph. D.	硕士 M. S.
半导体研究所 Inst. of Semiconductors	29	12	17	27	3	24	58	18	40
电子学研究所 Inst. of Electronics	20	1	19	15	1	14	49	4	45
上海冶金研究所 Shanghai Inst. of Metallurgy	32	13	19	28	7	21	87	30	57
长春光学精密机械研究所 Changchun Inst. of Optics and Fine Mechanics	32	7	25	30	2	28	98	18	80
上海光学精密机械研究所 Shanghai Inst. of Optics and Fine Mechanics	40	17	23	36	15	21	107	42	65
安徽光学精密机械研究所 Anhui Inst. of Optics and Fine Mechanics	26	5	21	28	8	20	79	18	61
西安光学精密机械研究所 Xi'an Inst. of Optics and Fine Mechanics	30	8	22	28	3	25	78	19	59
上海技术物理研究所 Shanghai Inst. of Technical Physics	28	8	20	27	8	19	79	26	53
金属研究所 Inst. of Metals Research	58	23	35	45	14	31	165	58	107
金属腐蚀与防护研究所 Inst. of Corrosion and Protection of Metals	13	3	10	10	2	8	39	8	31
自动化研究所 Inst. of Automation	47	15	32	44	6	38	116	27	89
沈阳自动化研究所 Shenyang Inst. of Automation	20		20	15		15	52		52
电工研究所 Inst. of Electric Engineering	8		8	5		5	22	3	19
广州能源研究所 Guangzhou Inst. of Energy Conversion	10		10	4		4	16		16
软件研究所 Inst. of Software Research	34	10	24	27	3	24	82	20	62

续表9.1

招生单位 Institution	录取研究生数 Entrants			毕业研究生数 Graduates			在学研究生数 Enrollment		
	小计 Subtotal	博士 Ph. D.	硕士 M. S.	小计 Subtotal	博士 Ph. D.	硕士 M. S.	小计 Subtotal	博士 Ph. D.	硕士 M. S.
微电子中心 Microelectronic R&D center	5		5				5		5
光电技术研究所 Inst. of Otpical and Electronic	14		14	4		4	33		33
电子光学技术研究所 Inst. of Optics and Electronics Technology	5		5	6		6	12		12
成都计算机应用研究所 Chengdu Inst. of Computer Application	8		8				17		17
六、其他 Others	346	69	277	308	44	264	950	166	784
文献情报中心 Center of Documentation and Information	9		9	1		1	20		20
自然科学史研究所 Inst. of History of Natural Sciences	3		3	2	1	1	7	1	6
中国科学技术大学研究生院（北京） Graduate School of the University of Science and Technology of China (Beijing)	11	4	7	10	1	9	31	6	25
中国科学技术大学 University of Science and Technology of China	323	65	258	295	42	253	892	159	733

9.2 授予硕士、博士学位情况（1992年）

Number of Master's and Doctoral Degrees Granted：1992

单位：人

单位名称 Institution	硕士 Master's degree			博士 Doctor's degree		
	合计 Total	理学 Natural sciences	工学 Engineering	合计 Total	理学 Natural sciences	工学 Engineering
合计 Total	**1302**	**881**	**419**	**278**	**236**	**42**
一、数学、物理 Mathematics & physics						
数学研究所 Inst. of Mathematics	9	8	1	8	8	
应用数学研究所 Inst. of Applied Mathematics	10	10		2	2	
系统科学研究所 Inst. of System Science	16	14	2	9	9	
武汉数学物理研究所 Wuhan Inst. of Mathematical Physics						
成都分院数学物理室 Laboratory of Mathematical Physics of Chengdu Branch	2	2				
力学研究所 Inst. of Mechanics	12	12		3	3	
武汉岩体土力学研究所 Wuhan Inst. of Rock and Soil Mechanics	5		5	1		1
渗流流体力学研究所 Lanzhou Inst. of Osmotic Mechanics						
物理研究所 Inst. of Physics	22	22		21	21	
高能物理研究所 Inst. of High Energy Physics	19	15	4	6	4	2
声学研究所 Inst. of Acoustics	20	20		3	3	
低温技术实验中心 Cryogenic Laboratory	1		1			
理论物理研究所 Inst. of Theoretical Physics	2	2		2	2	

续表9.2

单位名称 Institution	硕士 Master's degree			博士 Doctor's degree		
	合计 Total	理学 Natural sciences	工学 Engineering	合计 Total	理学 Natural sciences	工学 Engineering
长春物理研究所 Changchun Inst. of Physics	12	12		1	1	
上海原子核研究所 Shanghai Inst. of Nuclear Research	6	6		4	4	
等离子体物理研究所 Hefei Inst. of Plasma Physics	19	5	14	3		3
固体物理研究所 Inst. of Solid State Physics	12	12				
武汉物理研究所 Wuhan Inst. of Physics	7	7		6	6	
近代物理研究所 Inst. of Modern Physics	18	12	6			
新疆物理研究所 Xinjiang Inst. of Physics						
紫金山天文台 Purple Mountain Observatory	9	9				
上海天文台 Shanghai Observatory	3	3		1	1	
云南天文台 Yunnan Observatory	12	12		1	1	
陕西天文台 Shaanxi Observatory	3	3		2	2	
北京天文台 Beijing Astronomical Observatory	7	6	1	2	2	
二、化学与化工 Chemistry & chemical engineering						
化学研究所 Inst. of Chemistry	26	26		3	3	
广州化学研究所 Guangzhou Inst. of Chemistry	8	8				
新疆化学研究所 Xinjiang Inst. of Chemistry	1	1				
上海有机化学研究所 Shanghai Inst. of Organic Chemistry	26	26		20	20	
成都有机化学研究所 Chengdu Inst. of Organic Chemistry	9	9				

单位名称 Institution	硕士 Master's degree			博士 Doctor's degree		
	合计 Total	理学 Natural sciences	工学 Engineering	合计 Total	理学 Natural sciences	工学 Engineering
长春应用化学研究所 Changchun Inst. of Applied Chemistry	25	25		4	4	
大连化学物理研究所 Dalian Inst. of Chemical Physics	22	16	6	9	9	
兰州化学物理研究所 Lanzhou Inst. of Chemical Physics	17	17		6	6	
上海硅酸盐研究所 Shanghai Inst. of Ceramics	10		10	5		5
化工冶金研究所 Inst. of Chemical Metallurgy	11		11	3		3
生态环境研究中心 Research Center for Eco-Environmental Sciences	11	11		3	3	
山西煤炭化学研究所 Shanxi Inst. of Coal Chemistry	13	6	7	3	3	
感光化学研究所 Inst. of Photo graphic Chemistry	9	9				
福建物质结构研究所 Fujian Inst. of Research on the Structure of Matter	9	9		2	2	
青海盐湖研究所 Qinghai Inst. of Saline Lakes	9	9				
三、地学 Earth sciences						
地质研究所 Inst. of Geology	6	6		4	4	
兰州地质研究所 Lanzhou Inst. of Geology	5	5				
古脊椎动物与古人类研究所 Inst. of Vertebrate Paleontology and Paleoanthropology	4	4				
南京地质古生物研究所 Nanjing Inst. of Geology	5	5		4	4	
地球物理研究所 Inst. of Geophysics and Palaeontology	2	2				

续表9.2

单位名称 Institution	硕士 Master's degree			博士 Doctor's degree		
	合计 Total	理学 Natural sciences	工学 Engineering	合计 Total	理学 Natural sciences	工学 Engineering
测量与地球物理研究所 Inst. of Geodesy and Geophysics	3	1	2	1	1	
大气物理研究所 Inst. of Atmospheric Physics	16	16		4	4	
兰州高原大气物理研究所 Lanzhou Inst. of Plateau Atmospheric Physics	9	9				
地理研究所 Inst. of Geography	7	7		6	6	
南京地理与湖泊研究所 Nanjing Inst. of Geography and Limnology	10	10				
长春地理研究所 Changchun Inst. of Geography	8	8				
成都山地灾害与环境研究所 Chengdu Inst. of Mountain Hazards and Environment	5	5				
新疆地理研究所 Xinjiang Inst. of Geography	2	2				
贵阳地球化学研究所 Guiyang Inst. of Geochemistry	10	10		5	5	
长沙大地构造研究所 Changsha Inst. of Geotectonics						
兰州冰川冻土研究所 Lanzhou Inst. of Glaciology and Geocryology	3	3				
海洋研究所 Inst. of Oceanology	12	12		4	4	
南海海洋研究所 South China Sea Inst. of Oceanology	5	5				
遥感应用技术研究所 Inst. of Remote Sensing Application	6	6				
兰州沙漠研究所 Lanzhou Inst. of Desert Research	5	5				

单位名称 Institution	硕士 Master's degree			博士 Doctor's degree		
	合计 Total	理学 Natural sciences	工学 Engineering	合计 Total	理学 Natural sciences	工学 Engineering
自然资源综合考察委员会 Commission for Integrated Surveys of Natural Resources	6	6		1	1	
遥感卫星地面研究站 Remote Sensing Satellite Ground Station						
成都分院土壤研究室 Soil Laboratory of Chengdu Branch	1	1				
西安黄土与第四纪地质室 Xi'an Laboratory of Loess and Quaternary Geology						
四、生物学 Biological Sciences						
新疆生物土壤沙漠研究所 Xinjiang Inst. of Biology, Pedology and Desert Research	1	1				
植物研究所 Inst. of Botany	12	12		2	2	
昆明动物研究所 Kunming Inst. of Zoology	1	1		2	2	
动物研究所 Inst. of Zoology	8	8		4	4	
昆明植物研究所 Kunming Inst. of Botany	8	8		1	1	
华南植物研究所 South China Inst. of Botany	9	9				
武汉植物研究所 Wuhan Inst. of Botany	6	6				
成都生物研究所 Chengdu Inst. of Biology	9	9				
上海昆虫研究所 Shanghai Inst. of Entomology	2	2				
生物物理研究所 Inst. of Biophysics	19	19		2	2	
微生物研究所 Inst. of Microbiology	18	18		1	1	

续表9.2

单位名称 Institution	硕士 Master's degree			博士 Doctor's degree		
	合计 Total	理学 Natural sciences	工学 Engineering	合计 Total	理学 Natural sciences	工学 Engineering
上海细胞生物学研究所 Shanghai Inst. of Cell Biology	2	2				
上海生理研究所 Shanghai Inst. of Physiology	4	4		5	5	
上海生物化学研究所 Shanghai Inst. of Biochemistry	10	10		4	4	
上海植物生理研究所 Shanghai Inst. of Plant Physiology	10	10		5	5	
上海脑研究所 Shanghai Inst. of Brain Research						
水生生物研究所 Inst. of Hydrobiology	11	11		2	2	
发育生物学研究所 Inst. of Developmental Biology	3	3				
遗传研究所 Inst. of Genetics	10	10		3	3	
西北高原生物研究所 Northwest Inst. of Plateau Biology	3	3				
上海药物研究所 Shanghai Inst. of Materia Medica	10	10		8	8	
武汉病毒研究所 Wuhan Inst. of Virology	8	8				
心理研究所 Inst. of Psychology	5	5				
南京土壤研究所 Nanjing Inst. of Soil Science	7	7				
沈阳应用生态研究所 Shenyang Inst. of Applied Ecology						
昆明生态研究所 Kunming Inst. of Ecology						
西北水土保持研究所 Northwest Inst. of Soil and Water Conservation	8	8				
五、技术科学 Technological sciences						
计算技术研究所 Inst. of Computing Technology	26		26	2		2

单位名称 Institution	硕士 Master's degree			博士 Doctor's degree		
	合计 Total	理学 Natural sciences	工学 Engineering	合计 Total	理学 Natural sciences	工学 Engineering
沈阳计算技术研究所 Shenyang Inst. of Computing Technology	11		11			
计算中心 Computing Center	19	12	7	1	1	
工程热物理研究所 Inst. of Engineering Thermophysics	8		8	2		2
空间科学与应用研究中心 Space Science and Technology Center	11	4	7			
半导体研究所 Inst. of Semiconductors	13	6	7	1	1	
电子学研究所 Inst. of Electronics	13		13	1		1
上海冶金研究所 Shanghai Inst. of Metallurgy	13	8	5	4	3	1
长春光学精密机械研究所 Changchun Inst. of Optics and Fine Mechanics	25	11	14	3	3	
上海光学精密机械研究所 Shanghai Inst. of Optics and Fine Mechanics	16	10	6	14	12	2
安徽光学精密机械研究所 Anhui Inst. of Optics and Fine Mechanics	16	16				
西安光学精密机械研究所 Xi'an Inst. of Optics and Fine Mechanics	17	8	9	1	1	
上海技术物理研究所 Shanghai Inst. of Technical Physics	16	6	10	3	2	1
金属研究所 Inst. of Metals Research	36		36	10		10
金属腐蚀与防护研究所 Inst. of Corrosion and Protection of Metals	7		7			

单位名称 Institution	硕士 Master's degree			博士 Doctor's degree		
	合计 Total	理学 Natural sciences	工学 Engineering	合计 Total	理学 Natural sciences	工学 Engineering
自动化研究所 Inst. of Automation	35		35	3		3
沈阳自动化研究所 Shenyang Inst. of Automation	13		13			
电工研究所 Inst. of Electric Engineering	5		5			
广州能源研究所 Guangzhou Inst. of Energy Conversion	4		4			
软件研究所 Inst. of Software Research	23		23	1		1
微电子中心 Microelectronic R&D Center	3	3				
光电技术研究所 Inst. of Otpical and Electronic	2	2				
电子光学技术研究所 Inst. of Optics and Electronics Technology	6	6				
成都计算机应用研究所 Chengdu Inst. of Computer Application	6		6			
六、其他 Others						
文献情报中心 Center of Documentation and Information	1	1				
自然科学史研究所 Inst. of History of Natural Sciences	1	1				
中国科学技术大学 University of Science and Technology of China	210	111	97	31	26	5

注：中国科学技术大学授予文学硕士2人。

Nate：Two Master degrees of literature and art were granted by the USTC.

9.3 博士后流动站情况（1992年）

Post-doctoral Researchers Centers：1992

建站单位名称 Institution	进站人数 Total employed	出站人数 Those who have left	获国外博士学位人数 Those who received their doctor's degree abroad
总 计 Total	**145**	**75**	**24**
一、数学、物理 Mathematics & physics			
数学研究所 Inst. of Mathematics	7	2	1
应用数学研究所 Inst. of Applied Mathematics	3	1	1
系统科学研究所 Inst. of Systems Science	3	5	
力学研究所 Inst. of Mechanics	4	4	
物理研究所 Inst. of Physics	11	9	4
高能物理研究所 Inst. of High Energy Physics	6	4	1
理论物理研究所 Inst. of Theoretical Physics	8	1	4
上海原子核研究所 Shanghai Inst. of Nuclear Research	3		1
武汉物理研究所 Wuhan Inst. of Physics	2		
紫金山天文台 Purple Mountain Observatory	1		
北京天文台 Beijing Astronomical Observatory	1	2	
近代物理研究所 Inst. of Modern physics	2		1
二、化 学 Chemistry			
化学研究所 Inst. of Chemistry	4	4	1
上海有机化学研究所 Shanghai Inst. of Organic Chemistry	4		
长春应用化学研究所 Changchun Inst. of Applied Chemistry	4		
大连化学物理研究所 Dalian Inst. of Chemical Physics	2	1	1

续表9.3

建站单位名称 Institution	进站人数 Total employed	出站人数 Those who have left	获国外博士学位人数 Those who received their doctor's degree abroad
兰州化学物理研究所 Lanzhou Inst. of Chemical Physics	1	1	1
上海硅酸盐研究所 Shanghai Inst. of Ceramics	1		
化工冶金研究所 Inst. of Chemical Metallurgy	4	4	
感光化学研究所 Inst. of Photographic Chemistry	2		
福建物质结构研究所 Fujian Inst. of Research on the Structure of Matter		1	
三、地　学 Earth sciences			
地质研究所 Inst. of Geology	4	2	1
南京地质古生物研究所 Nanjing Inst. of Geology and Palaeontology			
地球物理研究所 Inst. of Geophysics	3	1	1
大气物理研究所 Inst. of Atmospheric Physics	5	3	1
地理研究所 Inst. of Geography	2	1	
地球化学研究所 Guiyang Inst. of Geochemistry	6	2	
海洋研究所 Inst. of Oceanology	1		
四、生物学 Biological sciences			
动物研究所 Inst. of Zoology	3		
植物研究所 Inst. of Botany	2	2	
昆明植物研究所 Kunming Inst. of Botany	1		
生物物理研究所 Inst. of Biophysics	1	1	1

续表9.3

建站单位名称 Institution	进站人数 Total employed	出站人数 Those who have left	获国外博士学位人数 Those who received their doctor's degree abroad
微生物研究所 Inst. of Microbiology	3	1	1
上海细胞生物学研究所 Shanghai Inst. of Cell Biology	2	1	1
上海生理研究所 Shanghai Inst. of Physiology	2	2	
上海生物化学研究所 Shanghai Inst. of Biochemistry	1	2	
上海植物生理研究所 Shanghai Inst. of Plant Physiology	1		
上海脑研究所 Shanghai Inst. of Brain Research	1		
水生生物研究所 Inst. of Hydrobiology	1		
遗传研究所 Inst. of Genetics			
上海药物研究所 Shanghai Inst. of Materia Medica	2	2	1
南京土壤研究所 Nanjing Inst. of Soil Science	3	3	
沈阳应用生态研究所 Shenyang Inst. of Applied Ecology	1		
五、技术科学 Technological sciences			
计算技术研究所 Inst. of Computing Technology	1	1	
计算中心 Computing Center	3	1	
工程热物理研究所 Inst. of Engineering Thermo physics	2	2	
半导体研究所 Inst. of Semiconductors	3		1
上海冶金研究所 Shanghai Inst. of Metallurgy	1		
长春光学精密机械研究所 Changchun Inst. of Optics and Fine Mechanics	1		

续表9.3

建 站 单 位 名 称 Institution	进站人数 Total employed	出站人数 Those who have left	获国外博士学位人数 Those who received their doctor's degree abroad
上海光学精密机械研究所 Shanghai Inst. of Optics and Fine Mechanics	1	1	
西安光学精密机械研究所 Xi'an Inst. of Optics and Fine Mechanics			
上海技术物理研究所 Shanghai Inst. of Technical Physics			
金属研究所 Inst. of Metals Research	2	2	
自动化研究所 Inst. of Automation	2		
软件研究所 Inst. of Software Research	2		
中国科学技术大学 University of Science and Technology of China	9	6	

派往国家和地区 Country & region	当年派出人数 Number of people sent abroad in 1992 总计 Total	其中 of which: 访问学者 Visiting scholars	研究生 Graduate students	年龄 Age group 30岁以下 Under 30	30—40岁 30—40	40岁以上 Over 40
总计 Total	**389**	**366**	**23**	**155**	**155**	**79**
美国 USA	106	105	1	31	42	33
加拿大 Canada	34	32	2	14	14	6
英国 UK	40	37	3	13	19	8
法国 France	22	21	1	10	11	1
德国 Germany	32	31	1	15	14	3
日本 Japan	52	48	4	24	20	8
澳大利亚 Australia	25	25		11	9	5
奥地利 Austria	4	4		1	3	
爱尔兰 Ireland						
比利时 Belgium	2	2		1	1	
丹麦 Denmark	2	2		1		1
芬兰 Finland	2	1	1	2		

人员情况（1992年）

Scholars Sent Abroad：1992

单位：人

研究课题性质 Field of study			当年回国人数 Number of people returned in 1992		在国外和其他地区人数 Those still studying abroad	
基础 Basic	应用 Applied	其他 Others	访问学者 Visiting scholars	研究生 Graduate students	访问学者 Visiting scholars	研究生 Graduate students
234	**140**	**15**	**207**	**19**	**2239**	**1757**
65	35	6	44	2	951	1240
21	13		21	2	235	135
23	14	3	26	3	204	88
15	6	1	9	2	78	34
21	11		25	2	179	54
30	20	2	37	1	181	43
14	10	1	9	2	117	56
3	1		1	1	11	2
					1	
	2		2		30	3
1		1			8	4
2			2		5	1

派往国家和地区 Country & region	当年派出人数 Number of people sent abroad in 1992			年　龄 Age group		
	总计 Total	其中　of which： 访问学者 Visiting scholars	研究生 Graduate students	30岁以下 Under 30	30—40岁 30—40	40岁以上 Over 40
荷兰 Netherlands	12	12		7	3	2
卢森堡 Luxembourg						
挪威 Norway	2	2			1	1
瑞典 Sweden	9	7	2	4	4	1
瑞士 Switzerland	7	7		3	3	1
西班牙 Spain						
希腊 Greece	1	1		1		
意大利 Italy	5	5		2	3	
新西兰 New Zealand	3	3			1	2
泰国 Thailand	4	2	2	2		2
香港地区 Hong Kong	14	9	5	7	3	4
独联体各国 CIS	2	1	1	2		
匈牙利 Hungary	1	1			1	
其他 Others	8	8		4	3	1

续表9.4

研究课题性质 Field of study			当年回国人数 Number of people returned in 1992		在国外和其他地区人数 Those still studying abroad	
基础 Basic	应用 Applied	其他 Others	访问学者 Visiting scholars	研究生 Graduate students	访问学者 Visiting scholars	研究生 Graduate students
9	3		3	1	31	9
					1	
2					6	3
7	1	1	2		40	14
4	3		12	1	40	14
			1		1	
1					3	
3	2		3	1	34	4
3			2		9	4
1	3		1		5	6
6	8		2	1	20	15
1	1		4		32	22
1					2	1
1	7		1		15	5

9.5 职工教
Statistics of Personnel

单 位 Institution	总 计 Total	继续教育 Continued education	
		外语 Foreign language	科技 S&T
合 计 **Total**	**52654**	**5615**	**36156**
一、院校培训 By university and College	2441	247	157
管理干部学院 College of Training Managerial Cadres	711		
职工科技大学 Workers' S&T College	155		
中国科学技术大学 University of Science and Technology of China	967	150	70
成都分院职工大学 Workers' College of Chengdu Branch	520	97	87
合肥科技学校 Hefei Specialized School of Science and Technology	40		
上海光学精密机械研究所技工学校 Secondary Technical School of Shanghai Inst. of Optics and Fine Mechanics	48		
二、地区培训 By region	50213	5368	35999
北京地区 Beijing	15723	769	13794

育情况（1992年）
Training：1992

单位：人·次（person·times）

管理培训 Management training		技术岗位培训 Technical training		学历教育 Schooling education	
科技管理 S&T management	经营开发 Business administration	实验技术 Laboratory techniques	技术工人 Technical training for workers	成人高教 Adult higher education	中专、技校 Specialized secondary technical school
3422	**1324**	**2157**	**3156**	**736**	**88**
920	47	61	185	736	88
641				70	
130				25	
56		30	110	551	
93	47	31	75	90	
					40
					48
2502	1277	2096	2971		
424	39	184	513		

单 位 Institution	总 计 Total	继续教育 Continued education	
		外语 Foreign language	科技 S&T
沈阳分院 Shengyang Branch	1231		1231
武汉分院 Wuhan Branch	1185	144	889
广州分院 Guangzhou Branch	5420	230	4567
长春分院 Changchun Branch	67	10	35
成都分院 Chengdu Branch	1826	251	862
兰州分院 Lanzhou Branch	3294	538	2306
新疆分院 Xinjiang Branch	1104	259	779
西安分院 Xi'an Branch	1318	216	802
合肥分院 Hefei Branch	2537	95	1960
上海分院 Shanghai Branch	10620	2743	5647
南京分院 Nanjing Branch	1597		817
昆明分院 Kunming Branch			
其他地区 Other regions	4291	113	2310

续表9.5

管理培训 Management training		技术岗位培训 Technical training		学历教育 Schooling education	
科技管理 S&T management	经营开发 Business administration	技术工人 Technical training for workers	实验技术 Laboratory techniques	成人高教 Adult higher education	中专、技校 Specialized secondary technical school
130			22		
237	57	218	111		
			22		
228	96	195	194		
356	15	37	42		
52		8	6		
111		61	128		
160	150	136	36		
265	201	503	1261		
180			600		
359	719	754	36		

十、文献、情报

DOCUMENTATION AND INFORMATION

10.1 文献情报系统馆藏图书、期刊情况（1992年）

Statistics of Books and Periodicals Collected by CAS Documentation and Information System：1992

单位：册（volume）

	合计 Total	中文 Chinese	西文 Western languages	日文 Japanese	俄文 Russian	其他 Other languages
图书总册数 Total number of books	8206202	4019302	2162072	259723	849003	916102
其中：院中心与地区中心 Of which：collected by LICCAS and CAS regional documentation and information centers	2886767	956716	664166	106198	264853	894834
期刊总册数 Total items of periodicals	15537426	3530655	8993145	1305591	1435564	272471
其中：院中心与地区中心 Of which：collected by LICCAS and CAS regional documentation and information centers	9177144	2011109	5447579	726803	718897	272756

注：1. LICCAS：中国科学院文献情报中心.

LICCAS -The Library and Information Center of the Chinese Academy of Sciences.

2. 中国科学院文献情报系统包括中国科学院文献情报中心、4个地区文献情报中心和研究所级的135个文献情报室.

CAS documentation and information system includes LICCAS, 4 regional documentation and information centers and 135 documentation and information services of in the CAS institutes.

10.2 文献情报系统馆藏印刷型特种文献情况（1992年）

Statistics of Printed Special Documents Collected by CAS Documentation and Information System：1992

	古籍（册）Ancient books (volume)	学位论文（篇）Theses (article)	会议文献（篇）Conference proceedings (article)	专利文献（件）Patents (item)	照片图纸（张）Photos and blueprints (frame)	科技报告（篇）S&T report (article)	成果资料（件）Achievement documents (item)	标准文献（件）Standard documents (item)	其他（件）Others (item)
总 计 Total	737418	17120	375464	378548	2638979	702811	100029	19206	200590
其中：院中心与地区中心 Of which：collected by LIC CAS and CAS regional documentation and information centers	540212	6826	11312	212400	130	441766	5413		

10.3 文献情报系统馆藏非印刷型特种文献情况（1992年）

Statistics of Non-printed Special Documents Collected by CAS Documentation and Information System：1992

	录音带（盒）Audio-tapes (cassette)	录像带（盒）Video-tapes (cassette)	电影片（部）Motion pictures (set)	缩微平片（张）Microfiche (sheet)	缩微胶卷（盒）Microfilms (box)	机读磁带或磁盘（盒或张）Computer-readable tapes or disks (box or piece)	光盘（张）Optical disks (piece)	其他（件）Others (item)
总 计 Total	23679	3147	185	978851	328034	1911	29	77346
其中：院中心与地区中心 Of which：Collected by LICCAS and CAS regional documentation and information centers	2665	1071		856321	318735	210	17	242

10.4 文献情报系统文献服务情况（1992年）

Documentation Services Provided by CAS Documentation and Information System：1992

	文献流通（册·次） Documents circulated (volume·times)	馆际互借（册·次） Inter-library loans (volume·times)	国际交换（册） International document exchange (volume)	文献复制 Document reproduction		
				静电复制（页） Xerox (page)	缩摄胶片（张） Microfiche (sheet)	缩摄胶卷（米） Microfilm (meter)
总计 Total	6324872	27617	184020	6893969	145634	21412
其中：院中心与地区中心 of which：collected by LAC CAS and CAS regional documentation information centers	1257164	2347	41293	1880704	21262	20880

10.5 文献情报系统情报加工与服务情况（1992年）

Information Processing and Services Provided by CAS Documentation and Information System：1992

	情报服务 Information services				二次文献加工 Secondary information processing				情报调研报告（篇） Information research report (No. of article)	翻译（万字） Translation (ten thousand characters)
	专题咨询（次） Special subject consultation (times)	手工检索（次） Manual retrieval (times)	机器检索（次） Computerized retrieval (times)	展览（次） Exhibitions (times)	文摘（条） Abstract (item)	工作单（张） Work sheets (sheet)	题录（条） Bibliography (item)	目录索引（种） Bibliography (item)		
总计 Total	2290	60695	117072	429	70120	193776	166394	14464	250	1046.54
其中：院中心与地区中心 Of which：Collected by LAC CAS and CAS regional documentation and information centers	374	6817	16821	7	21020	129131	19775	15	17	79.50

十一、图书出版

PUBLICATION

11.1 图书出版情况（1992年）

Classification of Books Published：1992

单位：种数（titles）

学科及书类 Field and type	合计 Subtotal	科学出版社* Science Press	中国科学技术大学出版社** The Press of the University of Science and Technology of China
总计 **Total**	**654**	**574**	**80**
一、按学科分 By field			
数学、力学 Mathematics & mechanics	55	39	16
物理 Physics	31	21	10
化学 Chemistry	24	20	4
天文学 Astronomy	5	5	
地学 Earth sciences	81	79	2
生物学 Biological sciences	112	110	2
技术科学 Technological sciences	143	125	18
综合类 Comprehensive	203	175	28
二、按书类分 By type			
专著 Monographs	106	91	15
基础理论 Basic theory	96	73	23
论文集 Collected works	55	52	3

续表11.1

学科及书类 Field and type	合计 Subtotal	科学出版社* Science Press	中国科学技术大学出版社** The Press of the University of Science and Technology of China
应用技术 Applied technology	87	78	9
基本资料 Basic information	33	32	1
工具书 Reference books	40	36	4
科普 Popular science	28	26	2
综述评论 Reviews	17	17	
其他 Others	192	169	23

* 其中包括外文版21种，译著66种。
Of which：21 are in English and 66 are translated books.

** 其中包括译著3种。
Of which 3 are translated books.

11.2 科学出版社期刊

Classification of Periodicals

学　科 Field	总计 Total	类别 Type 学术 Academic journals	科普 Popular science	检索 Retrieval
总计 **Total**	**150**	**143**	**5**	**2**
综合 Comprehensive	16	13	1	2
数学 Mathematics	12	12		
物理学 Physics	11	10	1	
化学 Chemistry	9	9		
天文学 Astronomy	3	3		
地学 Earth sciences	33	31	2	
生物学 Biological sciences	31	30	1	
技术科学 Technological sciences	26	26		
环境科学 Environmental sciences	5	5		
其他 Others	4	4		

分类情况（1992年）

Published by Science Press：1992

刊期 Frequency					文种 Language	
半月刊 Semimonthly	月刊 Monthly	双月刊 Bimonthly	季刊 Quarterly	半年刊 Semiannually	中文版 In Chinese	英文版 In English
2	**20**	**45**	**80**	**3**	**121**	**29**
2	5	5	3	1	10	6
		1	11		7	5
	3	5	3		8	3
	2	4	3		7	2
			3		3	
	1	8	24		30	3
	1	14	14	2	27	4
	7	5	14		21	5
		2	3		4	1
	1	1	2		4	

11.3 自然科学期刊分类情况（1992年）

Classification of Periodicals in Natural Sciences：1992

	总计 Total	学术 Academic journals	技术 Technological journals	检索 Retrieval journals	科普 Popular science	指导 Instructional journals
一、期刊总数 Total number of periodicals	269	235	8	15	6	5
1991年前创刊数 Number of periodicals first published before 1991	260	227	8	15	6	4
1992年创刊数 Number of periodicals first published in 1992	9	8				1
二、发行范围 Type of distribution						
公开发行 Publicly distributed	263	229	8	15	6	5
内部发行 Internally distributed	6	6				
三、刊期 Frequency						
半月刊 Simimonthly	2	2				
月刊 Monthly	26	22	2		2	
一个半月刊 Simiquarterly	2	2				
双月刊 Bimonthly	76	62	3	7	2	2
季刊 Quarterly	154	139	3	8	2	2
半年刊 Semiannually	9	8				1

续表11.3

	总计 Total	学术 Academic journals	技术 Technological journals	检索 Retrieval journals	科普 Popular science	指导 Instructional journals
四、学科 Field						
综合 Comprehensive	24	17		3	1	3
数学 Mathematics	13	12		1		
力学 Mechanics	8	7		1		
物理学 Physics	29	23	2	3	1	
化学 Chemistry	15	15				
天文学 Astronomy	6	4	1	1		
地学 Earth sciences	42	38		3	1	
生物学 Biology sciences	44	40		2	2	
遗传学 Genetics sciences	7	6	1			
农学 Agriculture sciences	4	4				
环境科学 Environmental sciences	11	11				
技术科学 Technological sciences	52	46	4	1	1	
其他 Others	14	12				2

注：1. 其中英文版期刊40种。
There are 40 journals published in English.
2. 统计数字不包括各种不定期刊物。
Journals published irregularly are not included.

11.4 新创办的自然科学期刊一览表（1992年）

Periodicals in Natural Science Which Started Publication in 1992

刊　名 Title	刊期 Frequency	创办时间 First Published	主办单位 Host institution	主　编 Editor-in-Chief
物理学报（英文） Acta Physica Sinica (in English)	月 Monthly	1992年1月30日	物理研究所 Inst. of Physics	黄祖洽 Huang Zuqia
火灾科学 Journal of Fire Science	半年 Semiannually	1992年1月30日	中国科学技术大学 University of Science and Technology of China	范维澄 Fan Weicheng
科坛文明天地 Ketan Wenmin Tiandi	双月 Bimonthly	1992年5月6日	中国科学院思想政治工作研究会 CAS society for Ideological and Political Work	余志华 Yu Zhihua
能量转换 Journal of Energy Conversion	半年 Semiannually	1992年5月30日	广州能源研究所 Guangzhou Inst. of Energy Conversion	吴治坚 Wu Zhijian
盐湖研究 Journal of Salt Lake Study	季 Quarterly	1992年5月30日	青海盐湖研究所 Qinghai Inst. of Saline Lakes	彭广志 Peng Guangzhi
纤维素科学与技术 Journal of Cellulose Science and Technology	季 Quarterly	1992年5月30日	广州化学研究所 Guangzhou Inst. of Chemistry	罗佛凯 Luo Fokai
长江流域资源与环境 Journal Resources anb Environment in the Yangtze River Basin	季 Quarterly	1992年8月26日	武汉文献情报中心 Wuhan Center for Documentation and Information	欧阳自远 席承藩 Ouyang Ziyuan and Xi Chengfan
生态农业研究 Journal of Eco-Agriculture Research	季 Quarterly	1992年8月26日	石家庄农业现代化研究所 Shijiazhuang Inst. of Agricultural Modernization	刘昌明 Liu Changmin
光谱实验室 Journal of Spectroscoоy Laboratory	双月 Bimonthly	1992年8月26日	化工冶金研究所 Inst. of Chemical Metallurgy	周开亿 Zhou Kaiyi

附录　主要指标解释

一、机构

独立机构：我院独立事业单位是经国务院或国家主管部门批准成立的。有关人、财、物等计划单位。具有法人地位。

二、人员

1. 职工总数

指由本机构直接组织安排工作并支付工资的年末在册各类人员总数。包括固定职工、国家有编制的合同制职工。不包括离退休人员和停薪留职人员。

2. 专业技术干部

指具有中专以上学历或初级以上技术职称（务）以及从工作实践中提拔（以工代干）的专业技术人员，还包括已取得专业技术职称，从事科技管理工作的人员和从事与技术管理工作较为密切的党政领导工作的干部。

3. 从事科技活动人员

指职工总数中的科技管理人员、课题活动人员和科技服务人员。

（1）*科技管理人员*：指院、所领导及业务、人事管理人员。包括：直接从事科技计划管理、课题管理、成果管理、专利管理、科技统计、科技档案管理、科技外事工作、人事管理、教育培训、财务等活动的人员。

（2）*课题活动人员*：指编制在研究室或课题组的人员。

（3）*科技服务人员*：指从事图书、情报、测试、试验、咨询、物资器材供应等工作的人员以及实验室、试验工厂（车间）、试验农场的人员。不包括司机、门卫、食堂人员、医务人员、清洁工、幼儿园、托儿所工作人员等。

4. 科学家工程师

指具有大学毕业及大学毕业以上学历的和其他具有高、中级技术职称（务）的人员。

5. 其他科技人员

指具有大、中专毕业学历的和其他具有初级技术职称（务）的人员。

6. 专业技术职称（务）

指本机构职工总数中专业技术干部的专业技术职称（务）情况（未实行专业技术职

务聘任制的单位，按原技术职称填报），分高、中、初三级。

高级：指研究员、副研究员；教授、副教授；高级工程师；高级农艺师；正、副主任医（药、护、技）师；高级实验师；高级统计师；高级经济师；高级会计师；正、副编审；正、副译审；高级（主任）记者；正、副研究馆员等。

中级：指助理研究员；讲师；工程师；农艺师；主治医（药、护、技）师；实验师；统计师；经济师；会计师；编辑；翻译；记者；馆员等。

初级：指研究实习员；助教；助理工程师、技术员；助理农艺师、农业技术员；医（药、护、技）师、医（药、护、技）士；助理实验师、实验员；助理统计师、统计员；助理经济师；助理会计师、会计员；助理编辑、见习编辑；助理翻译；助理记者；助理馆员、管理员等。

7. 学位和学历

指由人事部门或干部部门根据国家有关规定，填报的本机构职工总数中人员的学位和学历情况（均指获得的最高学位和最高学历）。

三、经费

1. 科学事业总经费收入

事业费拨款：指财政部、国家科委拨科学事业费。财政部拨科学事业费为专项经费，如：大型科研装置运行费等；国家科委拨科学事业费为经常费及专项经费。

三项费用拨款：指财政部及其他部委拨科技三项费用，科技三项费用指新产品试制费、中间试验费、重大科研补助费。

科学基金拨款：指国家自然科学基金委员会拨自然科学基金。

“863”项目拨款：指国家科委、科工委“863”办公室拨“国家高技术研究与发展计划”项目经费。

其他收入：包括委托单位拨科研费、拨入专项资金（如地方拨副食补贴等）以及技术性及其他毛收入。

2. 科学事业总经费支出

人员费用支出：含①事业费开支的工资、补助工资、职工福利费、主要副食品补贴、离退休人员费、人民助学金；②自有资金开支的医药费补贴、物价补贴、书报费、洗理费、奖金、奖金税等。

公用费用支出：含①事业费开支的公务费、差额补助费、行政设备费、行政及其他修缮费、其他行政费；②拨入专项资金支出；③其他毛收入中开支的成本；④收入中应交国家流转税、所得税、能源交通重点建设基金、预算调节基金等；⑤自有资金开支的集体福利设备、设施等。

科研费用支出：含①事业费开支的仪器设备费、专业图书费、专业设备费、研究材料费、科研业务费、实验用房改造费、研究生费（不含人民助学金）、外事费；②科学基金支出、科技三项费用支出、“863”项目支出、委托单位拨科研费支出；③技术性毛收入中开支的成本；④自有资金开支的科研设备费、自选课题费、补充科研项目费等。

3. 经常费收入

政府拨款获得收入：指由各级政府部门直接拨款或企事业单位利用政府资金委托本机构从事科学技术活动所获得的收入，包括科学事业费、科技专项费、科学技术基金和政府其他拨款。

科学事业费指为维持本机构的正常运转由中央或地方财政通过预算的形式（即预算科目中的“科学事业费”）拨给本机构的经费。

科技专项费指本机构为了开展科学研究项目、新产品试制项目、中间试验项目、科技成果示范性推广项目，向各级部门通过签订课题合同或其它开式申请并获得的科技专项费。包括课题专项、设备专项和其它专项。不论偿还形式如何，均应按当年实际获得的经费额填报。

科学技术基金包括自然科学基金和科技发展基金。

自然科学基金指从国家自然科学基金会和地方各级的科学基金会获得的科学研究项目经费。

科技发展基金指从国务院各部门和地方各级有关部门所获得的科技发展基金、技术发展基金等。

政府其它拨款：指除上述各项以外的政府基金。

横向技术性收入：指本机构从事科学技术活动所获得非政府的资金，如：企事业单位和社会团体利用自有资金委托本机构开展科学技术活动所提供的资金，包括技术开发收入、技术转让收入、咨询及服务收入和中试产品收入等项。（试行《科学研究单位会计制度》的机构，横向技术性收入按会计科目中“合同预收款”科目的横向课题的毛收入填写。）

技术开发收入指本机构承接社会各方面委托的有关新技术、新产品、新工艺和新材料及其系统的研究开发任务而获得的收入。

技术转让收入指本机构通过专利权转让、专利申请权转让、专利实施许可、非专利技术的转让所获得的收入。

咨询及服务收入指本机构利用本单位人力、物力和数据系统为用户提供技术情报、技术资料、技术咨询、测试分析，引进技术消化吸收和其他类型的技术性服务所获得的收入。

中试产品收入指本机构进行中间试验期间试制的产品经出售或转让所获得的收入。

非技术性收入：包括生产收入和其它收入。

生产收入指本机构及附属工厂、车间、农场等进行批量生产的定型产品经出售所获得的收入。

其它收入指本机构除生产收入以外获得的其它非技术性收入，如单位内部招待所、礼堂、车队、出版等对外服务所获得的收入。

银行贷款：指本机构从银行获得的各类贷款。不论贷款的偿还形式、期限和数额如何，均按当年获得的贷款额填报。不包括基本建设贷款。

其它：指除上述各项以外的收入，包括：国内外社会和个人赞助、捐赠，以及借款等。

4. 经常费支出

劳务费：指本机构以货币和实物形式直接或间接支付给本机构人员的全部费用。包括工资总额、有关劳动保险和职工福利方面的各项费用；有关离休、退休、退职人员待遇的各项支出；劳动保护的各项支出；稿费、讲课费及其它专门工作报酬；出差伙食补助费、误餐补助、调动工作的旅费和安家费；奖金税、抚恤金、计划生育和独生子女补贴等。研究生的上述费用也记入此项。

固定资产购建支出：指本机构使用非基建投资购建固定资产的实际支出额，固定资产指长期使用而不改变原有的实物形态的主要物资设备。如科研仪器设备、图书资料、实验材料和标本以及其它设备和家具、房屋和建筑物。

科研业务费：指本机构用于科学研究与技术开发活动的全部实际消耗性支出。例如：用于研究与开发的原材料费、水电能源费、差旅费、加工试验费、设备使用费、计算机机时费、资料印刷费等。培训研究生的消耗性支出也一并统计，但不包括劳务费和固定资产购建支出。

管理费：指本机构为组织、管理科学技术活动的全部实际消耗性支出。包括院所管理费和研究室管理费，例如：公务费、差旅费、修缮费、职工教育及工会经费、办公费、外事经费、管理设备使用费、动力及取暖费等。不包括劳务费、固定资产购建支出。

其他支出：包括归还科技专项费、归还贷款支出、税金、能源、交通基金、预算外调节基金、上级提成、转入建行自筹基建资金、社会赞助与摊派等支出。

四、基本建设

1. 基本建设投资实际完成额

指本机构在报告期内完成的用货币表示的基本建设工作量。

2. 自筹

指在当年基本建设投资实际完成额中自筹投资的部分，自筹部分应包括拨改贷后须由机构自身偿还的贷款。

3. 科研仪器设备

指本机构在基本建设投资的实际完成额中购置的科研仪器设备总值。非科研设备购置不计入此项。

4. 科研土建工程

指本机构在基本建设投资的实际完成额中完成的科研土建工作量（如科研楼、试验用房等)。非科研土建工程（如住房等）不计入此项。

五、固定资产

1. 固定资产

指单价在50元和200元以上（一般设备单价50元以上，专用设备单价200元以上），耐用时间在一年以上，在使用过程中保持其原有实物形态的资产。单价虽不满50元和200元，但耐用时间在一年以上的大批同类资产，也视同固定资产。固定资产大体可分为以下几类：①房屋和建筑物：包括办公、科研用房、宿舍、仓库等各种建筑物及附属设施；②专用设备：包括各种仪器、电器、机械设备、医疗器械、文体设备等；③图书资料：包括单位图书馆（室）、资料室藏书和保存期限在十年以上的各种重要资料；④其它：包括一般设备（办公与事务用的家俱设备、被服装具、一般文体设备）、交通运输工具、文物和陈列品、牲畜等，以及不属于前三类的其它固定资产。

2. 固定资产原值总额

指本机构获得全部固定资产时所支付的货币总额。固定资产的计价原则是：①新建、购入和调入的固定资产分别按造价、购价和调拨价计价。购入和调入固定资产的运杂费，不计入固定资产价值，直接在经费支出中列支；②自制的固定资产，按所开支的工料费计价；③接受馈赠和其它无价的固定资产，不能查明原价的，可以估计；④新生的牲畜估计，以后根据成长情况及市场情况定期调整；⑤调出、变卖和报废的固定资产都按帐面原值注销。

3. 科研房屋建筑

指可直接用于科技活动的各种建筑设施。包括实验楼、实验室、实验性工厂（车间）、农场的有关建筑设施、学术报告场所、科技管理的办公建筑、科技器材物资仓库。不包括食堂、职工宿舍等福利性建筑。若以上各种建筑设施不是用于单一目的，则按各自实际使用比例统计。

4. 科研仪器设备

指由从事科技活动的人员直接使用的科研仪器设备。不包括与基建配套的各种动力、机械设备、辅助设备，也不包括一般运输工具（科学考察用交通运输工具除外）和专用于生产的仪器设备。若科研与生产共用的仪器设备，则按其使用目的，统计在主要一方。

六、科技活动

1. 课题活动分类

基础研究：指为获得新知识而进行的独创性研究。其目的是揭示观察到的现象和事实的基本原理和规律，而不以任何特定的实际应用为目的。

应用研究：指为获得新的科学技术知识而进行的独创性研究。它主要针对某一特定的实际应用目的。应用研究通常是为了确定基础研究成果或知识的可能的用途，或是为达到某一具体的、预定的实际目的确定新的方法（原理性）或途径。

● 区分基础研究与应用研究的主要标志：具有特定的实际应用目的的研究属于后者。

试验发展：利用从研究或实际经验获得的知识，为生产新的材料、产品和装置，建立新的工艺和系统，以及对已生产或建立的上述各项进行实质性的改进，而进行的系统性工作。

●区分科学研究（基础研究和应用研究）与试验发展的主要标志：前者主要是为了增加科学技术知识、后者则是为了开辟新的应用（如新材料或新技术）。

●区分科学研究与试验发展及其它有关活动的主要标志：具有创新成份的活动归于前者。

研究与试验发展成果应用：为解决R&D活动阶段产生的新产品、新装置、新工艺、新技术、新方法、新系统和服务等能投入生产或在实际中运用所存在的技术问题而进行的系统性活动。它不具有创新成分。此类活动包括为达到生产目的而进行的定型设计和试制以及为扩大新产品生产规模和新方法、新技术、新工艺等的应用领域而进行的适应性试验。

●研究与试验发展、研究与试验发展成果应用和工业生产活动三者之间的界限大致如下划分：

（1）新产品的研制　　实质性的新产品，即完全新的新产品或对现有产品的性能进行重大改进的设计、制造和试验，是研究与试验发展活动。对引进（或购买）现成的技术成果（如专利、技术诀窍、图纸和样机等）进行复制或直接应用而形成新产品的过程，不是研究与试验发展活动，而是研究与试验发展成果应用活动。

（2）新工艺、新方法的研制　　对新工艺、新方法的研制或对现有工艺、生产过程进行技术上实质性的改进，是研究与试验发展。采用国内已有的生产工艺或生产过程，而在技术上没有实质性的改进，只是对采用的生产工艺或生产过程作适应性的试验，不属于研究与试验发展，而是研究与试验发展成果应用活动。

（3）中间试验　　新产品、新工艺、新生产过程直接用于生产前，往往要进行中间试验，以解决一系列的技术问题，情况比较复杂，对其是否属于研究与试验发展应视具体情况而定。

如果进行中间试验的直接目的是为了从技术上进一步改进产品、工艺或生产过程或为此目的进行试验以获得经验和收集数据，是研究与试验发展；如果是为了进行产品的定型设计，获取生产所需的技术参数，那末就不是研究与试验发展，而是研究与试验发展成果应用活动。

（4）试生产　　试生产是在完成了生产前的各项技术准备后，在正式生产前的“试验性”生产。试生产的直接目的不是对产品或生产过程在技术方面作进一步的改进，而是为了使生产能顺利地进行，因而既不属于研究与试验发展，也不属于研究与试验发展成果应用活动。

（5）质量控制与检验测试　　生产过程的质量控制及材料、设备、产品的常规检验、测试，不属于研究与试验发展，也不属于研究与试验发展成果应用活动，原型检验测试和非商业性的试验工厂（中试车间）中的检验测试，属于研究与试验发展。

（6）市场研究　　既不是研究与试验发展，也不是研究与发展成果应用活动。

科技服务：与科学研究与试验发展有关，并有助于科学技术知识的产生、传播和应用的活动。包括：为扩大科技成果的使用范围，而进行的示范性推广工作；为用户提供科技情报和文献服务的系统性工作；为用户提供可行性报告、技术方案、建议及进行技术论证等技术咨询工作；自然、生物现象的日常观测、监测，资源的考察和勘探；有关社会、人文、经济现象的通用资料的收集，如统计、市场调查等，以及这些资料的常规分析与整理；为社会和公众提供的测试、标准化、计量、计算、质量控制和专利服务，不包括工商企业为进行正常生产而开展的上述活动。

生产性活动：由于具备特殊的工艺设备条件，或掌握某种技术专长或诀窍，所进行的小量非常规生产。

2. 技术领域分类

信息技术：指研制计算机硬件、软件、外部设备、通信网络设备的活动，以及利用计算机硬件、软件及数字传递网对信息进行文字、图形、特征识别、信息采集、信息处理和传递的活动。

生物技术：包括基因工程、细胞工程、酶工程和发酵工程，指为了生物技术本身的发展，就有关原理、技术、特种工艺、测试、仪器而进行的活动，以及利用生物技术为农、林、牧、渔、医药卫生、化学、食品、轻工等部门提供生物技术新产品而开展的活动。无特定目标或虽有特定目标但不是为促进生物技术发展而开展的有关生命科学的研究不包括在此分类内。

新材料：指新近发展或正在研制的具有优异性能或特定功能的材料，如新型无机非金属材料、新型有机合成材料、新型金属和合金材料。包括为发展新材料就有关原理、技术、新产品、特种工艺、测试而进行的活动。

能源技术：包括能源问题一般理论，地区性能源综合开发与利用，石油、天然气、煤炭、可再生能源的开发与利用，新能源（太阳能、生物能、核能、海洋能等）的研制开发与利用，节能新技术，能源转换和储存新技术等活动。

激光技术：激光器和激光调制技术的研制，及为了激光在工业、农业、医学、国防等领域内的应用而进行的活动。

自动化技术：指在控制系统、自动化技术应用、自动化元件、仪表与装置，人工智能自动化、机器人等领域中的活动。

航天技术：有关运载火箭及人造卫星本体的研究及有关为了跟踪、通讯而使用的地面设备的研究而进行的活动。不包括天文学及气象观察。

其它技术领域：属于技术领域，但不能归入上述七类领域的其它技术活动。

3. 社会-经济目标

陆地、海洋和大气的开发与评价：主要涉及对地壳与地幔、海洋和大气层的开发和评价。它不包括以农业为目的的土壤研究和以渔业为目的的海洋学的研究与发展活动，也不包括有关原料、燃料、能源资源的经济开发方面的研究与发展活动。对气象学、地质学和水文学等方面的基础调查不应包括在此类中，而包括在11“知识的全面发展”类中。

民用宇宙空间：包括所有关于空间的民用研究与发展活动（为军事目的进行的各项计划应包括在以下13“国防”项下）。其中包括关于运载火箭和宇宙飞船及其动力装置和控制地面设施（发射基地、导航、遥测和遥控指令）方面的研究与发展活动以及人造卫星和星际探测器、同温层探测气球、探空火箭等方面的研究与发展活动。运用宇宙火箭进行通讯、气象、航行、地球资源调查等也应规定在这一有关目标中。

农业、林业和渔业的发展：主要涉及两个类别的研究与发展活动，第一类中包括食品的生产、储存、分配方面的研究与发展活动；例如家畜的生产和品种的改进，兽医、农作物的生产和作物学以及农业机械和农业化学方面的研究与发展活动，食品和饮料加工、储存和分配，渔业及其有关的技术。第二类系非食品的农产品和林业的发展，例如：有关毛、皮、烟草、棉花和其它纤维材料等方面，以及林业和有关技术方面的研究与发展活动。

促进工业的发展：这一主要目的涉及促进发展和改进制造工业、非燃料采矿工业及建筑业的各种研究与发展活动。包括有关纺织品、服装、皮革、木材和造纸产品、化学产品（包括石油化工产品）、橡胶和塑料、基本金属、金属成品、包括运输车辆在内的机械和设备、非金属产品、燃料以外的采矿业等生产方面的研究与发展活动。不包括为其它目标（如发展农业和食品生产、运输和通讯、宇宙空间探索、城市和农村规划及国防）服务的研究与发展活动。

能源的生产、储存和分配：包括与各种形式的能源（包括核能）的生产、供应、储存和分配有关的研究与发展活动；它包括固体燃料的开采及其有关的技术，石油和天然气生产以及非常规能源（太阳、风）和小能源。

交通、通讯事业的发展：涉及交通系统及通讯网和通讯系统，包括陆地、空间、水上交通、无线电和电视，电话和包括卫星在内的其它通讯方面的研究与发展活动，但不包括发动机、电动机和车辆、轮船、飞机等其它交通工具，这些均包括在04“促进工业的发展”的目标中。

教育事业的发展：这一主要目标包括正规教育及校外、在职教育和其它形式的成人教育、培训以及技术设备与教学方法（如程序教学、电视及其它视听技术）方面的研究与发展活动。

卫生事业的发展：涉及到所有与保护和改善人类健康直接有关的研究与发展活动。它包括医疗护理（包括外科和产科）、疾病预防、营养和食品卫生方面的研究与发展活动，环境对人体健康的影响等方面的研究与发展活动。

社会发展和社会-经济服务：包括政治组织、法律和秩序、社会治安、文化、休息和娱乐、对消费者的保护、对劳动条件的改善、劳动关系、人力和移居、国际关系（包括维护和平）、国际法院、条约及其它社会服务。它还包括经济组织、货币和银行、保险等方面的研究与发展活动。也包括象民用住宅、清洁卫生服务及其它同改善人类居住环境有关的社会服务等城乡规划方面的研究与发展活动。

环境保护：主要目标涉及环境“保护”的各个方面——保持空气、水和土壤的纯净、噪音控制、环境模型和统计等。不包括环境对人体健康的影响（应列入08“卫生事业的发展”目标中）和环境对人类居住的影响（应列入09“社会发展和社会—经济服务”目标中），也不包括目的在于通过某些特殊经济活动防止污染的研究与发展活动（这些活动应与相应的活动列在一起）。

知识的全面发展：包括各种具有相当普遍目的的研究与发展活动，这些活动不能归入其它任何一个主要目标，而只是促进社会科学和自然科学知识的全面发展。包括科学院和大学及其研究机构根据其广泛的工作内容所进行的基础研究和应用研究。还包括科学技术活动本身的管理、政策和规划等方面的研究与发展活动。

其它民用目标：此项包括不属于上述任何题目而根据某一特殊目的所进行的所有其它民用研究与发展活动。例如，情报系统的改进，计算机科学（硬件和软件），但不包括数据收集方面的开支。还有为批发与零售贸易、餐厅及旅馆业等服务的研究与发展活动。

国防：这一主要目标包括为军事目的所进行的研究与发展活动。军事机构用于民用研究的开支应尽量分配给与其有关的各主要民用目标。

4. 技术合同、科技论著、成果

成交金额：指报告期内所签合同的成交金额。如果是按技术实施后新增销售额或利润的一定比例提成等方式计算技术转让费，则填写当年的预计提成金额数。按不同的受让方类型进行分类加总填报。

科技论文：指以书面发表的，最原始的研究与开发成果报道。科技论文应该是：(1)首次或最初发表的研究与开发成果；(2)作者的试验应该能被同行重复并验证；(3)发表后科技界能引用。

国外及台港澳发表：包括在各种国际性学术会议、讨论会、讲座上以外文发表的论文，以及编入国际会议文集的论文和国外及台港澳学术刊物上发表的论文。

科技著作：指经过正式出版部门编印出版的论述科学技术问题的理论性文集或专著。

国家级奖励：指国家自然科学奖、国家发明奖、国家科技进步奖、国家星火奖。

部级奖励：指以国务院各部门名义颁发的重大科技成果奖和科技进步奖等。

省级奖励：指以省、自治区、直辖市政府（科委）名义颁发的重大科技成果奖和科技进步奖等。

地（市）级奖励：指以地（市、州）政府（科委）和省属各部门名义颁发的重大科技成果奖和科技进步奖等。

七、开放实验室

1. 固定人员：

指由实验室主任聘任，并有一定任期的相对稳定的研究人员，技术人员和管理人员。开放实验室的固定人员可以由室主任连聘连任。

2. 客座人员：

指通过课题申请并获准来开放实验室从事研究工作的所内外工作人员。开放实验室的客座人员没有固定任期，在课题获准进行期内属于开放实验室的人员，享受固定人员同等待遇，课题结束之后，必须离室，因此客座人员是流动的。

3. 学委会审批课题

经学术委员会审议批准，用开放经费支持的课题。固定客座合作课题指由开放实验室固定、客座人员合作共同承担的学委会审批课题。

八、科技企业开发、经营活动

年末总人数：包括固定合同制职工，聘用人员和临时工。

院内编制人数：包括院内事业编制和企业编制人数。

经营总额：包括产品销售额，商品销售额、技术收入和营业外收入。

利润总额：指税前利润，包括产品销售利润，商品销售利润，其他销售利润，加营业外收入减营业外支出。

上缴税金：指按照税法规定的范围和标准，根据营业额缴纳的产品税、营业税、根据营业税缴纳的地方附加税，以及从利润中向国家缴纳的所得税等全部税款。

产品销售收入：是企业对外销售产品的价值总量，包括成品和半成品。

技术收入：指技术作为独立存在的知识形态商品进入技术市场，经过技术贸易实现价值的活动。包括技术成果转让、技术承包、技术咨询、技术服务、出售中试产品以及接受外单位委托的科研收入等。

固定资产净值：指企业中可以较长期使用而不改变实物形态的资产。即使用年限在一年以上，以单位价值在规定标准以上的资产。有些劳动资料单位价值虽然低于规定标准，但为企业的主要劳动资料，也应列入固定资产；而有些劳动资料单位价值虽然超过规定标准，但更换频繁，容易损坏则可以不列入固定资产。已提折旧费的填报折旧后的余额，未提折旧费的填报原值。

APPENDIX: EXPLANATORY NOTES ON KEY INDICATORS

1. Organizations

Independent institutions: CAS independent institutions are established on the approval of the State Council or the State authoritative departments, with their manpower, financial and materials resources separately arranged and planned. These institutions enjoy corporate status.

2. Personnel

(1) **Total staff**

Total staff refers to persons who are on the year-end payroll, working directly under the management of an institute or unit and receiving remuneration for their work. It includes permanent staff, contract personnel and invited personnel. The retired and those who retain their posts with pay temporarily suspended are not included.

(2) **Professional and technical personnel**

This heading can be defined as personnel who are of specialized secondary school or higher educational level or hold junior technical titles (or posts), as well as those who are technicians of work origin. Also included are those who have professional and technical titles and are now engaged in scientific and technological management, or engaged in Party and administrative work closely related to technical management.

(3) **S&T activity personnel**

S&T activity personnel comprises the following people:

S&T management personnel refers to leaders at various levels in the Academy and institutes and those who are engaged in S&T and personnel management, including those who participate directly in such activities as S&T planning, project management, research achievement management, patent management, S&T statistics, management of S&T archives, S&T international cooperation, personnel management, education and training, and finance.

Project activity personnel refers to permanent staff whose payroll is in the laboratory or project research group.

S&T service personnel refers to those engaging in library work, information, measurement, testing, consultation, material and equipment supply as well as those working in laboratories, pilot factories (workshops) and farms. They should not include car drivers, janitors, and persons working in mess halls, medical houses, nurseries and kindergartens.

(4) **Scientists and engineers**

This heading can be defined as persons who are of higher educational level or have senior or intermediate academic titles.

(5) **Other S&T personnel**

This heading refers to persons who are of specialized higher school or specialized secondary school educational level or have junior academic (or technical) titles.

(6) **Professional and academic (or technical) titles (or posts)**

This heading reflects the basic status of the professional and academic (or technical) titles of the S&T personnel among the total staff in a particular institution:

Senior: research fellow and associate research fellow, professor and associate professor, senior engineer, senior agronomist, chief (and associate chief) physician (pharmacist, nurse and technician), senior laboratorian, senior statistician, senior economist, senior accountant, senior editor, associate senior editor, translation editor and associate translation editor, senior journalist, senior librarian and associate librarian, and so on.

Intermediate: research associate, lecturer, engineer, agronomist, physician (pharmacist, nurse and technician) in charge, laboratorian, statistician, economist, accountant, editor, translator, journalist, librarian, and so on.

Junior: research assistant, teaching assistant, assistant engineer, technician, assistant agronomist, agrotechnician, physician (pharmacist, nurse and technician), assistant laboratorian, laboratory technician, assistant physician (pharmacist, nurse and technician), assistant statistician, statistical clerk, assistant economist, assistant accountant, accounting clerk, assistant editor, assistant translator, assistant journalist, library assistant, library clerk, and so on.

(7) **Academic degrees and qualifications**

This heading reflects the basic status of academic degrees and qualifications of the staff in a particular institution or unit, compiled by the personnel department according to relevant state regulations, and only the highest academic degrees and qualifications are recorded.

3. Funds

(1) **Total income of CAS scientific operating funds**

Operating funds: This refers to the operating funds for scientific research allocated by the Ministry of Finance and the State Science and Technology Commission. Operating funds for scientific research provided by the Ministry of Finance is considered as special funds, such as the operation funds for large scientific facilities; the operating funds for scientific research from the State Science and Technology Commission are in the category of running expenses and special funds.

Three sums of spending: This refers to the three sums of scientific and technological funds provided by the Ministry of Finance and other relevant state departments: spending for new product development, allowances for pilot experiments and subsidies for major research projects.

Scientific foundation funds: This refers to the foundation funds for natural science study allocated by the National Natural Science Foundation.

"863" project funds: This refers to funds provided by the "863" Project Office of the State Science and Technology Commission and the State Commission of Science, Technology and Industry for National Defence for projects included in the "National High-tech R&D Plan".

Other incomes: These include 1) commission funds for research provided by the contracting institutions; 2) specially allocated funds such as non-staple food subsidies provided by the local government; and 3) technology-related income and other gross incomes.

(2) **Total expenditure of CAS scientific operation funds**

Personnel expenditure: This includes 1) spending from the operating funds such as salary, allowances, welfare expenditure, maior non-staple food subsidies, pension for the retired and People's grant-in-aid and 2) expenditures from self-owned funds, including medical care allowance, inflation subsidies, bonus and bonus tax , and other miscellaneous subsidies.

Public expenditure: This includes 1) spending from the operating funds such as official business spending, difference subsidy, office equipment expenses, administrative and other maintenance and repair charges on buildings, and other administrative expenses; 2) expenses from allocated special funds; 3) costs covered by other gross income; 4) expenses covered by the income, including circulation tax, income tax, funds for key energy and transportation projects, budgetary regulation funds, etc. ; and 5) expenses on collective welfare facilities paid from self-owned funds.

Scientific research expenditure: This includes 1) expenses paid from the operating funds such as costs for instruments and equipment spending on specialized books, research equipment and materials, scientific research funds, laboratory building reconstruction expenses, expenses on graduate student training (excluding People's grant-in-aid), spending on international exchange and cooperation; 2) spending from scientific foundation funds, three sums of S&T spending, "863"project spending, expenditure from commission research funds; 3) expenses from technology-related gross income, and 4) research equipment spending from self-owned funds, spending for carrying out self-selected projects, additional research project funds, etc.

(3) **Current intramural income**

Income from government funds: This heading refers to funds directly allocated by government departments at all levels or income obtained by a particular institution through conducting S&T activities entrusted by enterprises and institutions using government funds. It consists of the following:

Scientific research funds refer to budgetary funds received by a particular institution from the central or local government financial departments for the purpose of maintaining the smooth operation of that institution.

S&T special funds refer to special S&T funds obtained by a particular institution through signing research contracts or other forms for the purpose of carrying out scientific research projects, development of new products, pilot experiments, and demonstration and popularization of S&T results, including special projects funds, expenditure on purchasing equipment and other special funds.

S&T funds include natural science funds and S&T development funds.

Natural science funds refer to scientific research project funds provided by the National Natural Science Foundation and other science foundations at all levels.

S&T development funds refer to S&T development funds and technical development funds received by a particular institution from various departments under the State Council and local governments.

Other government funds refer to government funds except the above mentioned items.

Lateral tie technology-related income: This heading refers to non-government funds received by a particular institution through its S&T activities, such as incomes provided by enterprises and institutions with their own resources for commissioned S&T research. It consists of the following:

Technology development income refers to incomes received by a particular institution from commissioned R&D on new technologies, products, processes, materials and systems.

Technology transfer income refers to income received by a particular institution from transfer of its patents, patent application rights, patent licenses and non-patented technologies.

Consultation and service income refers to income received by a particular institution from technical services such as providing technical information and data, consultation, testing and analysis, assimilation and absorption of imported technologies and so on, by drawing on its manpower, resources, data and information systems.

Income from pilot products refers to income received by a particular institution from the sale or transfer of its products manufactured during the pilot experimental period.

Non-technology-related income: This heading consists of the following two items:

Productive income refers to income received by a particular institution from the sale of batch processed products manufactured by that institution and its subsidiary factories, workshops or farms.

Other incomes includes non-technical incomes received by a particular institution, such as income from services provided by the guest house, auditorium, cars and trucks and publishing facilities. It excludes productive income.

Bank loans: This heading refers to various kinds of loans obtained by a particular institution from the bank. The total monetary volume of loans obtained in the reference year will be recorded no matter what the form, time and volume of the repayment will be. Loans for capital construction are not included.

Others: This refers to incomes other than the above mentioned items, including funds received from both at home and abroad such as social and individual endowments and donations as well as borrowed money.

4. Current intramural expenditures

Labor costs: This refers to the total expenditure of funds paid directly or indirectly by a particular institution to its staff in cash or in kind, including total wages, expenditures on labour insurance and welfare services, retired personnel, labour protection, author's remuneration, teaching subsidy and other special working remunerations, food allowance for business trips, travel and family allowance for job transfer, bonus tax, pension funds for disabled or for family of the deceased, subsidy for family planning and so on. The above-mentioned expenses for graduate students are also included.

Expenditure on purchasing fixed assets: This heading refers to the exact expenditure of non-capital investment spent by a particular institution on purchasing fixed assets. Fixed assets cover major equipment and instrumentation which can be used over a long period without changing their original material forms (or appearance), such as scientific research equipment and installations, books and library materials, laboratory materials and specimens as well as other facilities, furniture, office space and buildings.

Scientific research operating expenses: It refers to all actual payment made for the performance of S&T activities by a particular institution. It should include costs of raw materials for research and development, charges for water, electricity and energy, travel, expenses directly associated with processing and experiments, and costs of equipment utilization, computer time, printing of materials, etc. Expenditures for graduate student training are also included, but labour costs and expenditure for fixed assets are excluded.

Overhead: This refers to all actual expenditures spent by a particular institution related to organizing and managing its S&T activities, including overheads paid by the Academy, institutes and laboratories on official business, travel, renovation, and staff training as well as trade union funds, administrative expenses, funds for international cooperative activities, and expenses for administrative facilities, power and heating systems. It excludes labour costs and expenses for fixed assets.

Other expenditures: This includes the repayment of S&T special funds, loans, tax, energy and transportation funds, extra-budgetary funds, overheads charged by superior organizations, self-raised capital construction funds saved in the Construction Bank, and expenses for donation and apportionment.

4. Capital construction

(1) Actual expenditure in capital investment

This refers to the amount of capital construction work completed by a particular institution in the reference year, which is expressed in monetory terms.

(2) Self-raised funds

This refers to the funds raised by a particular institution in the actual expenditure in capital investment. It includes loans which should be paid back by the institution itself after the reform of the S&T appropriation system.

(3) **Expenditure on scientific research equipment**

This refers to the total expenditure on scientific research equipment in the actual capital expenditure. Expenditures on non-research equipment is not included in this category.

(4) **Research construction project**

This refers to the actual amount of work completed by a particular institution on research facilities (such as research and experiment buildings) in the actual expenditure of capital investment. Construction project not for research purpose (such as living quarters) is not included.

5. Fixed assets

(1) **Fixed assets**

This refers to assets whose unit prices are above 50 yuan (for general equipment) or 200 yuan (for specialized equipment) and which can be used for at least a year without changing their original material forms. Assets of the same kind in large quantity whose unit prices are less than 50 yuan(for general equipment) or 200 yuan (for specialized equipment) but which can last over a year should be considered as fixed assets. Fixed assets are generally composed of the following categories: 1. houses and buildings, including various kinds of buildings and attached facilities such as office buildings, research space, living quarters and warehouses; 2. specialized equipment, including various kinds of instruments, electrical, mechanical and medical equipment, recreation and sports facilities and so on; 3. books and literature materials, including library collections of books and all kinds of important materials that are worth preserving for ten years and longer; 4. others, including general equipment (office furniture, bedding and clothing, and general recreation and sports facilities), transportation tools and communication facilities, cultural relics and exhibits, livestock as well as other fixed assets that do not fall into the above-mentioned categories.

(2) **Total original value of fixed assets**

This refers to the total payment made by a particular institution for obtaining all of the fixed assets. The principle for calculating the price of the fixed assets is as follows: 1. newly manufactured, purchased or transferred fixed assets are appraised in accordance with the manufacture (or building) costs, purchasing expenditures or the actual costs when the transfer is made. Transportation and other miscellaneous expenses paid for the purchase and allocation are excluded from the value of fixed assets. They are included directly in the total expenditure; 2. self-made fixed assets are calculated according to the actual labour and material costs; 3. fixed assets received through donation or fixed assets whose original prices are unknown can be appraised according to estimation; 4. the value of newborn livestock should be regularly adjusted according to their growth and the market; 5. fixed assets that are transferred to other institutions, sold off or scrapped are written off according to the original book value.

(3) **Buildings for scientific research activities**

This refers to various kinds of buildings and facilities which can be used directly for scientific and technical activities, including research and experiment buildings, factories (or workshops), farm buildings and other facilities, and warehouses for scientific and technical instruments and equipment, but excluding welfare facilities such as dining-rooms and living quarters for staff and workers.

If the above-mentioned buildings and facilities are used not only for scientific and technical activities, they should be appraised separately according to the actual proportion for each purpose.

(4) **Scientific research instrumentation and equipment**

This refers to instrumentation and equipment directly used for scientific research purposes by the S&T activity personnel. They do not include corollary equipment for capital construction such as power systems, mechanical equipment and supplementary equipment. General transportation tools (except those for scientific surveys) and equipment used solely for productive purpose are also excluded from this category. Instrumentation and equipment which serve scientific research as well as production should be included in the category for which they are mainly used.

6. S&T activities

(1) **Classification by project activity**

Basic research: Basic research can be defined as any original research undertaken to acquire new knowledge. Its purpose is to explore the underlying foundations and laws of observed phenomena and facts, without any particular practical application in view.

Applied research: Applied research is defined as any original research undertaken in order to acquire new scientific and technological knowledge. It is, however, directed primarily towards a specific practical aim or objective. Applied research is usually undertaken to determine the possible application of the results or knowledge of basic research, or to determine new methods or ways of achieving some specific and predetermined practical aim.

●The main criterion for distinguishing basic research from applied research is that the latter has specific practical application in view.

Experimental development: Experimental development can be defined as any systematic work, drawing on existing knowledge gained from research and/or practical experience, that is directed to producing new materials, products and devices, to installing new processes and systems, and to improving substantially those already produced or installed.

●The main criterion for distinguishing scientific research (basic or applied) from experimental development is that whereas the former is primarily directed towards the increase of S&T

knowledge, the latter is directed towards the introduction of new application (e. g. new materials or technologies).

●The main criterion for distinguishing scientific research from experimental development is that the former involves creative activities.

Application of research and experimental development results:

Application of research and experimental development results can be defined as any systemic work that is directed to the technical issues in the production and practical use of new products and devices and the installation of new processes, techniques, methods, systems and services which are generated from research and development results. This kind of activity does not involve creation and innovation. It includes finalized design, pilot development and manufacture for production purposes as well as adaptability testing directed to expanding the production scale of new products and the introduction of new applications of new methods, technologies and processes.

●The main criterion for distinguishing research and experimental development, application of research and experimental development results, and industrial activities is basically the following:

1) Development of new products Activities directed towards the development of new products, that is, completely new products, substantial improvement of the design, development and experiment on the properties of existing products, should be defined as research and experimental development, while the process of producing new products through copy or direct use of imported (or purchased) technical results (such as patents, technical knowhow, blueprints and prototypes) should not be mentioned as research and experimental development. It falls into the category of application of research and experimental development results.

2) Development of new processes and methods The development of new processes and methods and the substantial technical improvement of existing technologies and production processes are part of research and experimental development. Activities involved in adopting existing domestic production techniques or processes without making substantial improvements (or when only adaptability testing is conducted) cannot be considered as research and experimental development. They are the application of research and experimental development results.

3) Pilot experiment Before new products, technologies and production processes can be used in production, pilot experiments are usually carried out in order to solve a series of technical issues. These experiments are complex in nature and whether they are considered as research and experimental development or not can only be judged according to concrete conditions.

If the immediate aim of the pilot experiment is further technical improvement of the product, technology or production process, or acquisition of experience and data for that purpose, the activity should be regarded as research and experimental development. If, on the contrary, the immediate aim is to make finalized design for a product and to obtain technical data needed for the production, the activity should not be regarded as research and experimental development. It is part of the application of research and experimental development results.

4) Trial production Trial production can be defined as "experimental" production conducted after various technical preparations are completed but before full-scale production is start-

ed. Since the immediate aim of trial production is not to make further technical improvement of the product or the production process concerned but to get the production process working smoothly, it is neither research and experimental development, nor application of research and experimental development results.

5) Quality control, checking and testing   Quality control of production processes and routine checking and testing of materials, devices and products are neither research and experimental development nor application of research and experimental development results. However, the testing of prototypes and testing conducted in a non-commercial pilot plant (workshop) should be regarded as research and experimental development.

6) Market study   This is excluded from research and experimental development and application of research and experimental development results.

Scientific and technical services: Scientific and technical services can be defined as any activities concerned with scientific research and experimental development and contributing to the generation, dissemination and application of scientific and technological knowledge. They include the following: demonstration and popularization activities to introduce the applications of scientific and technological results; systematic work on scientific and technological information and documentation services; technical consultation such as feasibility studies, technical plans, proposals and technical investigations; routine observation and monitoring of natural and biological phenomena, surveying and exploration of resources, and the gathering of general information on social, human and economic phenomena (such as population censuses and market studies); as well as the routine analysis and compilation of the adove-mentioned information; testing, standardization, metrology, computation, quality control and patent services (excluding the above-mentioned activities carried out by industries for normal production).

Productive activities: This heading refers to small-scale non-conventional production undertaken because of possessing special processing equipment and facilities or technical specialties and knowhow.

(2) **Classification by technology**

Information technology: This covers the development of computer hardware, software, peripheral equipment, communication network facilities, as well as activities using computer hardware, software and digital transmission network for word processing, pattern recognition, and information acquisition, processing and transmission.

Biotechnology: This includes genetic engineering, cell engineering, enzyme engineering and fermentation engineering. It refers to activities directed towards the principles, technologies, special processes, testing and devices for the development of biotechnology as well as activities conducted to develop new biotechnological products used in agriculture, forestry, animal husbandry, medicine and public health, chemistry, food, and light industry. Life science research that has no specific aim, or that has a specific aim but is not directed to the development of biotechnology, is excluded from this category.

New materials: This refers to materials of fine performance or special functions which are newly developed or being developed, such as new inorganic non-metallic materials, organic synthetic materials, new metals and new alloy materials. Activities directed towards the principle, technologies, new products, special processes and testing techniques for the development of new materials are also included.

Energy technology: This covers the study of general theory of energy resource issues, comprehensive development and utilization of regional energy resources, exploitation and utilization of petroleum, natural gas, coal and renewable energy sources, development, exploitation and utilization of new energy sources (solar energy, bioenergy, nuclear energy, ocean energy, etc.), energy-saving technology, and new technology for energy conversion and storage.

Laser technology: This includes the development of laser devices and laser modulation technology as well as activities for laser application in industry, agriculture, medical science, national defense and other fields.

Automation technology: This technology refers to activities in the fields of control systems, application of automation technology, automatic components, instruments and devices, automation of artificial intelligence, robotics, and so on.

Space technology: This includes research on launch vehicles and the main body of man-made satellites as well as activities concerning research and development of ground equipment for satellite tracking and communication. It excludes astronomy and meteorological observations.

Other technological fields: This group includes technological activities which are not included in the above-mentioned items.

(3) **Classification by major socio-economic aims**

Exploration and assessment of the earth, the seas and the atmosphere This mainly covers activities related to the exploration and assessment of the earth's crust and mantle, the seas and the atmosphere. It does not include studies on soils for agricultural purposes, R&D activities on oceanography serving the fishing industry nor R&D concerning the economic exploitation of raw materials, fuel and energy. Fundamental investigation in meteorology, geology, hydrology, etc. should be excluded from this group, but included under (xi) "General advancement of knowledge".

Civil space This heading covers all civil R&D concerning space (programs undertaken for military purposes should be included under (xiii) "Defense" below). It includes, among others, R&D on launch vehicles and spacecraft and their propulsion and control, ground facilities (launch bases, guidance, telemeasure and telecommand), satellites, interplanetary probes, stratospheric balloons, and sounding rocket. The use of space vehicles for communication, meteorology, navigation, earth resources surveying, etc. should be assigned to the appropriate objective,

Development of agriculture, forestry and fishing This heading covers two categories of R&D activities, the first related to aspects of food products, and the second concerned with non-food agricultural products and forestry. Under the first are R&D on the production, storage and distribution of food, e. g. livestock production and improvement of species, veterinary medicine, crop production and agronomy, R&D on agricultural machinery and agricultural chemicals,

R&D on the processing of food and beverages, their storage and distribution, fisheries and their related technologies. The second category, development of non-food agricultural products and forestry, covers all R&D activities on non-food agricultural products such as wool, skin, tobacco, cotton and other fibres, and on forestry and related technology.

Promotion of industrial development   This major aim relates to all R&D activities contributing to the development and improvement of the manufacturing and non-fuel mining industries and construction. It includes the production of textiles, wearing apparel and leather, wood and paper products, chemicals (including petro-chemicals), rubber and plastics, basic metals, fabricated metal products, machinery and equipment (including transport vehicles), non-metallic products, mining other than fuels. It does not include industrial R&D performed in support of other objectives such as development of agriculture and food production, transport and communications, exploration of space, urban and rural planning and defense.

Production, conservation and distribution of energy   This heading covers all R&D activities relating to the production, supply, conservation and distribution of all forms of energy (including nuclear). It includes the mining of solid fuels and related technology, petroleum and gas production as well as non-conventional energy sources (solar, wind) and small energy sources.

Development of transport and communication   This group relates to the transportation systems and networks and systems of communication, covering land, air and water transport, radio and television, telephone and other communications including satellites. It excludes engines, motors and means of transportation such as vehicles, ships and planes which are included in the aim "Promotion of industrial development".

Development of education services   This major aim includes R&D activities concerning formal education and out-of-school, in-service and other forms of adult education and training as well as new technical devices and teaching methods such as programed instruction, television and other audio-visual techniques.

Development of health services   This heading concerns all R&D activities directed to the protection and improvement of human health. It includes R&D on medical care (including surgery and obstetrics), disease prevention, nutrition and food hygiene, and on the impact on health of the environment.

Social development and socio-economic services   This heading includes political organization, law and order, social security, culture, recreation and leisure, consumer protection, the improvement of working conditions, labour relations, manpower and migration, international relations including the maintenance of peace, international courts, treaties and other social services. Also included are R&D activities on economic organization, money and banking, insurance, etc. This aim also includes R&D activities concerning urban and rural planning such as domestic housing, sanitary services and other community services involved in the improvement of human settlements.

Protection of the environment   This major aim covers all aspects of the "protection" of the environment-the maintenance of the purity of the atmosphere, water and soil, the control of noise, environmental models and statistics. It excludes R&D on the environmental impact on health which should be included under (viii) above and the environmental impact on human settlements which should be included under (ix) above. Also excluded is R&D designed to prevent pollution by specific economic activities, which should be included with the relevant activities.

General advancement of knowledge This heading includes all R&D of very general orientation which cannot be classified in any other major aims but contributes to the general advancement of knowledge in the social as well as natural sciences. It consists of fundamental and applied research which the Academy's institutes and universities undertake in the context of their broad vocation. It also includes R&D on the administration, policy and planning of research itself.

Other civil aims This item includes all other civil R&D undertaken with a specific aim which does not fall under any of the above headings. It would include, for example, the improvement of information systems, computer science (hardware and software) but exclude expenditure on the gathering of data. Another example would be R&D in favor of the wholesale and retail trade, restaurants and hotels.

Defense This major aim includes R&D undertaken for military purposes. Sums spent on civil research by military institutions should, as far as possible, be distributed among the major civil objectives to which they may relate.

(4) **Technical contracts, S&T works and achievements**

Total volume of business can be defined as the actual volume of business contracts signed during the reference year.

S&T papers can be defined as papers or reports of original R&D results published in writing. The experiments described in the papers should be published for the first time, repeatable and verifiable, with results which can be cited by the S&T community.

Papers published in foreign countries, Taiwan, Hong Kong and Macao: This heading includes papers published in foreign languages at international academic conferences, symposia and workshops as well as those published in foreign academic journals and academic journals in Taiwan, Hong Kong and Macao.

S&T works: This refers to collected works and monographs on S&T issues published by authorized publishing agencies.

National awards: This refers to the National Natural Science Awards, National Invention Awards, National Science and Technology Progress Awards and National Sparks Awards.

Ministerial - level awards: This refers to major S&T achievement awards and S&T progress awards granted by the ministries and departments under the State Council.

Provincial- level awards: This refers to major S&T achievement awards and S&T progress awards granted by the governments (or the science and technology commissions) of various provinces, autonomous regions and municipalities directly under the Central Government.

Prefectural-or city-level awards: This refers to major S&T achievement awards and S&T progress awards granted by the governments (or the science and technology commissions) of various prefectures and cities, or by the departments under the provinces.

7. Open laboratories

(1) **Permanent staff**

This refers to research, technical and managerial personnel who are invited or engaged by the directors of the open laboratories to serve for certain terms.

(2) **Guest researchers**

This refers to scientists both inside and outside the institutes who conduct research activities at the open laboratories after their research applications have been approved. Guest researchers do not serve for fixed terms. They are on the staff of the open laboratories within the allowed period for pursuing their research subjects and enjoy the same treatment as the permanent staff does, but must leave the laboratories upon completion of their research.

(3) **Projects approved by the academic committees**

This refers to research projects which are approved by the academic committees and funded by the open laboratory's research funds. Jointly conducted projects refer to those research projects which are approved by the academic committees and are jointly conducted by the permanent staff and guest researchers of the open laboratories.

8. Development and business activities of CAS S&T Companies

Total staff at the end of 1991: This includes permanent and contract staff, invited/engaged staff and temporary staff.

Staff on the CAS payroll: This includes staff both on the institution payroll and enterprise payroll.

Total turnover: This includes product sales, commodity sales, technology-related income and income from non-business activities,

Total profit: This refers to the profit made before paying taxes, including profit made from product and commodity sales and other sales, as well as non-business income (after the deduction of expenses for non-business activities).

Tax turned over to the State: This refers to the total taxes turned over to the State according to the Tax Act. It includes product tax and business tax paid on the basis of total turnover, local surtax and income tax paid from profit.

Income from product sales: This refers to the total value of products (including finished products and intermediates) sold by the enterprises.

Technology-related income: This refers to the activities in which a technology enters into the market as an independent intellectual commodity and realizes its value through technology trade.

It includes income obtained from technological transfers, technological contracting , consultancy and service, sales of pilot-products as well as income from contract research projects.

Net value of fixed assets: This refers to the assets possessed by the enterprises, which can be used over a relatively long period of time without changing their material forms; namely, assets that have a life time of over one year and that have a unit value above the set monetary limitation. Those assets which have a unit value below the set monetary limitation but are the primary instruments of labor should also be considered as fixed assets. Instruments of labor that have a unit value above the set monetary limitation but are frequently replaced or easily damaged may not be included in the category of fixed assets. For those fixed assets whose depreciation charges have been collected, only the remaining value shall be counted, otherwise, the original value of the fixed assets must be counted.